KB156685

한대와 송대를 잇는 역학

정역심법

정역심법
— 한대와 송대를 잇는 역학

2023년 3월 5일 초판 1쇄 인쇄
2023년 3월 15일 초판 1쇄 발행

지은이 | 마의도자, 진단
옮긴이 | 이봉호, 이대승
펴낸이 | 김태화
펴낸곳 | 파라아카데미(파라북스)
기획 · 편집 | 전지영
디자인 | 김현제

등록번호 | 제313−2004−000003호
등록일자 | 2004년 1월 7일
주소 | 서울특별시 마포구 와우산로 29가길 83 (서교동)
전화 | 02) 322−5353   팩스 | 070) 4103−5353

ISBN 979−11−88509−67−6 (93150)

* 값은 표지 뒷면에 있습니다.
* 파라아카데미는 파라북스의 학술 분야 전문 브랜드입니다.

한대와 송대를 잇는 역학

정역심법

마의도자 · 진단 지음 | 이봉호 · 이대승 옮김

파라아카데미

『정역심법』은 오대 시기 마의도자의 경문을 진단이 주석한 것이다. 이 책은 한대 상수학의 괘기설(卦氣說), 역학(易學)과 역법(曆法)의 결합, 한대 후기 기론(氣論)적 역학 해석을 본문과 주석에서 녹여내고 있다. 한나라 역학자 맹희(孟喜)로부터 경방(京房)에 이르는 금문역학(今文易學)의 주된 이론인 괘기설의 흐름과 한나라 초기 제기된 1년의 실제 날수와 역법의 불일치를 해결하기 위해 제기된 논의들에서 역학을 이용해 역법을 설명하려는 시도, 후한 시기의 기론으로 역을 해석하면서 우주발생론을 설명하는 『역위(易緯)』의 내용이 모두 인용되고 논의된다. 이 책이 역학사에서 매우 중요한 의미를 지닌 까닭이다.

이 책의 주석가인 진단은 북송시대 이학과 도서역학의 발원자로 지목된다. 학자들 대부분은 「하도」·「낙서」와 「선천도」·「태극도」가 진단에서 유래했다고 본다. 진단으로부터 유목(劉牧)으로 「하도」·「낙서」의 내용이 전수되고, 유목에 의해 흑백점의 「하도」·「낙서」가 그려진다. 유목이 그린 「하도」·「낙서」는 주희(朱熹)에 의해 수정된다. 현재 우리가 알고 있는 도상은 주희가 수정한 도상이다.

진단으로부터 소옹(邵雍)에게 「선천도」의 내용이 전수된다. 소옹에 의해 「선천도」가 그려지는데, 소옹의 「선천도」는 『정역심법』 진단의 주석에서 도출할 수 있다. 주무숙(周茂叔)의 「태극도」는 최근에 진단으로부터 유래하지 않았다는 연구가 있지만, 대체적으로 진단이 화산 석벽에 그린 무극도에서 연원했다고 말해진다. 이렇게 보면 진단으로부터 송대 도서역학의 핵심적인 내용이 모두 진단으로부터 기원한다.

송대 도서역학의 발원자를 진단으로 볼 수 있는 근거가 바로 『정역심법』이다. 아울러 진단의 『역용도(易龍圖)』 역시 그 근거이다. 하지만 『역용도』는 사라져 없어졌고, 그 서문인 「용도서(龍圖序)」만 전해진다. 이 번역서에는 「용도서」를 번역해 실었다. 『정역심법』 본문과 「용도서」를 통해, 한대 상수학과 북송시대의 도서역의 내용을 확인할 수 있다.

또한 진단은 도교 역학의 중요한 인물로 거론된다. 『정역심법』 주석에서 도교 수행을 역학의 괘상과 효상으로 설명하는 내용도 적지 않게 제시되고 있다. 괘상과 효상으로 도교 수행을 설명한 것은 『주역참동계(周易參同契)』로부터 기원하는데, 『정역심법』에도 이러한 설명이 나타난다.

이렇게 보면, 『정역심법』은 한대 상수학과 송대 도서역학을 연결하는 의의가 있다. 이러한 역학사의 의의 때문에, 『정역심법』이 출간되자 송대의 학자들이 서문과 발문을 달아 이 책의 의의를 찬동하거나 비판하였다. 당시 학자들의 이러한 시각을 보여주기 위해, 『정역심법』에 관한 서문들과 발문들을 모아 실었다. 이잠(李潛)과 정준(程準)의 서문은 이 책을 긍정적으로 평가한 글이다. 대사유(戴師愈)의 발문과 이학자인 장식(張栻)의 발문도 이 책의 의의를 긍정적으로 평가하고 있다. 반면에 주희(朱熹)의 두 발문은 이 책에 대해 비판적인 의견을 피력한다. 주희는 『정역심법』에서 주공과 공자를 비판하거나, 역학을 점복·의학·천문 등의 다양한 관점에서 설명하는 점을 비판한다. 주희의 비판에서 핵심은 유가의 도통주의 관점에서 주공과 공자를 비판한 내용을 수용하기 어려웠기 때문이다.

진단은 조선시대 학자들에게도 자주 언급되는 인물이다. 매월당 김시습(金時習)은 세조의 왕위 찬탈을 겪고 진단과 같은 삶을 살고자 도사가 되고자 하였으나, 조선에 도교 혹은 도사가 없어 승려가 되어 방랑생활을 하였다고 밝히고 있다[『사유록(四遊錄)』의 탕유관서록후지(宕遊關西錄後志)]. 영정조 시기 학자인 서명응(徐命膺)은 『주역참동계』 주석서인 『참동고(參同攷)』에서 『정역심법』의 내용을 인용하면서 자신의 상수학의 체계를 구축하기도 한다. 서명응은 「하도」를 중심으로 선천학의 체계를 형성한다. 그의 선천학의 체계에는 진단과 소강절의 사상이 강하게 나타난다.

『정역심법』의 경문과 주석만으로는 그 내용을 이해하기에는 어려움이 적지 않다. 한대 상수역학의 내용을 전제해야만 경문과 주석을 이해할 수 있다. 한대 맹희의 역학과 경방의 역학, 『역위(易緯)』의 기론, 납갑법, 역법, 도교의 수련이론 등이 압축적으로 인용되기에 이들에 대한 이해가 전제되어야 한다. 이 때문에 42개 장 모두 해설을 달아 경문과 주석을 이해하는 데 도움을 주고자 하였다. 아울러 출판사의 제의에 따라 역자가 각 장의 핵심 내용을 요약해 제목으로 달았다.

번역자들은 역학과 도교를 전공한 연구자들로 일찍부터 『정역심법』에 관심을 두고 있었다. 이봉호는 박사논문 작성과정에 『정역심법』을 꼼꼼하게 초역하고 해설을 작성해 두었다. 이대승 박사가 이 초고를 기초로 여러 판본을 대조·교감하고 기존 번역과 해설을 보완하여 번역의 수준을 높였고, 『정역심법』의 서문과 발문들, 「용도서(龍圖序)」를 찾아 번역하고 해설하여 출간을 제의하였다. 이후 번역자들은 상당 시간 서로 토론하며 기존 내용을 다듬고 보완하는 과정을 거쳤다. 이대승 박사가 『정역심법』에 대한 해제 논문을, 이봉호가 진단과 소옹의 관련성에 관한 논문을 작성하여 덧붙였다.

완성된 원고를 경기대학교 일반대학원 동양문화학과 박사과정의 '상수역학 연구반'의 김광현, 박외숙, 신미경, 이경민, 이경영, 정길영(가나다 순)이 읽고 검토하였다. 이들은 납갑법과 관련된 자료와 한대 역법과 관련된 자료를 찾아 주고, 원고를 꼼꼼히 읽었다. 이들 동학에게 감사의 말씀을 전한다. 아울러 이봉호의 연구를 항상 격려해 주시는 손길승회장님, 윤순한 변호사님, 이우형 팀장님께 감사의 말씀을 전한다.

역자를 대표해 이봉호가 쓴다.

1. 본 번역서는 마의도자가 짓고 진단이 주석을 단『마의도사정역심법(麻
   衣道者正易心法)』(이하『정역심법(正易心法)』)을 완역한 것이다. 현
   존하는『정역심법』은 명나라 때 출간된『범씨기서(范氏奇書)』본과『진
   체비서(津逮秘書)』본이 전해지고, 청나라 때 간행된 고금도서집성(『古
   今圖書集成)』,『사고전서존목총서(四庫全書存目叢書)』등에 수록되
   어 있다. 현대에는『총서집성신편(叢書集成新編)』,『도장정화(道藏精
   華)』(『범씨기서』본 영인),『장외도서(藏外道書)』등에 수록되어 있다. 역
   자들은 가장 이른『범씨기서』원본은 구하지 못했다. 이에 본 역서에서
   는『범씨기서』본을 수록한『도장정화』본을 '저본'으로 삼고, 명대『진체
   비서』본(이하 '진체본')과 청나라 정부에서 제작한『고금도서집성』본(이
   하 '집성본')을 '대조본'으로 삼았다.

2. 본문의 경문은 마의도자의 글이며, 경문 해설은 진단이 서술한 것이다.
   원문에는 장 제목이 없지만, 편의를 위해 역자들이 각 장의 핵심 내용
   을 요약해 제목으로 달았다. 각 장절마다 저본과 대조본('진체본', '집성
   본')을 비교하여 원문에 차이가 있으면 각주를 달았다. 진단 해설은 별
   도의 문단 구분이 없지만, 내용이 많은 경우 가독성을 위해 임의로 문

단을 나누어 번역하였다. 이외 내용 이해를 위해 필요할 경우 번역문에 역자주를 달았으며, 각 장절마다 관련 내용에 대해 '해설' 표시를 하고 역자의 해설을 달았다.

3. 본 번역서 체제는 '제1부『정역심법』', '제2부.『정역심법』관련 자료', '제3부.『정역심법』해제', 그리고 '부록. 원서 자료' 순으로 구성되어 있다. 『정역심법』저본과 대조본은 모두 "정준 서문,『정역심법』본문, 이잠 서문, 대사유 발문" 순서로 구성되어 있다. 하지만 본 번역서에서는 편의를 위해 제1부에서『정역심법』본문을 먼저 배치하고, 이후 제2부에서 이잠과 정준 서문, 대사유 발문과 함께 장식의 발문, 주희의 후서와 재발문, 그리고 진단의 용도서 번역을 함께 수록하였다.

4. 원문에 이형자, 이체자, 속자 등이 쓰였을 경우 현재 사용되는 대표자로 기재하였다. 일례로 '기(既)'는 '기(旣)', '맥(脉)'은 '맥(脈)', '즉(即)'은 '즉(卽)', '진(真)'은 '진(眞)' 등으로 기재하였다. 이외 고서에서 대부분 혼용하고 있는 '己'·'己'·'巳'의 경우 맥락에 맞게 교감하였다.

1부. 『정역심법』

2부.『정역심법』관련 자료
- 서문과 발문, 후서 등

3부.『정역심법』해제

부록. 원서자료 …… 323

※ 원서자료는 세로쓰기로 되어 있으므로
뒤에서부터 보시기 바랍니다.

1부

『정역심법』

上經三十卦, 其得十八.

상경(현행본『주역』의 상경)에 속한 30괘 중에 그 18괘를 얻다.

下經三十四卦, 其得十八.

하경(현행본『주역』의 하경)에 속한 34괘 중에 18괘를 얻다.

大過	剝	隨	泰	需	乾
坎	无妄	臨	同人	師	坤
離	頤	噬嗑	謙	小畜	屯

대과괘	박괘	수괘	태괘	수괘	건괘
감괘	무망괘	임괘	동인괘	사괘	곤괘
리괘	이괘	서합괘	겸괘	소축괘	둔괘

상경의 30괘 중 18괘

	려괘	정괘	구괘	규괘	항괘
중부괘	풍괘	혁괘	쾌괘	가인괘	함괘
	태괘	간괘	승괘	해괘	대장괘
소과괘	손괘	진괘	췌괘	건괘	둔괘
	미제괘	절괘	귀매괘	정괘	익괘	명이괘
기제괘	환괘	점괘	곤괘	손괘	진괘

하경의 34괘 중 18괘

해설

『정역심법』의 「정역괘획(正易卦畫)」은 괘상을 그린 도상만 제시할 뿐 그것에 대해 특별한 설명을 하지 않고 있다. 그러나 본문의 장들에서 괘들을 '반대괘'와 '대대괘', '착종괘' 등으로 분류하고 그 관계를 말하고 있는 것으로 보아, 이 도상은 「서괘전(序卦傳)」의 64괘 괘 배열에서, 괘들의 관계를 새롭게 해석하는 내용이다.

이를 짐작하게 하는 것이 "상경 30괘 중에 그 18괘를 얻다(上經 三十卦, 其得十八)"라고 하고, "하경 34괘 중에 18괘를 얻다(下經 三十四卦, 其得十八)"라는 말이다. 이 말에 따르면, 『정역심법』의 「정역괘획」에서 얻은 괘는 모두 36괘이다.

「정역괘획」의 이 도상과 말은 설명이 필요하다. 우선 진단의 괘상 분류를 살펴보고, 괘들 간의 관계를 중심으로 괘들을 분류한 이론과 하나의 괘상에서 그 모양을 중심으로 분류한 이론을 다루어 보자.

『주역』 64괘는 상경 30괘, 하경 34괘로 구성되어 있다. 상경의 30괘 순서는 건(乾, ䷀), 곤(坤, ䷁), 둔(屯, ䷂), 몽(蒙, ䷃), 수(需, ䷄), 송(訟, ䷅), 사(師, ䷆), 비(比, ䷇), 소축(小畜, ䷈), 리(履, ䷉), 태(泰, ䷊), 비(否, ䷋), 동인(同人, ䷌), 대유(大有, ䷍), 겸(謙, ䷎), 예(豫, ䷏), 수(隨, ䷐), 고(蠱, ䷑), 임(臨, ䷒), 관(觀, ䷓), 서합(噬嗑, ䷔), 비(賁, ䷕), 박(剝, ䷖), 복(復, ䷗), 무망(无妄, ䷘), 대축(大畜, ䷙), 이(頤, ䷚), 대과(大過, ䷛), 감(坎, ䷜), 리(離, ䷝)이다.

하경 34괘의 순서는 함(咸, ䷞), 항(恒, ䷟), 둔(遯, ䷠), 대장(大壯, ䷡), 진(晉, ䷢), 명이(明夷, ䷣), 가인(家人, ䷤), 규(睽, ䷥), 건(蹇, ䷦), 해(解, ䷧), 손(損, ䷨), 익(益, ䷩), 쾌(夬, ䷪), 구(姤, ䷫), 췌(萃, ䷬), 승(升, ䷭), 곤(困, ䷮), 정(井, ䷯), 혁(革, ䷰), 정(鼎, ䷱), 진(震, ䷲), 간(艮, ䷳), 점(漸, ䷴), 귀매(歸妹, ䷵), 풍(豐, ䷶), 려(旅, ䷷), 손(巽, ䷸), 태(兌, ䷹), 환(渙, ䷺), 절(節, ䷻), 중부(中孚, ䷼), 소과(小過, ䷽), 기제(旣濟, ䷾), 미제(未濟, ䷿)이다.

『주역』, 「서괘전(序卦傳)」의 64괘 괘 배열에서, 연속된 두 개의 괘 가운데 상경의 둔괘(䷂)·몽괘(䷃)와 같이 괘획의 위아래가 뒤바뀐 괘를 전도괘(顚倒卦), 도전괘(倒顚卦), 혹은 반대괘(反對卦)라 한다. 그리고 건괘(䷀)·곤괘(䷁)와 같이 각 효의 음양이 뒤바뀐 괘를 배합괘(配合卦) 혹은 대대괘(對待卦)라 한다. 16장에서 "괘에는 반대괘와 대대괘가 있다"고 하므로, 이하에서는 반대괘와 대대괘로 표현한다.

이러한 기준으로 상경에서 반대괘를 찾아보면 12쌍(둔괘·몽괘, 수괘·송괘, 사괘·비괘, 소축괘·리괘, …… 이괘·대과괘)이고, 대대괘는 3쌍(건괘·곤괘, 이괘·대과괘, 감괘·리괘)이다. 하경에서 반대괘는 16쌍(함괘·항괘, 둔괘·대장괘, 진괘·명이괘, 가인괘·규괘, …… 기제괘·미제괘)이고, 대대괘는 1쌍(중부괘·소과괘)이다.

『정역심법』에서 제시한 '정역'은 반대괘 1쌍을 하나의 괘로 본다. 이는 하나의 대성괘를 뒤집어 놓아 2개의 괘가 되었으므로, 2개의 괘를 1쌍으로 본 것이다. 대대괘는 각각을 별도의 괘로 보고 있다. 이 때문에 "상경 30괘 중에 그 18괘를 얻다"라는 말은 상경에서 반대괘 12쌍 12괘, 배합괘 3쌍 6괘, 즉 18괘를 얻었다고 말한 것이다. "하경 34괘 중에 18괘를 얻다."라는 말은 하경에서 반대괘 16쌍 16괘, 대대괘 1쌍 2괘, 즉 18괘를 얻었다고 말한 것이다. 위의 하경 그림에서 하나의 괘 위아래로 괘명이 2개 있는 것은 반대괘를 나타낸다. 이는 반대괘 16쌍과 중부괘, 소과괘를 합쳐 18괘를 얻었음을 알 수 있다.

괘상의 모양에 따라 괘들의 관계를 설명하는 이론은 당나라 시기

공영달(孔穎達)[1]에 의해 제기되어 명대의 래지덕(來知德)[2]에 이르기까지 이어진다. 서두에서 말한 전도괘, 도전괘, 배합괘라는 표현은 래지덕에 의해 개념화된 것이다. 하지만 공영달은『주역정의(周易正義)』「서괘전(序卦傳)」서(序)에서 64괘 괘 배열을 두고 "두 괘를 짝을 지으면, 뒤집어진 모양[覆]이거나 아니면 바뀐 모양[變]이다"[3]라고 한다. 공영달의 말에서 '두 괘를 짝짓는다'는 것은 「서괘전(序卦傳)」의 괘 배열에서 앞뒤 두 괘를 짝지어 본다는 의미이다. 그러면 이들의 관계는 '뒤집어진 모양[覆]'이거나, '바뀐 모양[變]'의 관계를 이룬다. '뒤집어진 모양[覆]'이란 대성괘의 괘상이 뒤집어져 반대 모양을 이룬 짝을 말한다. 둔괘의 괘상(☳☵)과 몽괘의 괘상(☵☶), 수괘의 괘상(☵☰)과 송괘의 괘상(☰☵)은 서로 반대 모양을 이룬 짝이다. 이처럼 두 괘의 형상이 정확하게 반대의 형상으로 구성된 괘들은 다음과 같다. 사괘

---

1. 공영달(孔穎達, 574~648)은 당나라의 학자로 자는 중달(仲達)이다. 태종 때 국자감의 좨주가 되었고, 위징(魏徵)과 함께『수서(隋書)』를 편찬하였다. 또『오경정의(五經正義)』를 편찬하여 오경 해석의 통일을 시도하였다.
2. 래지덕(來知德, 1525~1604)은 명나라 시기 이학자이자 역학자이다. 자는 의선(矣鮮)이다. 과거에 실패하고 두문불출하고 경학연구에 몰두하였다. 조정에서 한림원대조에 제수하였으나 응하지 않았다. 저서로는『주역집주(周易集注)』,『래구당선생일기록(來瞿唐先生日錄)』등이 있으며, 이들 저서는 모두『사고전서(四庫全書)』에 수록되어 있다. 그는 주역 연구에 정력을 쏟아 '공자 사후 일찍이 있지 않은 연구'라는 평가와 함께 '일대대유(一代大儒)', '우뚝한 참 유학자(崛起眞儒)'로 존경을 받았다. 그의 사후에 그를 위한 사당을 짓고 제사를 지내고 있다.
3. 『周易正義』,「序卦傳·序」"二二相耦, 非覆則變"

(䷗)와 비괘(䷇), 소축괘(䷈)와 리괘(䷉), 태괘(䷡)와 비괘(䷋), 동인괘(䷌)와 대유괘(䷍), 겸괘(䷎)와 예괘(䷏) 수괘(䷐)와 고괘(䷑), 임괘(䷒)와 관괘(䷓), 서합괘(䷔)와 비괘(䷕), 박괘(䷖)와 복괘(䷗), 무망괘(䷘)와 대축괘(䷙) 등이다. 이러한 모양의 괘들을 '뒤집어진 모양[覆]'이라고 구분한 것이다. 이러한 구분을 이후의 학자들은 전도괘(顚倒卦), 도전괘(倒顚卦), 혹은 반대괘(反對卦)라고 불렀다.

또 '바뀐 모양[變]'이란, 이는 대성괘에서 여섯 효가 서로 상반된 모양인 것을 의미한다. 건괘(䷀)와 곤괘(䷁)는 여섯 효가 서로 반대 모습인데, 이를 '바뀐 모양[變]'이라고 한 것이다. '바뀐 모양[變]'의 괘들은 감괘(䷜)와 리괘(䷝), 대과괘(䷛)와 이괘(䷚), 중부괘(䷺)와 소과괘(䷽) 등 역학에서는 괘상을 분류하는 방식은 크게 두 가지로 구분되어왔다. 공영달이 말한 '바뀐 모양[變]'을 후대 학자들은 배합괘(配合卦) 혹은 대대괘(對待卦)라고 불렀다.

이 밖에도 하나의 괘상에서 그 모양을 중심으로 한 분류가 있다. 이에 대해서는 크게 세 가지 분류법을 사용한다. 첫째는 동일한 소성괘가 중첩되어 대성괘를 이루는 경우이다. 이는 동일한 소성괘가 중첩되어 대성괘를 이루었다는 의미로 '동괘중첩(同卦重疊)'이라고 부른다. 여기에 해당하는 괘로는 건괘(乾, ䷀), 곤괘(坤, ䷁), 손괘(巽, ䷸), 태괘(兌, ䷹), 감괘(坎, ䷜), 리괘(離, ䷝), 진괘(震, ䷲), 간괘(艮, ䷳)로 8개의 대성괘가 해당한다.

둘째는 상괘와 하괘가 효의 자리에서 음효와 양효가 서로 반대로 위치한 괘를 말한다. 이는 반대되는 소성괘가 중첩되었다는 의미로 '반괘중첩(反卦重疊)'이라고 한다. 예를 들면 진(☳)괘와 손(☴)괘는 서로 반대괘가 되는데. 이를 중첩하면 항(恒,)괘와 익(益,)괘가 된다. 건(☰)과 곤(☷)은 서로 반대괘가 되는데, 이를 중첩하면, 비(否, ䷋)괘와 태(泰, ䷊)가 된다. 감(☵)과 리(☲)는 서로 반대괘가 되는데, 이를 중첩하면, 기제(旣濟, ䷾)괘와 미제(未濟, ䷿)괘가 된다. 태(☱)와 간(☶)은 서로 반대괘가 되는데, 이를 중첩하면, 함(咸, ䷠)와 손(損, ䷨)괘가 된다. 이처럼 서로 반대괘가 되는 소성괘를 중첩하여 새로운 8개의 대성괘가 형성되는데, 이를 반괘중첩이라고 한다.

셋째는 이들 동괘중첩과 반괘중첩을 제외한 나머지 괘들로, 이들 괘는 전혀 다른 형태의 소성괘들이 중첩하여 대성괘를 이룬 것을 말한다. 이를 '이체중첩(異體重疊)'이라고 부른다. 예를 들어 손(☴)괘와 건(☰)가 중첩하여 소축(小畜, ䷈)괘가 형성되듯이, 서로 다른 모양의 소성괘가 중첩되어 대성괘를 이룬다. 여기에는 모두 48개의 괘가 속한다.[4]

「정역괘획」은 괘들 간의 관계를 괘상의 모양으로 분류한 것이다. 그래서 반대괘와 대대괘를 중심으로 말하고 있으며, 본문의 여러 장에서 반대괘와 대대괘의 중요성을 언급하고 있다.

---

4. 이봉호 저, 『주역의 탄생』, 파라아카데미, 2021, 141~142쪽에서 가져왔다.

『마의도자⁵정역심법麻衣道者正易心法』

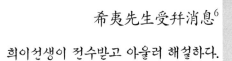

希夷先生受幷消息⁶

희이선생이 전수받고 아울러 해설하다.

---

5. 마의도자(麻衣道者)는 오대말 북송 초에 활약했던 인물이다. 그는 생몰 연대가 명확지 않은 은자적 인물이지만, 그 행적과 관련된 일부 일부는 송(宋)·원(元) 시기의 여러 사료에 기록되어 있다. 사료에 따르면, 마의도자는 세속을 떠나 은거하던 승려로서 주로 오대시기와 북송 시기에 활약하였고, '마의도인', '마의도사', '마의화상', '백각도자(白閣道者)' 등으로 불렸다. 그는 방술과 역학에 뛰어나고 유불도 삼교융합의 사유를 지닌 인물로 추정된다. 상세한 내용은 해제 논문을 참조하라.

6. '소식(消息)'은 '소장하다', '생멸하다', '성쇠', '증보', '변화' 등 여러 뜻이 있다. 역학(易學)에서는 괘상에서 음효와 양효가 변화하면서 양효가 증가하면 음효가 소멸하고, 음효가 증가하면 양효가 소멸하는 것을 통해, 음양의 기가 자라거나 소멸하는 것을 지칭할 때 '소식'이라는 용어를 사용한다. 진단은 음양 변화의 관점에서 마의도자의 경문을 해석하고 있기에 소식이라는 용어를 사용한 것으로 보인다. 『불조통기(佛祖統紀)』제43권에서 진단이 마의도자의 『정역심법』을 주석했다는 기록(處士陳摶, 受易於麻衣道者. 得所述正易心法四十二章, 理極天人, 歷詆先儒之失, 摶始爲之注.)을 고려할 때, 여기서 '소식'은 '증보'로서 '주석'과 동일한 의미라고 볼 수 있다. 본 번역에서는 진단이 마의도자의 경문의 뜻을 해설하여 내용을 증보했다는 점을 고려하여 '해설'로 번역하였다.

正易者, 正謂卦畫, 若今經書正文也. 據周孔辭傳, 亦是
注脚. 每章四句者, 心法也, 訓於其下, 消息也.

'정역'이란 바로 괘획을 말하는 것이니, 지금 경전의 정문과 같은
것이다. (사람들이) 주공의 사(辭)와 공자의 전(傳)에만 매달리니,
사와 전 또한 주석이다.[7] 매 장마다 네 구절로 된 것은 '심법'이고,
그 아래 풀이한 것이 '해설[消息]'이다.

해설

'괘획이 경문[正文]'이라는 언급과 주공의 사와 공자의 전은 주석[注
脚]'이라는 말은 복희가 그린 문자가 없는 괘획을 경문으로 보고, 문
왕과 주공이 괘마다 붙인 괘사(卦辭)와 효사(爻辭) 그리고 공자의 십
익(十翼)[8]을 주석으로 본다는 말이다.

---

7. 괘획은 8괘와 64괘의 괘상을 지칭한다. 전통 시기에 『주역』 본문의 괘사는 문왕,
   효사는 주공, 그리고 「단전」, 「상전」, 「계사전」 등 십익(十翼)은 공자가 저술했다고
   말해졌다. 『정역심법』에서는 『주역』 본문의 말 역시 괘상에 대한 주석이기에 그 말
   에 집착하지 말고, 8괘·64괘의 괘상인 '정역' 자체를 통해 역을 이해할 것을 강조
   하고 있다.
8. 십익은 『역전』은 7종 10편으로 「단전」 2편, 「상전」 2편, 「문언전」 1편, 「계사전」 2편,
   「설괘전」 1편, 「서괘전」 1편, 「잡괘전」 1편으로 구성되어 있다. 이 10개의 편이라
   는 점 때문에 "십익(十翼)"이라고 부른다.

'괘획이 경문[正文]이라는 언급과 주공의 사와 공자의 전은 주석[注脚]'이라는 말은 주석에 매이지 말고 경을 우선해서 이해해야 한다는 것을 말한 것이다. 괘획이 경문이며, 경문을 먼저 이해해야 함은 41장에서 "역을 배우는 자는 마땅히 복희씨의 마음자리로 나아가야지 주공이나 공자의 말에 얽매이지 말라.(故曰學易者, 當於羲皇心地中馳騁, 無於周孔言語下拘攣)"고 한 내용에서 확인할 수 있다.

'매 장마다 네 구절로 된 것은 심법이고, 그 아래에서 풀이한 것은 소식'이라는 말에서 '심법'은 복희씨의 괘획에 대해 마의도자가 체득한 내용을 의미하고, '소식'은 진단의 해설을 의미한다.

제1장.[9] 복희씨의 역도易道[10]

義皇易道, 包括萬象. 須知落處, 方有實用.

복희 역의 도는 온갖 상을 포괄한다. 마땅히 그 귀착점을 알아야만 바야흐로 실질적인 쓰임이 있게 된다.

'落處', 謂知卦畫實義所在, 不盲誦古人語也. 如震得乾初爻, 故雷自天之下而發. 坎得中爻, 故月自天之中而運. 艮得上爻, 故山自天之上而墜也. 巽離兌得坤三爻, 亦然.
又六爻相應, 如一陽生於子月, 應在卯月. 二陽丑, 應在三月. 三陽寅, 應在四月是也. 人事亦然. 易道見於天地萬物日用之間, 能以此消息, 皆得實用, 方知義皇畫卦, 不作紙上工夫也.

'귀착점[落處]'(을 말한 것)은 괘획의 실질적인 뜻이 있는 곳을 알아서 옛사

---

9. 一章: 원전에서 장절을 표시하는 '一章'은 마의도자 원문 끝에 소주 형태로 자리 잡고 있다. 가령 제1장은 "義皇易道, 包括萬象. 須知落處, 方有實用. 一章"의 형태이다. 본 역서에서는 가독성을 위해 장절 표시를 해당 장의 앞에 두었다. 이하 모든 장절 표시는 이와 같다.
10. 원전에는 장 제목이 없다. 장 제목은 편의를 위해 역자들이 각 장의 핵심 내용을 요약해 달은 것이다. 이하 모든 장의 제목은 이와 같다.

람들의 말을 맹목적으로 암송하지 말라는 것이다. 예를 들어, 진괘(☳)는 건괘(☰)의 초효를 얻은 것이다. 그래서 우레는 하늘 아래에서 발하는 것이다. 감괘(☵)는 (건괘의) 중효를 얻은 것이다. 그래서 달은 하늘 가운데에서 운행하는 것이다. 간괘(☶)는 (건괘의) 상효를 얻은 것이다. 그래서 산은 하늘 위에서 떨어지는 것이다. 손괘(☴), 리괘(☲), 태괘(☱)가 곤괘(☷)의 세 효를 얻은 것 또한 그러하다.

또 6효가 상응하는 것은, 1양의 경우 자월(子月: 11월)에서 생하고 묘월(卯月: 2월)에서 응하며, 2양은 축월(丑月: 12월)에서 생하고 3월[辰月]에서 응하며, 3양은 인월(寅月: 1월)에서 생하고 4월[巳月]에서 응함이 그것이다. 사람의 일도 그러하다. 역의 도는 천지만물과 일상의 쓰임 사이에 나타나니, 이러한 소식(消息)[11]으로써 능통하게 되면 실질적인 쓰임을 얻게 될 것이고, 복희가 그린 괘가 종이 위에서만 할 공부가 아님을 알 수 있을 것이다.

🌿 해설

이 장은 복희라는 인물을 거론하면서 복희가 8괘와 64괘를 그린 괘상에서 역의 원리를 확인하라는 내용과 건곤생육자설(乾坤生六子 說), 12소식괘(消息卦)와 12달 간지(干支)를 말한다.

'희황(羲皇)'은 고대 전설 속의 제왕인 복희(伏羲)로, 복희(宓羲), 포희(庖犧), 복희(虙犧), 포희(炮犧) 등으로 쓰기도 한다. 『주역』의 8개

---

11. 여기서 소식(消息)은 음양이 나아가고 물러나는 역의 변화 원리를 지칭하는 것으로 볼 수 있다.

괘상은 복희가 그렸으며, 64개 괘상은 문왕이 복희의 8개 괘를 중첩해 만들었다고 한다. 그리고 64괘 괘사는 문왕이, 효사는 주공이, 십익[12]은 공자가 지었다고 말해 왔다.

그런데 진단은 17장 등에서 8괘와 64괘의 괘상을 모두 복희가 그렸다고 본다. 그래서 역을 이해하기 위해서는 입으로만 맹목적으로 암송하는 것이 아니라 복희가 제시한 괘상 속에 담긴 실질적인 의미인 역도(易道)의 '귀착점[落處]', 즉 핵심 원리를 이해해야 함을 강조한다. 역도의 '귀착점'을 알아야 일상생활 속에서 역의 실제적인 의미를 깨달을 수 있다고 본다.

"'진괘(☳)는 건괘(☰)의 초효를 얻었다'거나, '감괘(☵)는 (건괘의) 중효를 얻었다'거나, '간괘(☶)는 (건괘의) 상효를 얻었다'는 말과 '손괘(☴), 리괘(☲), 태괘(☱)가 곤괘(☷)의 세 효를 얻은 것도 또한 그러하다.'"라는 말은 '건곤생육자설(乾坤生六子說)'을 의미한다. '건곤생육자설(乾坤生六子說)'에 대해서 『정역심법』 9장의 경문에는 '건곤괘가 뒤섞여 여섯 괘가 생긴다[乾坤錯雜, 乃生六子].'라고 언급하고

---

12. 십익(十翼)은 『역전』을 말한다. 십익은 7종으로 그 편수는 10편이다. 구체적으로는 「단전」 상·하편, 「상전」 상·하편, 「문언전」, 「계사전」 상·하편, 「설괘전」, 「서괘전」, 「잡괘전」으로 구성되어 있다. 이 10개 편을 한나라 경학자들은 "10익(十翼)"이라고 불렀다. "익(翼)"의 의미는 "보좌한다"는 의미로, 『역경』을 해석하고 보조한다는 의미이다.

있다. 건곤생육자설은 9장에서 설명하기로 한다.

"6효가 상응하는 것은, 1양의 경우 자월(子月: 11월)에서 생하고 …… 4월[巳月]에서 응함이 그것이다"라는 것은 한대 역학자 맹희(孟喜)[13]에 의해 제시된 12소식괘에 12달의 지지(地支)를 배당한 내용이다. "1양의 경우 자월(子月: 11월)에서 생하고 묘월(卯月: 2월)에서 응하며"는 1양(一陽)인 초효(初爻)가 4효(四爻)와 응하기 때문에 1양 괘에 배당된 자월(子月: 음력 11월)이 4양괘에 배당된 묘월(卯月: 2월)과 응하고, "2양은 축월(丑月: 12월)에서 생하고 3월[辰月]에서 응하며"는 2양까지 자란 이효(二爻)가 5양(五陽)까지 자란 오효(五爻)와 응하기 때문에 2양괘에 배당된 축월(丑月: 12월)이 5양괘에 배당된 진월(辰月: 3월)과 응하는 것이며, "3양은 인월(寅月: 1월)에서 생하고 4월[巳月]에서 응함"은 3양(三陽)까지 자란 3효(三爻)가 6양(六陽)까지 자란 상효(上爻)와 응하기 때문에 3양괘에 배당된 인월(寅月: 정월)이 6양괘인 순양괘(純陽卦)에 배당된 사월(巳月: 4월)과 응한다고 보는 것이다.

① ䷗ (地雷復) : 순음(純陰)에서 1양이 회복되는 것으로 자월(子月)에 해당함

※ 동지(冬至)를 지나며 낮의 길이가 길어지면서 양의 기운을 회복

---

13. 맹희(孟喜, 대략 BC90~BC40년 전후)의 자(字)는 장경(長卿)이고, 서한(西漢) 시기 학자이다. 서한 시기 금문(今文) 역학의 창시자라 평가된다.

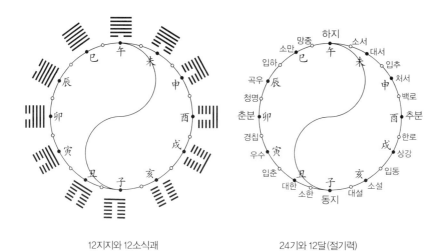

12지지와 12소식괘   24기와 12달(절기력)

하므로 대설(大雪)부터 소한(小寒)까지를 자월(子月)에 배당함

② ䷒ (地澤臨) : 2양이 자란 것으로 축월(丑月)에 해당함

  ※ 축월은 소한부터 입춘(立春)까지임

③ ䷊ (地天泰) : 3양이 자란 것으로 인월(寅月)에 해당함

  ※ 인월은 입춘부터 경칩(驚蟄)까지임

④ ䷡ (雷天大壯) : 4양이 자란 것으로 묘월(卯月)에 해당함

  ※ 묘월은 경칩부터 청명(淸明)까지임

⑤ ䷪ (澤天夬) : 5양이 자란 것으로 진월(辰月)에 해당함

  ※ 진월은 청명부터 입하(立夏)까지임

⑥ ䷀ (重天乾) : 6양이 자라 순양(純陽)을 이룬 것으로 사월(巳月)에

  해당함 ※ 사월은 입하부터 망종(芒種)까지임

⑦ ䷫(天風姤) : 순양(純陽)에서 양(陽)이 물러나며 1음(一陰)이 자란 것으로 오월(午月)에 해당함

　※ 하지(夏至)를 지나며 밤의 길이가 길어지면서 양기가 물러가며 음기가 회복되므로 망종부터 소서(小暑)까지를 오월에 배당함

⑧ ䷠(天山遯) : 2음이 자란 것으로 미월(未月)에 해당함

　※ 미월은 소서부터 입추(立秋)까지임

⑨ ䷋(天地否) : 3음이 자란 것으로 신월(申月)에 해당함

　※ 신월은 입추부터 백로(白露)까지임

⑩ ䷓(風地觀) : 4음이 자란 것으로 유월(酉月)에 해당함

　※ 유월은 백로부터 한로(寒露)까지임

⑪ ䷖(山地剝) : 5음이 자란 것으로 술월(戌月)에 해당함

　※ 술월은 한로부터 입동(立冬)까지임

⑫ ䷁(重地坤) : 6음이 자라 순음(純陰)을 이룬 것으로 해월(亥月)에 해당함　※ 해월은 입동부터 대설(大雪)까지임

四季節	冬		春			夏			秋			冬
月	11月	12月	正月	2月	3月	4月	5月	6月	7月	8月	9月	10月
12地支	子	丑	寅	卯	辰	巳	午	未	申	酉	戌	亥
陰陽	陽	陰	陽	陰	陽	陰	陽	陰	陽	陰	陽	陰
12卦	䷗	䷒	䷊	䷡	䷪	䷀	䷫	䷠	䷋	䷓	䷖	䷁
消息卦	復	臨	泰	大壯	夬	乾	姤	遯	否	觀	剝	坤

제2장. 여섯 효爻의 설정

六畫之設, 非是曲意. 陰陽運動, 血氣流行.

여섯 획을 설정한 것은 뜻을 자세히 표현한 것이 아니다. 음양이 운동하고 혈기가 유행하는 것이다.

'陰陽運動', 若一陽爲復, 至六陽爲乾. 一陰爲姤, 至六陰爲坤, 是也. '血氣流行', 若一六爲腎, 二爲肺, 三爲脾, 四爲肝, 五爲心. 始生屯, 屯而爲蒙, 養蒙爲需之類, 是也. 卦畫, 凡以順此理而已.

'음양이 운동한다[陰陽運動]'는 것은 여섯 효에서 양이 하나인 것이 복괘(䷗)가 되었다가 여섯 효가 모두 양이 되면 건괘(䷀)가 되고, 여섯 효에서 음이 하나인 것이 구괘(䷫)가 되었다가 여섯 효 모두 음이 되면 곤괘(䷁)가 되는 것이 바로 그것이다. '혈기가 유행한다[血氣流行]'는 것은 (신체에서) 1과 6은 신장이 되고 2는 폐장이 되고 3은 비장이 되고 4는 간장이 되고 5는 심장이 되는 것이다. (64괘 순서에서는 건·곤괘 이후) 처음에 둔괘(䷂)를 생하고, 둔괘가 (전도하여) 몽괘(䷃)로 변하며, 몽매함[蒙]을 기르는 것이 수괘(䷄)가 되는 것 등이 바로 그것이다. 괘획은 대개 이러한 이치를 따를 뿐이다.

🌿 해설

이 장에서는 64괘의 괘획은 천지 속에서 음양의 두 기운이 유행하며 운동하는 것을 표현한다. 그리고 이 전제로부터 12소식괘로서 이 내용을 구체화하고, 이를 인체에 적용한 내용으로 전환한다.

64괘의 괘획은 천지 속에서 음양의 두 기운이 유행한다는 것을 경문에서 '대성괘의 여섯 획은 그 자체가 음양 두 기 혹은 혈기가 유행하고 운동하는 것을 표현한 것이지, 뜻을 말한 것이 아니'라고 한다. 이는 괘상을 복희가 그린 것이고, 그 '괘상에는 문자가 없었다(3장)'라는 전제에서 보자면, '괘상은 무엇을 표현하고 있는가'라는 질문을 던질 수 있다. 이에 대한 답으로 '괘상은 음양 두 기의 운행을 표현한 것'이라고 말한다.

괘상이 음양 두 기의 운행을 말한 것이라는 내용을 12소식괘를 가져와 설명한다. 그 내용이 '양이 하나인 복괘(䷗)가 되었다가 양이 여섯에 이르면 건괘(䷀)가 되고, 음이 하나인 구괘(䷫)가 되었다가 음이 여섯에 이르면 곤괘(䷁)가 되는 것'이라는 말에서, 2장의 내용도 12소식괘를 말하고 있음을 알 수 있다. 1년간의 기의 흐름을 12개 괘로 도상화하면, 12소식괘가 되는데, 앞의 도식과 표가 그것이다.

1년 12개월을 상징하는 12벽괘의 경우, 초효의 자리에 양이 생성되는 복괘(䷗)에서 순양의 건괘(䷀)까지는 양기가 자라나는 모습이며, 초효의 자리에 음이 생성되는 구괘(䷫)에서 순음의 곤괘(䷁)까지는 음기가 자라나는 모습으로, 이는 음양의 두 기운이 소장하는 모습을 잘 보여준다.

"'혈기가 유행한다[血氣流行]'는 것은 (신체에서) 1과 6은 신장이 되고 2는 폐장이 되고 3은 비장이 되고 4는 간장이 되고 5는 심장이 되는 것이다." 이 내용은 괘상, 오행, 인체의 장기를 배당하는 학설이다.

진단의 설은 오행과 괘상, 인체의 장기를 배당하는 일반적인 학설과는 다르다. 이에 대한 일반적인 학설은 다음과 같다. 1, 6은 오행에서 수(水)에 해당하고, 수를 상징하는 괘상은 감괘(坎卦)이며 인체의 장기에서 신장(腎臟)에 해당한다. 2, 7은 오행에서 화(火)에 해당하고, 화를 상징하는 괘는 리괘(離卦)이며 인체의 장기에서는 심장(心臟)에 해당한다. 3, 8은 오행에서 목(木)에 해당하고 목을 상징하는 괘는 진괘(震卦)이며 인체의 장기에서는 간장(肝臟)에 해당한다. 4, 9는 오행에서 금(金)에 해당하고 금을 상징하는 괘는 태괘(兌卦)이며 인체의 장기에서는 폐장(肺臟)에 해당한다. 그리고 5는 오행에서 토(土)에 해당하고 토를 상징하는 괘상은 곤괘(坤卦)이며 인체의 장기에서는 비장(脾臟)과 위장(胃臟)이 이에 해당한다.

진단은 이러한 일반적 학설과 다른 시각을 제시하고 있다.

卦象示人, 本無文字. 使人消息, 吉凶嘿會.

괘상을 사람에게 제시할 때 본래 문자가 없었다. 사람들로 하여금 괘상을 미루어 나아가 길흉을 묵묵히 이해하게 한 것이다.

羲皇畫八卦, 重爲六十四, 不立文字, 使天下之人, 嘿觀其象而已. 能如象焉, 則吉凶應, 違其象, 則吉凶反. 此羲皇氏作不言之敎也. 鄭康成略知此說.

복희가 8괘를 그리고 다시 이를 중첩하여 64괘를 만든 것은 문자를 세우지 않고 세상 사람들에게 묵묵히 그 상을 보게 한 것일 뿐이다. 상과 같이 하면, 즉 상이 길이고 상에 따라 행하면 길함이 응하고, 상이 흉이고 상에 따라 행하면 흉함이 응한다. 그런데 그 상과 어긋나게 하면, 즉 상이 길인데 반대로 행하면 흉이 응하고, 상이 흉인데 반대로 행하면 길이 응한다. 이것이 복희가 말없는 가르침으로 삼은 것인데, 정강성[14]이 대략 이 설을 알았다.

---

14. 정강성(鄭康成, 127~200)은 동한(東漢) 시대의 경학가인 정현(鄭玄)이다. 자는 강성(康成)이다. 젊어서부터 금고문(今古文)의 경학(經學) 외에 천문역수(天文曆 數)에 걸쳐 광범위한 지식욕을 갖고 낙양(洛陽)의 태학(太學)에 진학하였다. 뒤에 당시 최고의 학자 마융(馬融)을 사사(師事)하고 수년 후 향리에 귀환할 때 선생으

"괘상을 사람에게 제시할 때 본래 문자가 없었다"라는 말은 복희가 그린 괘상에는 문자가 없었다는 의미이다. 역학사에서 소강절은 복희의 역을 무문자역(無文字易)으로 규정하고, 문왕의 괘사와 주공의 효사가 덧붙여진 역학을 문자역(文字易)으로 구분한다. 소강절은 여기에서 더 나아가 문자가 있고 없고를 기준으로 소강절은 복희의 역을 선천역(先天易)으로, 문왕 이후의 역을 후천역(後天易)으로 정의한다.

주희는 "소강절의 설에 의하면 선천이란 복희가 그린 역이고, 후천이란 문왕이 연역한 역이다. 복희의 역은 애초에 문자가 없이, 하나의 도상(圖象)에 상(象)과 수(數)가 깃들어 있을 뿐이지만 천지만물의 이치와 음양 시종의 변화가 갖추어져 있다. 문왕의 역은 바로 지금의『주역』으로 공자가 전(傳)을 지은 것이 이것이다. 공자는 문왕의 역에 말미암아 전을 지었기 때문에 공자가 논한 것은 당연히 문왕의 역

로부터 "나의 학문은 정현(鄭玄)과 함께 동으로 갔다"고 탄식할 정도로 면학하였다. 유학(遊學) 십여 년에 향리의 학생을 교수하였다. 44세에 당고(黨錮)의 옥(獄) 때문에 그 학문이 금고(禁錮)됨에 문을 닫고, 집에서 연구와 저작에 몰두하였다. 14년 후 해금되면서 하진(何進)·공융(孔融)·동탁(董卓)·원소(袁紹) 등으로부터 초청받았다. 만년에 초청에 응해 대사농(大司農＝農商務大臣)이 되었으나 곧 사퇴하고 떠나 연구와 교육에 생애를 바쳤다.

을 위주로 하였다"[15]라고 말한다. 이 말에 따르면, 주희 역시 소강절의 구분에 따라 복희의 역은 선천역이고, 문왕과 공자의 역은 후천역이라고 인식한다.

15. 『주자대전(朱子大全)』 권38, 「答袁機仲」, "據邵氏說, 先天者伏羲所畫之易也, 後天者文王所演之易也. 伏羲之易, 初無文字, 只有一圖以寓其象數, 而天地萬物之理, 陰陽始終之變具焉. 文王之易卽今之周易, 而孔子所爲作傳者是也. 孔子旣因文王之易以作傳, 則其所論固當專以文王之易爲主, 然不推本伏羲作易畫卦之所由"

제4장 역易의 도道가 전해지지 않음

易道不傳, 乃有周孔. 周孔孤行, 易道復晦.

(복희의) 역의 도가 전해지지 않자 주공[16]과 공자[17]가 나타났다. 주공과 공자의 설만이 홀로 유행하자 역의 도가 다시 어두워졌다.

上古卦畫明, 易道行, 後世卦畫不明, 易道不傳. 聖人於是不得已而有辭, 學者淺識,[18] 一著其辭, 便謂易止於是. 而周孔遂自孤行, 更不知有卦畫微旨, 只作八字說, 此謂之買櫝還珠. 由漢以來皆然, 易道胡爲而不晦也!

상고시대에는 괘획이 분명하여 역의 도가 행해졌지만, 후세에는 괘획이 분명

---

16. 주공(周公)은 주나라 문왕의 아들로, 이름은 단(旦)이다. 무왕을 도와 상나라를 멸망시키고, 주나라의 예법과 제도를 정비했다.
17. 공자(孔子, BC551~BC471)는 중국 고대의 사상가로 유교의 시조로 받들어진다. 자는 '중니(仲尼)', 이름은 '구(丘)'이며, 공자의 '자(子)'는 존칭이다. 중국 춘추 말기 주나라의 봉건질서가 쇠퇴하여 사회적 혼란이 심해지자, 주나라의 예법 제도를 회복해야 한다고 보았다.
18. 識: 저본에는 빠져있고, 진체본·집성본에는 있다. 맥락상 있는 것이 합당하기에 대조본에 따라 삽입했다.

하지 못해 역의 도가 전해지지 않았다. 성인이 이에 어쩔 수 없이 '말[辭]'19 을 하였는데, 학자가 지식이 얕아 한결같이 그 '말'에만 집착하여 역은 이것 일 뿐이라고 여기게 되었다. 그런데 주공과 공자의 '말'만 마침내 홀로 유행 하게 된 이래로 (학자들은) 다시금 괘획에 은미한 뜻이 있음을 알지 못하고 단지 굳셈[健], 유순함[順], 움직임[動], 들어감[入], 빠짐[陷], 걸림[麗], 그 침[止], 기뻐함[說]과 같은 여덟 글자의 학설20에만 집착하니, 이것을 일러 나무상자를 사고 옥은 돌려준다고 하는 것이다. 한나라 이후 지금까지 모두 그러하였으니, 역의 도가 어찌 어둡지 않겠는가!

해설

이 장은 후세 학자들이 괘획이 아니라 주공과 공자의 말에 얽매인 상황을 지적한다. '(복희의) 역의 도가 전해지지 않자 주공과 공자가 나타났다.'라는 말은 복희가 8괘를 그리고 이를 중첩하여 64괘를 만 들었지만, 문자를 덧붙여 설명하지 않았으므로 그 의미를 알지 못하 게 되자 주공과 공자가 설명하는 말을 달았다는 말이다.

이를 좀 더 설명해 보자. 「계사전(繫辭傳)」에는 전설적인 인물인 복

---

19. 『주역』에서 '사(辭)'는 일반적으로 문왕이 지었다고 말해지는 괘사, 주공이 지었 다고 말해지는 효사를 지칭한다. 하지만 『정역심법』에서 '사'는 괘사·효사뿐 아니 라 '십익(十翼)'까지를 포함한다. 이 때문에 본 역서에서는 '말'로 풀이하였다.

20. 8괘의 덕성에 대한 내용은 『周易』, 「說卦傳」, "乾, 健也, 坤, 順也, 震, 動也, 巽, 入也, 坎, 陷也, 離, 麗也, 艮, 止也, 兌, 說也"에 보인다.

희씨가 8괘를 그렸고,[21] 『사기(史記)』에서는 주나라 건국 초기 인물인 문왕이 8괘를 중첩하여 64괘를 만들었다[22]고 한다. 이를 바탕으로 정이(程頤)[23]의 『주역정씨전(周易程氏傳)』, 주희(朱熹)[24]의 『주역본의(周易本義)』 등에서 '주(周)' 자를 왕조의 이름으로 이해한다. 주희는 여기에서 더 나아가, 문왕(文王)이 단사(彖辭)를 붙였으며, 주공(周公)은 효사를 만들고, 공자(孔子)는 십익(十翼)을 지어 오늘날의 『주역』이 성립되었다[25]고 주장한다.

『주역』은 한나라 시대부터 주나라 시대의 역이라는 학설이 제기되었고, 송나라 시대에 정이와 주희에 의해 이 학설은 정설이 되었다. 그러나 이 주장은 복희(伏羲)와 문왕의 전설에 기초한 것이고, 괘사나 효사의 내용을 검토하면 문왕과 주공(周公)시대 이후의 역사적인 내용이나 문헌학적으로 후대에 쓰인 용어가 나타나기도 한다. 십익

---

21. 「繫辭傳」下2, "古者包犧氏之王天下也, 仰則觀象於天, 俯則觀法於地, 觀鳥獸之文, 與地之宜, 近取諸身 遠取諸物, 於是, 始作八卦, 以通神明之德, 以類萬物之情"

22. 『史記』「太史公自序」, "文王拘羑裏而演周易"

23. 정이(程頤, 1033~1107) 하남(河南) 낙양(洛陽) 사람으로 북송시기 이학자이다. 정호(程顥)의 동생. 서경국자감(西京國子監) 교수, 비서성교서랑(秘書省校書郎)과 숭정전설서(崇政殿說書) 관직 등을 지냈다.

24. 주희(朱熹, 1130~1200)는 송나라의 유명한 이학자, 사상가이다. 유학집대성자로 주자(朱子)라고 높여 부른다. 『주자어류(朱子語類)』, 『성리대전(性理大全)』과 같은 서적을 저술하면서 유학을 새롭게 해석해, 북송시기 유학을 집대성하였다.

25. 『周易本義』「易說綱領」, "文王, 見其不可曉故, 爲之作彖辭, 或占得爻處, 不可曉故, 周公, 爲之作爻辭, 又不可曉故, 孔子爲之作十翼, 皆解當初之意"

(역전) 또한 공자에 의해 작성된 것이라고 하나 십익의 여러 편의 글들이 전국시대와 진한교체 시기에 작성된 것도 있으며 심지어 한무제 시기에 작성된 것도 보이는 등 작성된 시기가 다르다는 것이 밝혀졌다. 이러한 점들 때문에 현대 학자들조차도 『주역』의 성립 시기에 대한 합의된 의견을 제시하지 못하고 있다.[26]

마의도자와 진단은 복희가 8괘를 그리고, 이를 중첩하여 64괘를 만들었다고 본다. 이는 『주역』의 성립에 대한 일반적인 학설과는 다른 관점을 보여준다. 마의도자와 진단은 복희의 64괘 괘상에 담긴 역학의 원리를 이해하지 못해, 주공이나 공자와 같은 성인이 사람들을 깨우치기 위해 '말'을 두었다고 본다. 그런데 후세 학자들은 이러한 '말'에 집착하여 역학은 이것뿐이라고 했기에, 역학의 근본인 복희의 괘획에 담긴 은미한 뜻이 오히려 알지 못하게 되었다. 이는 『한비자(韓非子)』에서 나오는 고사인 '매독환주(買櫝還珠)', 즉 옥을 포장하기 위해 만든 나무상자를 사고 그 속의 옥은 돌려준다는 말처럼 역의 본질은 잊은 채 그 껍데기만 취한 것이다.

"단지 굳셈[健], 유순함[順], 움직임[動], 들어감[入], 빠짐[陷], 걸림[麗], 그침[止], 기뻐함[說]과 같은 여덟 글자의 학설"은 8괘의 덕성을 말하는 것이다. 12장에서 이와 관련해 말하고 있다.

---

26. 이봉호 저, 『주역의 탄생』, 파라아카데미, 2021, 14~19쪽에서 가져왔다.

제5장. 64괘의 오묘한 뜻

六十四卦, 無窮妙義. 盡在畫中, 合爲自然.

64괘는 끝없이 오묘한 뜻이 있다. (오묘한 뜻은) 획 속에 모두 들어 있으며 자연의 이치에 부합한다.

'無窮妙義'. 若蒙必取坎[27]於艮, 師必取坎於坤. 是大有旨意也, 不止於"貞丈人吉"‧"童蒙求我"之義. '合爲自然', 謂坎艮坎坤, 非是私意, 乃"陰陽運動, 血氣流行", 其所施爲, 皆自然之理也.

'끝없이 오묘한 뜻[無窮妙義]'이란, 예를 들어 몽괘(䷃)는 반드시 감괘(☵)를 간괘(☶)에서 취해야 하고, 사괘(䷆)는 반드시 감괘(☵)를 곤괘(☷)에 서 취해야 한다. 이는 큰 뜻이 있는 것으로서 단지 (사괘 괘사의) "(사괘는) 바른 덕성이 있으니, 장인이라야 길하다"[28]라거나, (몽괘 괘사의) "어린아이 가 나를 구한다"[29]라는 뜻에만 한정되지 않는다.

'자연의 이치에 부합한다[合爲自然]'란 (몽괘의) 감괘와 간괘 구성, (사괘의)

---

27. 次: 저본‧진체본‧집성본 모두 '次'로 되어있는데, 자형의 유사성으로 인한 필사의 오류로 보인다. 맥락상 '坎'이 합당하기에 교정하였다.

28. 『周易』「師卦」"師, 貞, 丈人吉, 无咎"

29. 『周易』「蒙卦」"蒙, 亨, 匪我求童蒙, 童蒙求我, 初筮告, 再三瀆, 瀆則不告. 利貞."

감괘와 곤괘 구성은 사사로운 뜻으로 해석할 것이 아니라 바로 (제2장에서 말한) "음양이 운동하고 혈기가 유행하는 것"이니, 그것이 베풀어 행해지는 바가 모두 자연의 이치라는 말이다.

🦅 해설

이 장의 내용은 앞에서 말한 '단순히 괘나 효에 매어둔 말에 얽매이면 안 됨'을 이어서 말하고 있다. 괘를 파악할 때, 괘상에서 음양 두 기의 변화와 흐름을 파악할 필요가 있음을 강조한다.

마의도자는 64괘 속에는 오묘한 이치가 무궁하게 있는데, 그 이치는 모두 자연의 이치에 부합한다고 본다. 이 때문에 64괘의 괘효사의 뜻에 집착하지 말고, 괘상 속에 담긴 의미 혹은 원리를 깨달아야 함을 강조한다. 이러한 예시로서 진단은 몽괘(䷃)와 사괘(䷆)가 동일하게 감괘(☵)를 하괘로 삼지만 간괘(☶)와 곤괘(☷)와 결합함으로써 그 의미가 달라진다는 것을 제시한다. 이는 64괘 대성괘 속에 담긴 의미를 소성괘 두 괘의 결합을 통해 해설한 것으로, 몽괘와 사괘의 괘사로만 그 의미를 파악하는 것을 넘어선다.

진단에 따르면, 제2장에서 말했듯이 64괘 대성괘의 괘상은 바로 "음양이 운동하고 혈기가 유행하는 것"을 표현한 것으로서 자연의 이치를 담은 것이다. 그래서 괘상에서 음양의 운동과 혈기의 유행을 읽어내는 것이 역의 원리를 이해하는 데 적절한 방법이라고 본다.

제6장. 괘의 소식消息

消息卦畫, 無止於辭. 辭外見意, 方審易道.

괘획을 소식으로 이해해야지 말[辭]에 머물러서는 안 된다. 말 밖에서 뜻을 보아야 비로소 역의 도를 살필 수 있다.

繫辭, 特繫以吉凶大略之辭而已, 非謂六畫之義盡於是也. 如大有係以"元亨", 大壯係以"利貞", 此數字, 果足以盡二卦之義乎! 要須辭外見意可也. 辭外之意, 如乾九二"見龍在田", 上九"亢龍有悔", 辟師之外, 不動如地, 內趨變如水. 無窮好意, 如此類, 不可槩擧, 皆是辭之所不能該也.

괘에 매단 말이나, 효에 매단 말[繫辭][30]은 단지 길흉에 관한 대략의 말을 매어놓은 것이기에 육획의 뜻이 여기서 다 드러난다고 말할 수 없다. 예를 들면 대유괘(☰)는 "크게 형통하다[元亨]"[31]라는 말을 (괘사로) 매어놓고 대장괘(☳)는 "이롭고 바르다[利貞]"[32]라는 말을 (괘사로) 매어놓았는데,

---

30. 여기서 말하는 계사(繫辭)는 「계사전繫辭傳」의 '계사'를 말하는 것이 아니라, 64괘의 괘사(卦辭)와 효사(爻辭)를 통틀어 지칭하는 말이다.
31. 『周易』, '大有卦', "大有, 元亨."
32. 『周易』, '大壯卦', "大壯, 利貞."

이 몇 글자가 과연 족히 두 괘의 뜻을 다 드러냈는가! 반드시 말 밖에서 뜻을 보아야 옳다.

매단 말 밖의 뜻이란 예를 들면 건괘(☰) 구이의 효사는 "나타난 용이 밭에 있다"이고, 상구의 효사는 "끝까지 올라간 용은 후회가 있다"이지만,[33] (구이의 효상은) 군대를 피해 밖으로 나가 땅처럼 움직이지 않고, (상구의 효상은) 안에서 물처럼 변화에 대응한다는 것처럼 좋은 뜻으로 무궁하게 해석할 수 있다. 이와 같은 종류는 개괄적으로 거론할 수 없는데, 모두 말이 포괄할 수 없는 것들이다.

🕊️ 해설

이 장은 역을 이해하기 위해서는 괘·효사나 십익과 같은 '사'가 아니라 괘획 자체를 탐구해야 한다는 점을 계속 강조하고 있다. 역의 의미와 원리는 64괘 괘·효사를 통해서는 온전히 드러나지 않는다. 반드시 괘상과 효상의 소식을 보고 그 속에 담긴 의미를 스스로 파악해야 한다. 괘획은 음양의 소식 혹은 천지자연의 이치를 보여주는 일종의 기호라 할 수 있는데, 그 속에 담긴 의미를 이해하기 위해서는 괘·효사가 아닌 괘·효상을 통해 파악해야 한다.

주석에서 건괘 구이 효사인 "나타난 용이 밭에 있다[見龍在田]"에 대해, 용이 밭에 있는 것이고, 밭은 땅이므로 땅처럼 움직이지 않는다

---

33. 『周易』, '乾卦', "九二, 見龍在田, 利見大人.", "上九, 亢龍有悔."

고 해석한다. 건괘 상구 효사인 "끝까지 올라간 용은 후회가 있다[亢龍有悔]"에 대해, 이는 끝까지 올라가지 않고 안에서 물처럼 변화에 대응하라는 뜻으로 해석한다.

진단은 『관공편(觀空篇)』[34]에서 건괘 효사들을 끌어와 수련의 과정으로 해석하기도 한다. 진단은 법공(法空)'이라고 부르는 수련의 단계는 천과 지가 기를 사귀[交媾]듯이, 건괘와 곤괘의 교구가 일어난 상태인데, 이를 인체에 적용하면 심장의 리괘와 신장의 감괘가 서로 교구한 단계라고 본다. 그래서 이 단계에서 건괘 초구의 효사를 끌어와 '잠겨있는 용(龍)이니 함부로 쓰지 말라[勿用于潛龍]'라고 한다. 이 단계는 수련의 처음을 얻은 자[得之初者]의 단계이므로, 인위적인 의식이나 동작을 하지 말라는 의미로 건괘 초구의 효사를 말한 것이다. 리괘와 감괘가 교구하는 것은 인위적인 것이 아니라 자연법칙에 따르는

---

34. 진단의 『관공편(觀空篇)』은 『중화도장(中華道藏)』23책에 수록되어 있다. 그 내용은 불교의 공사상을 비판하면서 도교의 기론(氣論)과 수행론을 옹호하는 것이다. 진단은 불교의 공 사상을 '완공(頑空)', '성공(性空)', '법공(法空)', '진공(眞空)', '불공(不空)'으로 구분한다. 허(虛)에 집착하는 '완공', 마음을 허정한 상태에 집중하는 '성공', 건괘와 곤괘의 교구가 일어나 감괘의 신장과 리괘의 심장의 기가 서로 교구한 상태에 도달한 수행인 '법공', 진공의 상태에서 진도(眞道)가 생성되고 진도가 진신(眞神)을 생성하는 수행 상태인 '진공', 무(無)의 상태에서 한 걸음 더 나아가 일기(一氣)가 구기(九氣)와 화합한 상태인 '불공'으로 구분한다. 이러한 구분에서 '완공'은 일반적인 수행에 해당하고, '성공'은 불교의 마음 중심의 수행에 해당하며, '법공'에서 '불공'까지의 수행이 도교의 수행으로 말한다.

것이므로 이는 도교 수련의 단계에서 감리교구(坎離交構)에 해당한다. 그러므로 수련의 처음을 얻은 자[得之初者]라고 표현한 것이다.[35]

또 진단은 '불공(不空)'의 수련단계에서 건괘 상구의 효사인 "끝까지 올라간 용은 후회가 있다[亢龍有悔]"라는 문장을 인용한다. 진단은 하늘[天]이 텅 비어 해와 달, 별들을 품고 땅이 텅 비어 초목과 짐승들을 품듯이, 사람도 텅 비어야만 신(神)이 변하여 천신(千神)이 나타나며, 일기(一氣)가 변화하여 구기(九氣)가 화합한다고 말한다. 이는 수행자가 자신을 텅 비워야만 천지의 변화와 같이 천만변화를 함께하는 완전한 수행에 도달하게 되는데, 이 단계를 넘어서면 후회하게 된다는 의미로 건괘 상구 효사를 인용한다.

진단의 이러한 해석은 괘사나 효사와는 전혀 다른 해석이다. 이러한 해석이 가능한 것은 괘상이 드러내는 것이 천지자연의 변화와 그 이치이기에 이러한 천지자연의 이치에서 보면 괘사, 효사, 십익과는 달리 해석 가능하다는 것을 말한다.

---

35. 『觀空篇』, "動而不撓, 靜而能生, 塊然勿用于潛龍, 乾位初通于玄谷, 在乎無色無形之中. 無事也, 無爲也, 合乎天道焉, 是爲得之初者也."

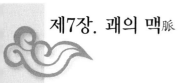

제7장. 괘의 맥脈

天地萬物, 理有未明. 觀於卦脈, 理則昭然.

천지만물 중에 이치가 밝혀지지 않은 것이 있다. 괘맥(卦脈)을 살펴보면 이치가 분명해진다.

'卦脈', 爲運動流行自然之理也. 卦脈審, 則天地萬物之理得矣. 如觀坎畫, 則知月爲地之氣, 觀離畫, 則知日爲天之氣. 觀艮畫, 則知山自天來, 觀兌畫, 則知雨從地出. 觀疊交, 則知閏餘之數, 觀交體, 則知造化之原. 凡此卦畫, 皆所以寫天地萬物之理於目前, 亦若渾儀之器也.

'괘맥'은 운동하고 유행하는 자연의 이치이다. 괘맥을 살피면 천지만물의 이치를 얻을 수 있다. 예를 들면 감괘(䷜)의 괘상을 살펴보면 달은 땅[地]의 기임을 알 수 있고, 리괘(䷝)의 괘상을 살펴보면 해가 하늘[天]의 기임을 알 수 있다. 간괘(䷳)의 괘상을 살펴보면 산이 하늘로부터 온 것임을 알 수 있고, 태괘(䷹)의 괘상을 살펴보면 비가 땅으로부터 온 것임을 알 수 있다. 사귐을 거듭하는 것을 살펴보면 윤달의 수를 알 수 있고, 사귐의 형체를 살펴보면 조화의 근원을 알 수 있다. 대개 이러한 괘획은 모두 천지만물의 이치를 눈앞에다 본떠 놓은 것으로, 또한 혼천의(渾天儀)[36]와 같은 것이다.

---

36. 혼천의(渾天儀)는 천체의 운행과 그 위치를 관측하는 기구다. 혼의(渾儀) 혼의기

해설

이 장은 64괘의 괘상과 효상이 천지만물의 이치를 본떠 이를 형상화한 것이기에 괘맥을 통해 자연의 이치를 알 수 있다는 점을 말하고 있다.

64괘의 괘상과 효상이 천지만물의 이치를 본 떤 것에 대해 먼저 말해보자. 진단의 주석에서는 리괘(☲)와 감괘(☵)는 각각 해와 달을 상징한다고 한다. 건곤생육자설(乾坤生六子說)에 따르면 8괘 가운데 여섯 괘인 진, 감, 간, 손, 리, 태괘는 건괘와 곤괘로부터 유래한 것이다. 리괘는 건괘에 속한 것으로 곤괘의 중효가 와서 이루어졌고, 감괘는 곤괘에 속한 것으로 건괘의 중효가 와서 이루어졌다. 이 때문에 진단은 리괘와 감괘의 괘상을 통해, 해는 하늘의 기이고 달은 땅의 기임을 알 수 있다고 말한다.

더 나아가 64괘 괘상이 자연의 이치를 본떠 놓은 것이기에, 괘상의 교착과 변화를 통해 '윤달의 수를 알 수 있'으며, 괘상의 교착과 변화를 도상으로 펼쳐 놓으면 '혼천의와 같다'고 말한다. 이 말은 한대 역학에서 맹희(孟喜)와 경방(京房)[37]에 의해 괘기설(卦氣說)이 도입

(渾儀器), 선기옥형(璇璣玉衡)이라고도 한다. 구형으로 되어있으며, 해 · 달 · 별 등의 천상(天像)을 형태를 본떠 만들었다.

37. 경방(京房, BC77~37)은 서한 시기의 학자로 본래의 성은 이(李) 자는 군명(君明), 스스로 경씨(京氏)로 성을 삼았다. 한대 역학의 대가로, 대표적인 역학 저서로는 『역전(易傳)』이 있다. 이 책을 『경씨역전(京氏易傳)』이라고 부르기도 한다.

되고, 이 괘기설에 의해 역(易)과 역(曆), 즉 역학(易學)과 역법(曆法)이 결합하는 내용을 말한 것이다. 한나라 상수역학의 초기 인물인 맹희는 "역을 말하는 것은 기에 근본해야 한다[說易本於氣]."라는 명제를 제시하면서 감, 진, 리, 태 괘로 24절기를 표현하고, 동지와 하지를 설명해 냈다. 또한 12벽괘로 1년 12달을 배당하여 12소식괘를 만들었다. 맹희의 이러한 역학에 대한 연구는 감, 진, 리, 태 괘를 이용해 24절기를 설명하고, 12벽괘를 이용해 1년 12달을 표현함으로써, 역학을 역법에 적용한다. 역학의 괘상을 역법에 적용해 1년의 절기와 운행을 설명한 이론들은 '분괘직일법(分卦直日法)'이라고 한다. 맹희에 의해 시도된 분괘직일법은 경방에 이르러 구체화된다. 경방의 분괘직일법에 따르면, 감, 리, 진, 태괘는 동서남북의 방위를 담당하는 괘로 상정하고 나머지 60개의 괘에 하나의 괘에 6효를 곱하면 360효가 된다. 여기에서 1효(爻)가 1일(日)을 담당하게 하면, 360일이 된다. 이를 그림으로 그리면, 그 도상이 혼천의와 비슷하다.

그러나 1태양년은 365.2422일에 해당한다. 여기서 5.2422일의 계산은 1일을 80분(分)으로 삼아 계산하면 420분이 되고, 이를 다시 60괘로 나누면 하나의 괘마다 7분을 얻게 된다. 이러한 계산에 따르면 하나의 괘는 6일 7분이 된다. 이는 1태양년의 날 수와 거의 같아지게 된다. 그러나 이러한 계산은 1태양년은 365.2422일과 정확하게 맞지 않으며, 삭일을 기준으로 달마다 달은 운행도 다르다. 삭일을 기준으로 음력 12달을 1년으로 삼으면 1태양년보다 약 11일이 짧다. 이 때문에 3년에 한 달 혹은 8년에 석 달의 윤달을 둘 필요가 있다. 이렇게 윤일과 윤달을 두는 것을 치윤법이라고 한다. 30장에 이와 관련된 내용이 나오므로, 해당 장에서 설명한다.

제8장. 경괘經卦와 중괘重卦

經卦重卦, 或離或合. 縱橫施設, 理無不在.

경괘(經卦)[38]와 중괘(重卦)[39]는 (서로) 떨어지기도 하고 합하기도 한다. 종횡으로 펼쳐져 이치가 있지 않은 곳이 없다.

'縱橫', 謂若爲諸圖, 或有二氣老少之漸, 或有三代祖孫之別. 或有 對待之理, 或有眞假之義. 或有胎甲之象, 或有錯綜之占. 唯其施設, 皆具妙理, 無所往而不可. 此所謂 "包括萬象", 而易道所以大也.

'종횡으로 펼쳐진다'란 여러 도상을 그릴 때, (음양) 두 기가 점차로 노쇠해 지나 젊어지는 것도 있고, 중심이 되는 괘로부터 괘들이 생성되어 괘들 사이 에 삼대의 구별이 있기도 하다. 대대(對待)[40]의 이치가 있기도 하고, 참과 거 짓의 뜻이 있기도 하다. 태갑(胎甲)의 상(象)이 있기도 하고, 착종(錯綜)의

---

38. 경괘는 건괘 · 태괘 · 리괘 · 진괘 · 손괘 · 감괘 · 간괘 · 곤괘 8괘를 가리킨다. 단 괘(單卦), 소성괘(小成卦)라고도 부른다.

39. 중괘는 경괘인 8괘를 중첩하여 만든 64괘를 가리킨다. 별괘(別卦), 대성괘(大成 卦)라고도 부른다.

40. 대대(對待)는 음(陰)과 양(陽), 부(浮)와 침(沈)과 같이 상반되는 성질의 것이 짝 을 이루는 것을 말한다.

점(占)이 기도 하다. 그것을 펼칠 때 모두 오묘한 이치가 갖추어져 어디를 가도 옳지 않음이 없다. 이것이 이른바 (제1장의) "온갖 상을 포괄한다"라는 말로서, 역의 도가 큰 까닭이다.

🕊️ 해설

이 장은 괘상을 종횡으로 펼쳐 놓으면, 64괘의 괘상에서 드러나는 여러 역학의 원리를 말하고 있다. 경괘는 소성괘 즉 8괘를 가리키고, 중괘는 대성괘 즉 8괘를 거듭한 64괘를 가리킨다. 진단의 해설에서 '여러 도상을 그릴 때[爲諸圖]'란 표현을 통해, 그 당시에 8괘와 64괘를 조합하여 노소, 대대, 착종 등 역학의 여러 원리를 제시한 다양한 역학 도상이 있었던 것으로 보인다.

역학에서 괘변도(卦變圖) 혹은 괘변반대도(卦變反對圖), 괘변상착도(卦變相錯圖), 64괘상생도(64卦相生圖) 등으로 불리는 도상이 있다. 이들 도상은 경방(京房)의 팔궁괘괘변도(八宮卦卦變圖)에 영향을 받아, 한말 삼국시대의 우번(虞飜),[41] 북송시대의 이지재(李之才),[42]

---

41. 우번(虞飜, 164~233)은 한나라 말기 삼국시대 오나라의 학자이자 관리이다. 경방의 역학을 발전시켰으며, 특히 경방의 팔궁괘를 괘변설(卦變說)로 확대해석하여 이후의 괘변설이 역학의 한 분야가 되는 초석을 놓았다.
42. 이지재(李之才, 980~1045)의 자는 정지(挺之)이고, 산동성 청주 사람이다. 역학에 빼어난 인물로, 목수(穆修)로부터 역학을 배웠고, 이후에 소옹(邵雍)의 스승

소옹(邵雍),[43] 주희(朱熹), 송말원초의 유염(俞琰),[44] 명대의 래지덕(來知德)에 이르기까지 다양하게 도상을 그려 괘들 사이에서 효의 노소와 괘들의 착종을 통해 반대괘, 대대괘의 관계를 표현하였다. 이러한 도상을 통해, 건곤괘를 중심으로 64괘의 생성과 괘들의 관계를 파악하거나, 하나의 괘에서 효들의 변화로부터 괘의 생성을 탐구하는 도서역의 한 분야를 형성해 왔다. 진단이 말한 '여러 도상[諸圖]'은 경방으로부터 시작된 여러 괘변도를 말하는 것으로 볼 수 있다.

"태갑(胎甲)의 상(象)이 있기도 하고, 착종(錯綜)의 점(占)이 있기도 하다"라는 내용에서 '태갑의 상'은 건곤생육자설과 납갑설을 결합해,

---

이 되었다. 송(宋)나라 인종(仁宗) 때 진사가 되었고 택주검서판관(澤州簽署判官) 등을 역임했다.

43. 소옹(邵雍, 1012~1077) 자는 요부(堯夫), 자호는 안락선생(安樂先生), 이천옹(伊川翁) 등이 있다. 시호는 강절(康節)이다. 북송의 이학자로 주돈이(周敦頤), 장재(張載), 정호(程顥), 정이(程頤)와 함께 북송오자(北宋五子)라고 불린다. 이지재(李之才)로부터 「하도(河圖)」·「낙서(洛書)」, 복희8괘(伏羲八卦) 등의 역학을 배워 대성하였다. 저서로는 『황극경세(皇極經世)』, 『관물내외편(觀物內外篇)』, 『선천도(先天圖)』, 『어초문대(漁樵問對)』, 『이천격양집(伊川擊壤集)』, 『매화시(梅花詩)』 등이 있다.

44. 유염(俞琰)은 송나라 말기 원나라 초기의 도교 학자로, 자는 옥오(玉吾) 호는 전양자(全陽子), 임옥산인(林屋山人), 석동도인(石澗道人)이다. 생몰 연도를 알 수 없다. 어려서부터 학문을 좋아해 읽지 않은 책이 없었다고 하며, 책을 읽으면 침식을 잊을 정도여서 병을 앓았다고 한다. 과거 공부에 전념하다 왕조가 바뀌는 혼란한 시대를 맞아 시대가 자신과 맞지 않으니 무엇을 하겠는가라고 탄식하며 입산하여 도사의 길을 걸었다. 사(詞)와 부(賦)로 이름이 났으며 역학에 뛰어났다.

천지가 만물을 잉태해 기르는 것처럼 건괘와 곤괘로부터 여섯 괘가 생성되는 것을 납갑으로 설명한 것이다. 다시 말해 천간을 8괘에 나누어 납입하는데, 건괘는 갑임(甲壬), 곤괘는 을계(乙癸), 진괘는 경(庚), 손괘는 신(辛), 감괘는 무(戊), 리괘는 기(己), 간괘는 병(丙), 태괘는 정(丁)을 납입한다. 여기서 건괘가 납입한 갑임(甲壬)과 곤괘가 납입한 을계(乙癸)는 천지(天地)처럼 상하로 둘러싼 것으로 보고, 진(震), 손(巽), 감(坎), 리(離), 간(艮), 태(兌)가 납입한 경(庚), 신(辛), 무(戊), 기(己), 병(丙), 정(丁)은 건곤(乾坤)이 둘러싼 가운데 위치한 것으로 본다. 이러한 구조가 마치 천지가 만물을 잉태해 생성하거나 아이를 잉태한 것과 비슷하므로 태갑이라고 표현한 것이다. 태갑의 상을 통해, 길흉을 예측하는 점술은 『경씨역전(京氏易傳)』에 나타난다.

'착종(錯綜)의 점(占)'은 「정역괘획」에서 설명한 종괘와 착괘의 관계로 점을 치는 것을 말한다. 간단히 설명하자면, 시초점을 통해 하나의 괘를 얻었을 때 이 괘를 본괘라고 하면, 본괘와 서로 반대 모양인 괘, 즉 종괘(綜卦)를 찾고, 두 괘 사이의 관계를 통해 길흉을 점치거나, 본괘의 여섯 효와 서로 상반된 모습의 괘, 즉 착괘(錯卦)를 찾아 본괘와 착괘 사이의 관계를 통해 길흉을 점치는 것을 착종의 점이라고 말한다.

이처럼 역학 도상들은 다양한데, 모두 역학의 원리를 표현하는 것이기에 자연의 이치를 담고 있다고 할 수 있다. 이 점에서 제1장에서의 말처럼 복희의 역의 도는 온갖 상을 포괄한다고 할 수 있다.

제9장. 건곤괘乾坤卦의 깨짐

乾坤錯雜, 乃生六子. 六子則是, 乾坤破體.

건괘와 곤괘가 뒤섞여 여섯 괘가 생긴다. 여섯 괘는 바로 건괘와 곤괘의 체가 깨진 것이다.

☰乾三畫奇, 純陽也. 一陰雜於下, 是爲☴巽, 雜於中, 是爲☲離, 雜於上, 是爲☱兌. 巽離兌, 皆破乾之純體也. 坤☷畫偶, 純陰也, 一陽雜於下, 是爲☳震, 雜於中, 是爲☵坎, 雜於上, 是爲☶艮. 震坎艮, 皆破坤之純體也. 若更以人身求之, 理自昭然.

건괘(☰) 세 획은 홀수로 순양이다. (건괘에서) 하나의 음이 아래에서 섞이면 손괘(☴)가 되고, 가운데에서 섞이면 리괘(☲)가 되고, 위에서 섞이면 태괘(☱)가 된다. 손괘·리괘·태괘는 모두 건괘 순양의 체를 깨뜨린 것이다. 곤괘(☷) 세 획은 짝수로 순음이다. (곤괘에서) 하나의 양이 아래에서 섞이면 진괘(☳)가 되고, 가운데에서 섞이면 감괘(☵)가 되고, 위에서 섞이면 간괘(☶)가 된다. 진괘·감괘·간괘는 모두 곤괘 순음의 체를 깨뜨린 것이다. 만약 이러한 이치를 다시 사람의 몸에서 구한다면 이치는 저절로 밝아질 것이다.

🌿 해설

　이 장은 '건곤생육자설(乾坤生六子說)'을 말하고 있다. '건곤생육자설'은 「설괘전」에서 비롯한다. 「설괘전」에서는,

　"건(乾)은 하늘이기 때문에 아버지라 부르고, 곤(坤)은 땅이기 때문에 어머니라 부른다. 진(震)은 첫 번째로 구해서 남자를 얻었기 때문에 장남이라 부르고, 손(巽)은 첫 번째로 구해서 여자를 얻었기 때문에 장녀라 부른다. 감(坎)은 두 번째로 구해서 남자를 얻었기 때문에 중남이라 부르고, 리(離)는 두 번째로 구해서, 여자를 얻었기 때문에 중녀라 부른다. 간(艮)은 세 번째로 구해서 남자를 얻었기 때문에 소남이라 부르고, 태(兌)는 세 번째로 구해서 여자를 얻었기 때문에 소녀라 부른다"[45]라며, 건괘와 곤괘가 서로 사귀어서 여섯 괘를 얻었음을 말하고 있다.

　'건곤생육자설'을 조금 더 설명해 보자. 부모 괘인 건괘와 곤괘가 서로 사귀어 자식 괘를 생성하는 것을 '색(索)'이라고 한다. '색'이라는 글자는 '찾다'라는 의미도 있고, 어떤 것들이 서로 엮이듯 '꼬이다'라는 뜻도 있다. 건괘가 곤괘에서 찾거나 꼬여서 괘를 생성하거나, 곤괘가 건괘에서 찾거나 꼬여서 생성하는 경우를 모두 '색'이라고 한다.

---

45. 『周易』, 「說卦傳」, "乾, 天也, 故稱乎父. 坤, 地也, 故稱乎母. 震, 一索而得男, 故謂之長男. 巽, 一索而得女, 故謂之長女. 坎, 再索而得男, 故謂之中男. 離, 再索而得女, 故謂之中女. 艮, 三索而得男, 故謂之少男. 兌, 三索而得女, 故謂之少女."

곤괘가 한 번 건괘에서 찾거나 꼬여서 생성된 괘는 진괘이다. 이 내용을 괘상을 가지고 생각해 보자. '곤☷ 일색(一索) 건☰ → 진☳' 찾거나 꼬이는 주체가 곤괘이다. 곤괘는 모든 효가 음효이고, 건괘는 모든 효가 양효이다. 곤괘가 건괘에서 효 하나를 가져와 만들어진 것이 진괘이다. 진괘의 괘상은 초효가 양효이고 나머지는 음효이다. 이는 곤괘의 초효가 음효에서 양효로 바뀐 모습이 진괘가 된 것이다. 그렇게 생성된 진괘는 효가 모두 5개이므로 양괘이다. 양괘는 남자를 상징하고 첫 번째 색(索)하여 얻은 괘이므로 진괘는 장남이 된다.

건괘가 한 번 곤괘에서 찾거나 꼬여서 생성된 괘는 손괘이다. 이 내용도 괘상을 가지고 생각해보자. '건☰ 일색(一索) 곤☷ → 손☴' 찾거나 꼬이는 주체는 건괘이다. 건괘는 모든 효가 양효이다. 손괘는 건괘의 초효가 음효로 바뀐 괘상이다. 손괘는 4개의 효이므로 음괘이다. 음괘는 여자를 상징하고 첫 번째 색하어 얻은 괘이므로 손괘는 장녀가 된다. 이를 정리해서 표현하면 다음과 같다.

㉠ 곤색건(坤索乾)

곤일색(坤一索): 곤괘의 초효가 건괘와 사귀어 진괘를 생성

　　　　　　곤☷　　　　건☰　　➡　　진☳

곤이색(坤二索): 곤괘의 이효가 건괘와 사귀어 감괘를 생성

　　　　　　곤☷　　　　건☰　　➡　　감☵

곤삼색(坤三索): 곤괘의 삼효가 건괘와 사귀어 간괘를 생성

　　　　　　곤☷　　　　건☰　　➡　　간☶

'곤색건'은 곤괘가 중심이 되어 건괘와의 '색'을 통해 괘를 생성한 것이다. 그 순서는 곤괘의 초효가 건괘를 사귀어 진괘를 생성하고, 곤괘의 이효가 건괘를 사귀어 감괘를 생성하고, 곤괘의 삼효가 건괘를 사귀어 간괘를 생성했다. 곤괘를 중심으로 생성된 괘는 진괘, 감괘, 간괘이다.

ⓒ 건색곤(乾索坤)

건일색곤(乾一索坤): 건괘의 초효가 곤괘와 사귀어 손괘를 생성

건☰   곤☷ ➜ 손☴

건이색곤(乾二索坤): 건괘의 이효가 곤괘와 사귀어 리괘를 생성

건☰   곤☷ ➜ 리☲

건삼색곤(乾三索坤): 건괘의 이효가 곤괘와 사귀어 태괘를 생성

건☰   곤☷ ➜ 태☱

'건색곤'은 건괘가 중심이 되어 곤괘와의 '색'을 통해 괘를 생성한 것이다. 그 순서는 건괘의 초효가 곤괘를 사귀어 손괘를 생성하고, 건괘의 이효가 곤괘를 사귀어 리괘를 생성하고, 건괘의 삼효가 곤괘를 사귀어 태괘를 생성했다. 건괘를 중심으로 생성된 괘는 손괘, 리괘, 태괘이다.

이렇게 보면, 아비인 건괘와 어미인 곤괘가 여섯 명의 자식인 손, 리, 태, 진, 감, 간괘를 낳은 것이다. 그래서 건괘를 아비로, 곤괘를 어미로 보고, 여섯 괘를 자식으로 보는 논리가 만들어진다. 이를 '건

곤생육자설'이라고 한다.[46]

손괘(☴)	리괘(☲)	태괘(☱)	진괘(☳)	감괘(☵)	간괘(☶)
장녀	중녀	소녀	장남	중남	소남

건괘(☰)		곤괘(☷)	
아버지		어머니	

　진단의 "건괘(☰) 세 획은 홀수로 순양"이고, "곤괘(☷) 세 획은 짝수로 순음"이라는 말에서 홀수와 짝수는, 건괘의 양효는 하나의 획(－)이기에 홀수이고 곤괘의 음효(－－)는 두 개의 획이기에 짝수임을 뜻한다. 마의도자와 진단은 이러한 건곤생육자설을 토대로 건괘·곤괘와 여섯 괘의 관계를 말하는 동시에 여섯 괘가 건괘·곤괘의 순양·순음의 체가 깨어진 것이라는 시각을 제시하고 있다.

---

46. 이봉호 저, 『주역의 탄생』, 파라아카데미, 2021, 238~241쪽에서 가져왔다.

粤乾與坤, 卽是陰陽. 圓融和粹, 平氣之名.

아, 건과 곤이여! 이는 바로 음양이다. 원만하게 융화하고 조화롭고 순수하니, 바른 기[47]의 이름이다.

凡陰陽之氣, 純而不駁, 是爲乾坤. 老子曰, "天得一以淸, 地得一以寧." 正謂此也. 因知能盡乾之道, 是爲聖人, 能盡坤之道, 是爲賢人.

대개 음양의 기 중에서 순수하여 잡박하지 않은 것이 건곤이 된다. 노자가 말하기를 "하늘은 1을 얻어서 맑을 수 있고, 땅은 1을 얻어서 안정될 수 있다"[48]고 하였는데, 바로 이것을 말한 것이다. 이를 통해 건의 도를 다할 수 있어야만 성인이 되고, 곤의 도를 다할 수 있어야만 현인이 된다는 것을 알 수 있다.

---

47. 평기(平氣)는 보통 지나치거나 모자라지 않은 고르고 정상적인 기후를 뜻한다. 여기서 평기는 깨지지 않은 가장 순수한 음양의 기로서의 건괘와 곤괘를 형용하는 말이기에, 치우치지 않고 순수하다는 의미에서 '바른 기'로 풀었다.

48. 『老子』39장, "昔之得一者, 天得一以淸, 地得一以寧, 神得一以靈. 谷得一以盈, 萬物得一以生, 侯王得一以天下爲正."에 보인다.

🕊 해설

  이 장은 앞 장에 이어 건괘와 곤괘에 대해 설명하고 있다. 음양의 두 기운이 가장 순수한 것, 즉 순양은 건괘가 되고 순음은 곤괘가 된다. 진단은 일기(一氣) 혹은 원기(元氣)를 얻어 하늘은 맑을 수 있고, 땅은 안정될 수 있음을 말한 『노자』39장을 인용하여 건괘와 곤괘가 일기로부터 나온 음양의 가장 순수한 상태임을 지적하고 있다.

  건괘와 곤괘를 기(氣)로 파악하는 사유는 한대 상수 역학자들의 사유에 기인한다. 맹희는 "역은 기를 근본으로 한다[易本於氣]"는 명제를 제시하고 1년 12달, 24절기의 흐름을 기의 변화로 인식했다. 그리고 이에 괘상을 배치하여 12소식괘 도식을 만들고, 감(坎), 진(震), 리(離), 태(兌)의 4개 괘를 24절기에 배당한다. 위의 4개 괘에서 각 괘에서 여섯 효를 각기 하나의 절기에 배당힌다. 즉 4개 괘는 24개 효(4괘×6효)가 되므로, 각 효 하나가 24절기 중의 하나에 해당된다.

  맹희의 이러한 사유를 괘기설(卦氣說)이라고 한다. 경방은 맹희의 괘기설을 수용하면서 발전해낸다. 경방은 8궁괘 도식을 창조해 내고, 64괘에 오행과 납갑을 적용한다. 이를 기초로 '세월(世月)'과 '건후(建候)'라는 용어를 사용해, 1년 12달, 24절기 등을 괘상과 납갑, 오행의 관계로 설명해 낸다. 여기서 세월은 1년 12달을 괘에 배당하는 것이고, 건후는 납갑을 배당하고 해당 절기를 배당한 것을 말한다. 가령 건괘 본궁에서 일세괘인 구괘는 세월로는 5월에 해당하고, 납갑인 건지(建支)는 시오(始午)에 해당하며, 절기인 건후는 망종(芒種)에 해당한다. 이처럼 경방의 괘기설은 납갑과 오행까지 결합하고 있다.

　이러한 괘기설을 계승한 『역위』에서는 건괘와 곤괘를 기로 인식하는 논리가 나타난다. 『역위』에서는 역을 정의하는 것 중에서 '역은 변역[易者變易也]'이라는 정의에 대해, '변역이란 기이다.(變易者氣也)'라고 풀이한다. 그러면서 혼돈의 기 상태인 태역(太易)으로부터 태극(太極)이 생겨나고, 태극으로부터 건곤(乾坤)이 생겨났다고 본다.[49] 여기서 태역은 천지가 아직 나뉘지 않고, 건곤이 드러나지 않아 리만 있고 형체가 없는 혼돈한 기의 상태이다.[50] 무(無)인 태역이 유(有)인 상태로 전환한 것이 태극(太極)이다.[51] 태극이 나뉘어 둘이 되면서 천지를 생성한다.[52] 천지를 상징하는 건곤은 음양의 근본이자 만물의 핵심이 된다.[53] 한대 역학의 괘기설은 역을 기로 해석하면서 괘와 효를 역법(曆法)에 적용하거나 우주발생론으로 설명하는 논리가 탄생한다. 진단은 도교 관점에서 괘기설을 『노자』 39장으로 재해석하고 있다.

　건괘·곤괘는 사람들 가운데서는 성인과 현인에 해당한다고 할 수 있다.

---

49. 『易緯』, 「乾鑿度」, "太易始著, 太極成. 太極成, 乾坤行."

50. 『易緯』, 「乾鑿度」, "太易, 天地未分, 乾坤不形也."

51. 『易緯』, 「乾鑿度」, "太易無也, 太極有也. 太易從無入有."

52. 『易緯』, 「乾鑿度」, "太極分而爲二, 故生天地."

53. 『易緯』, 「乾鑿度」, "乾坤者, 陰陽之根本, 萬物之祖宗也."

제11장. 여섯 괘六卦

至於六子, 卽是陰陽. 偏頗反側, 不平之名.

태괘☱, 리괘☲, 진괘☳, 손괘☴, 감괘☵, 간괘☶의 여섯 괘도 바로 음양이다. (하지만) 이들 괘는 치우치고 뒤집혀 졌으니, 바르지 않은 기의 이름이다.

乾健坤順, 陰陽之純氣也. 一失健順, 則不平之氣作而六子生, 觀畫象可知. 莊子曰, "陰陽錯行, 天地大駭, 有雷有霆, 水中有火, 乃焚乃塊." 正謂此耳. 由是, 六子, 非聖賢比, 特衆人與萬物而已. 然由破體煉之, 純體乃成.

건괘는 강건하고 곤괘는 유순하니, 음양의 순수한 기이다. 한 번 강건함과 유순함을 잃으면 바르지 못한 기가 일어나 여섯 괘가 생기니, 괘획의 상을 살펴보면 알 수 있다. 『장자』에서 말하기를 "음양이 뒤섞여 운행되면 천지가 크게 놀라 우레와 천둥이 치고 물속에서 불이 일어나 곧 큰 땅덩이를 불사른다"[54]고 하였는데 바로 이것을 말한 것이다. 이 때문에 여섯 괘는 성현에 견

---

54. 『莊子』, 「雜篇·外物」 "木與木相摩則然, 金與火相守則流, 陰陽錯行, 則天地大駭, 於是乎有雷有霆, 水中有火, 乃焚大槐."에 보인다. 원문의 '乃焚乃塊'는 장자에 '乃焚大塊'로 되어있기에, 이에 따라 해석하였다.

줄 것이 아니며 단지 뭇사람들과 만물일 뿐이다. 그러나 깨어진 체를 단련하면 순수한 체가 이루어진다.

🕊️ 해설

앞서 건곤생육자설에서 보았듯이 육자(六子)는 태괘☱, 리괘☲, 진괘☳, 손괘☴, 감괘☵, 간괘☶를 말한다. 이 여섯 괘는 건괘 · 곤괘가 사귀어 생성된 괘이다. 그러므로 건괘와 곤괘의 관점에서 보자면, 순수한 양의 상태인 건괘가 깨어져 음이 개입된 괘가 되거나, 순수한 음의 상태인 곤괘가 깨어져 양이 개입된 괘가 된 경우이다. 그래서 이들 여섯 괘는 음이 많거나 양이 많은 괘로 형성되어 음양이 치우치고 바르지 못한 상태이다. 그러므로 이들 여섯 괘도 음양이지만 치우친 것이라고 말한다.

9장에서 말한 "손괘 · 리괘 · 태괘는 모두 건괘 순양의 체를 깨뜨린 것"이고, "진괘 · 감괘 · 간괘는 모두 곤괘 순음의 체를 깨뜨린 것"이라는 문장과 여기에서 말한 "깨어진 체를 단련하면 순수한 체가 이루어진다"라는 말을 결합하면, 깨어진 체를 단련하여 순수한 체, 즉 건괘와 곤괘를 회복할 수 있다는 말이 된다. 그리고 9장에서 "이러한 이치를 다시 사람의 몸에서 구한다면 이치는 저절로 밝아질 것이다"라고 한다.

건곤괘를 제외한 여섯 괘를 '파체(破體)', 즉 순수한 건곤의 체가 깨어진 괘로 여기고, 이를 인체와 결부시키는 점은 일반적인 역학과 다르다. 이는 역학 이론을 도교 수련이론에 적용한 것이다. 도교 수양론의 목표인 금단(金丹)의 완성은 바로 역학의 측면에서 순양의 건체를 회복하는 것이다. 도교에서는 『주역참동계』에서 역학을 바탕으로 연단법 이론을 해설한 이래로, 금단을 이루는 과정을 역학으로 해설하는 것은 도교의 주요한 역학 전통, 즉 도교 역학이 되었다.

6장의 해석에서 진단이 건괘의 효사들을 가져와 도교 수련으로 설명하는 내용을 언급했다. 도교 수련을 역학으로 설명할 때, 건곤괘는 체(體), 감리괘는 용(用)으로 이해하는 체용론을 전제한다. 천지를 상징하는 건곤의 체와 건곤의 용으로서 감리는 인체에서는 심장을 리괘로 보고, 신장을 감괘로 보아 심장과 신장의 교구, 즉 감괘(☵)와 리괘(☲)의 교구를 통해[坎離交構] 순양인 건괘(☰)와 순음이 곤괘(☷)를 이루는 것을 수련의 주요한 관건으로 본다. 여기에서 감괘와 리괘의 교구란 감괘의 중효인 양효(━)가 리괘의 중효인 음효(╌)의 자리로 옮기고, 리괘의 중효 인 음효가 감괘의 중효인 양효의 자리로 옮기는 것을 말한다. 이러한 교구를 통해, 순양인 건괘와 순음인 곤괘가 이루어진다.

도교 수련의 관점에서는 인체에서 감괘와 리괘가 교구하지 않은 상태는 '깨어진 체'의 상태이고, 이를 수련[감리교구]를 통해 건괘와 곤괘를 회복하는 것이 바로 '깨어진 체를 단련하면 순수한 체가 이루어진' 상태가 된다고 본다. 그러면 인체에서는 순양인 건과 순음인 곤의 상태가 되기에, 10과 11장에서는 8괘를 사람에 비유할 때, 건곤괘는 성인과 현인이고 나머지 여섯 괘는 일반사람에 해당한다고 말하고, 수련을 통해 "깨어진 체를 단련하면 순수한 체가 이루어진다[破體煉之, 純體乃成]"라고 말한 것이다.

제12장. 괘상卦象의 뜻

健順動入, 陷麗止說. 非特乾坤, 六子訓釋.

(건괘는) 굳세고 (곤괘는) 유순하며 (진괘는) 움직이고 (손괘는) 들어가며, (감괘는) 빠지고 (리괘는) 걸리며 (간괘는) 그치고 (태괘는) 기뻐한다. 단지 건곤뿐만 아니라 여섯 괘도 뜻을 풀어야 한다.

'非特'·'訓釋', 蓋謂不可傳於八字上取也, 當求之於畫象. '健'謂三畫純奇是, '順'謂三畫純偶是. '動'謂一陽在二陰下是, '入'謂一陰在二陽下是. '陷'謂一陽在二陰中是, '麗'謂一陰在二陽中是. '止'則一陽在二陰上是, '說'則一陰在二陽上是. 凡有所訓, 多見於畫象. 如 "闔戶謂之坤", 則姤之初爻是, "闢戶謂之乾", 則復卦初爻是.

"단지 건곤뿐만 아니라 여섯 괘도 뜻을 풀어야 한다('非特'·'訓釋')"라는 것은 "(건괘는) 굳세고 (곤괘는) 유순하며 (진괘는) 움직이고 (손괘는) 들어가며, (감괘는) 빠지고 (리괘는) 걸리며 (간괘는) 그치고 (태괘는) 기뻐함[健順動入, 陷麗止說]"이라는 여덟 글자에서 그 뜻을 취하여 전할 수 없고, 마땅히 괘획의 상(象)에서 구해야 함을 말한 것이다. '굳셈[健]'은 세 획이 순수한 홀수(양효)인 것(☰)을 말하고, '유순함[順]'은 세 획이 순수한 짝수(음효)인 것(☷)을 말한다. '움직임[動]'은 1양이 2음 아래 있는 것(☳)을 말하고, '들어감[入]'은 1음이 2양 아래 있는 것(☴)을 말한다. '빠짐[陷]'은 1양이 2음 가운데 있는 것(☵)을 말하고, '걸림[麗]'은 1음이 2양 가운데 있는 것(☱)을 말한다. '그침[止]'은 1양이 2음 위에 있는 것(☶)을 말하고, '기뻐함[說]'은 1음이 2양 위에 있는 것(☱)을 말한다. 무릇 (괘의) 뜻을 새김이 있는 것은 대부분 괘획의 상에서 드러난다. 예를 들면 (『계사전』에서) "문을 닫는 것을 곤이라고 한다"란 구괘( )의 초효가 바로 그것이고, "문을 여는 것을 건이라고 한다"란 복괘( )의 초효가 바로 그것이다.[55]

🌿 해설

이 장은 8괘의 덕성을 말한다. 굳셈[健], 유순함[順], 움직임[動], 들어감[入], 빠짐[陷], 걸림[麗], 그침[止], 기뻐함[說]은 『주역』에서 제시된 8괘의 덕성이다. 「설괘전」에서 "건괘는 굳센 것이고, 곤괘는 유순한 것이다. 진괘는 움직이는 것이고, 손괘는 들어가는 것이다. 감괘는 빠지는 것이고, 리괘는 걸리는 것이다. 간괘는 그치는 것이고, 태괘는 기뻐하는 것이다"[56]라고 말하고 있다. 하지만 8괘에 내포된 의미는 이러한 내용에만 한정되지 않기에, 괘획의 상을 통해 그 의미를 궁구해야 한다. 그래서 진단은 음효·양효의 괘획의 상, 즉 세 효의

---

55. 『周易』, 「繫辭上傳」, "是故闔戶謂之坤, 闢戶謂之乾, 一闔一闢謂之變, 往來不窮謂之通, 見乃謂之象, 形乃謂之器, 制而用之謂之法, 利用出入, 民咸用之謂之神." 에 보인다.
56. 『周易』, 「說卦傳」, "乾, 健也, 坤, 順也, 震, 動也, 巽, 入也, 坎, 陷也, 離, 麗也, 艮, 止也, 兌, 說也."

배치를 통해 8괘의 덕성을 설명하고, 64괘에서는 일양이 시작되는 복괘(䷗)와 일음이 시작되는 구괘(䷫)를 예시로 제시하고 있다.

참고로 선천역학을 제시한 북송의 소옹은 『황극경세서』, 「관물외편」에서 8괘의 덕성에 대해 논하고 있다.[57] 여기서 소옹은 괘상 즉 음효·양효 세 효의 배치를 통해 8괘의 덕성을 설명하고 있는데, 이는 기본적으로 위 장에서 제시한 진단의 논리와 거의 동일하다. 이는 소옹이 진단의 역학 사상의 영향을 받았음을 보여주는 사례라 할 수 있다.

---

57. 『皇極經世書』, 「觀物外篇」, "乾奇也, 陽也, 健也, 故天下之健莫如天. 坤耦也, 陰也, 順也, 故天下之順莫如地, 所以順天也. 震起也, 一陽起也, 起動也, 故天下之動莫如雷. 坎陷也, 一陽陷於二陰, 陷下也, 故天下之下莫如水. 艮止也, 一陽於是而止也, 故天下之止莫如山. 巽入也, 一陰入二陽之下, 故天下之入莫如風. 離麗也, 一陰離於二陽, 其卦錯, 然成文而華麗也, 故天下之麗莫如火, 又如附麗之麗. 兌說也, 一陰出於外而說於物, 故天下之說莫如澤."

제13장. 감괘坎卦와 태괘兌卦는 수水

坎兌二水, 明須識破. 坎潤兌說, 理自不同.

감괘(☵)와 태괘(☱) 두 가지 물[水]은 명확하게 간파해야 한다. 감괘는 적시게 하고 태괘는 기쁘게 하는 것이니, 그 이치가 자연히 같지 않다.

坎, 乾水也, 氣也, 若井是也. 兌, 坤水也, 形也, 今雨是也. 一陽中陷於二陰爲坎, 坎以氣潛行於萬物之中, 爲受命之根本, 故曰 '潤'. 萬物者, 莫潤乎水. 蓋潤, 液也, 氣之液也. 一陰上徹於二陽爲兌, 兌爲形, 普施於萬物之上, 爲發生之利澤, 故曰 '說'. 萬物者, 莫說乎澤. 蓋說, 散也, 形之散也. 坎兌二水, 其理昭昭如此. 學者依文解意, 不知落處, 其能得實用乎!

감괘는 건수(乾水: 건괘에서 생겨난 물)로서 기(氣)이다. 우물 같은 것이 바로 그것이다. 태괘는 곤수(坤水: 곤괘에서 생겨난 물)로서 형(形)이다. 지금의 비가 바로 그것이다. 1양이 2음 가운데 빠진 것이 감괘이다. 감괘는 기로서 만물의 가운데서 잠행하여 생명[命]을 받는 근본이 되기 때문에 '적신다'라고 말한 것이다. 만물은 물에 의해 적셔지지 않음이 없다. 대체로 적시는 것은 흐르는 것으로, 기가 흐르는 것이다. 1음이 위에서 2양에 통한 것이 태괘이다. 태괘는 형으로서 만물에 두루 베풀어 발생하는 이로운 혜택이 되기 때문에 '기쁘다'라고 말한 것이다. 만물은 혜택에 기뻐하지 않음이 없다.

대체로 기쁜 것은 흩어지는 것이니,[58] 이는 형이 흩어지는 것이다. 감괘·태괘
(서로 다른) 두 물은 그 이치가 이처럼 밝고 밝다. 하지만 학자들은 문장에
만 의지하여 뜻을 풀이하기 때문에 귀결처를 알지 못하니, 참된 쓰임을 얻을
수 있겠는가!

自漢諸儒, 不得其說, 故眞人發其端. 又論, 且以井卦觀之, 本是
泰卦初爻易五是爲井, 則知一陽升而爲坎水也. 故月令云, "仲冬
水泉動", 仲冬一陽生. 至仲秋, 乃云, "煞氣浸盛, 陽氣日衰, 水
始涸." 信乎坎之爲乾水也. 道家有煉丹井, 海外女國無男, 窺井
卽生, 醫經, 無子女男服, 循井卽生. 其爲乾陽, 皆可明驗. 若曰,
"天降時雨, 山川出雲." 又曰, "地氣上爲雲, 天氣下爲雨." 此兌之
所以爲坤水也.

한대(漢代) 이후로부터 여러 유학자들이 그 설을 얻지 못하였기 때문에 마
의도자 진인이 그 실마리를 제시한 것이다. 또 논해보자면, 가령 (64괘 가운
데) 정괘(井卦, ䷯)로 살펴보면 본래 태괘(泰卦, ䷊)의 초효가 5효와 바
꾼 것이 정괘가 되니, 1양이 올라가서 감수(坎水, 감괘에 해당하는 물)가 되
는 것을 알 수 있다. 그러므로 『예기』, 「월령」편에서 "중동(仲冬)의 달(음력
11월)에 샘물이 움직인다"라고 했으니, 중동의 달에 1양이 생겨나는 것이다.
중추(仲秋)의 달(음력 8월)에 이르러서는 또 "숙살(肅殺)하는 기운은 점차
왕성해지고 양기는 날로 쇠퇴하여 물이 마르기 시작한다"라고 말하였다.[59]

---

58. 『周易』, 「序卦傳」, "兌者說也. 說而後散之."의 내용을 활용한 것이다.
59. 『禮記』, 「月令」篇, "仲秋之月, 日在角, 昏牽牛中, 旦觜觿中. … 蟄蟲坏戶, 殺氣浸
盛, 陽氣日衰, 水始涸. … 仲冬之月, 日在斗, 昏東壁中, 旦軫中. … 芸始生, 荔挺
出, 蚯蚓結, 麋角解, 水泉動."에 보인다.

참으로 감괘는 건수(乾水)인 것이다.

도가에서는 연단할 때 사용하는 우물[丹井]이 있고, 해외의 여인국에서는 남자가 없지만 우물을 엿보면 자식이 생긴다고 하며, 의경에서는 자식이 없는 여자가 남자 복장을 하고 우물을 따라 돌면 자식이 생긴다고 한다. 이러한 것들이 감괘(坎卦)가 건양(乾陽)이 됨을 모두 분명히 증험할 수 있다.

그런데 "하늘이 단비를 내리려 할 때 산천에 구름을 일어난다"[60]라고 말하거나, 또 "땅의 기가 위로 올라가 구름이 되고 하늘의 기가 아래로 내려가 비가 된다"[61]라고 말하는 경우, 이는 태괘가 곤수(坤水)가 됨을 말한 것이다.

🕊️ 해설

이 장은 물을 상징하는 감괘와 태괘의 차이를 말한다. 8괘에서 감괘(☵)와 태괘(☱)는 '물[水]'과 '연못[澤]'을 상징하는 괘로 모두 물과 관련된다. 두 괘의 덕성은 감괘는 빠짐[陷], 태괘는 기뻐함[說]이다. 이외「설괘전」에서는 8괘가 행하는 작용을 말하는데, 감괘와 태괘에 대해서 각각 "비로 적시고", "태로 기쁘게 한다"라고 말하고 있다.[62]

---

60. 『禮記』,「孔子閒居」, "清明在躬, 氣志如神. 耆欲將至, 有開必先, 天降時雨, 山川出雲."에 보인다.

61. 『黃帝內經素問』,「陰陽應象大論」, "清陽爲天, 濁陰爲地. 地氣上爲雲, 天氣下爲雨. 雨出地氣, 雲出天氣."에 보인다.

62. 『周易』,「說卦傳」, "雷以動之, 風以散之, 雨以潤之, 日以烜之, 艮以止之, 兌以說之, 乾以君之, 坤以藏之."

마의도자는 이를 바탕으로 물을 상징하는 감괘와 태괘의 이치가 다르다고 말한 것이다.

진단은 건곤생육자설, 괘획의 상, 괘의 덕성 등을 종합하여 감괘와 태괘의 상징성과 의미 차이를 해설한다. 건곤생육자설에 의하면, 감괘는 곤괘가 건괘의 중효를, 태괘는 건괘가 곤괘의 상효를 얻어 생긴 괘이다. 따라서 감괘는 건괘로부터 생겨난 물인 건수(乾水), 태괘는 곤괘로부터 생겨난 물인 곤수(坤水)에 해당한다. 괘획의 상으로 볼 때, 감괘는 1양이 2음 사이에 빠진 형상이며, 태괘는 1음이 위에서 2양과 통하고 있는 상이다.

이외 진단은 정괘(井, ䷯),「월령」, 세상의 속설 등을 부가로 얘기한다. 진단은 우물을 상징하는 정괘의 경우 태괘에서 하괘인 건괘의 초효가 상괘인 곤괘의 중효로 들어간 것으로 해설한다. 이는 우물이 감괘에서 생겨난 물이며, 감괘는 건괘에서 생겨난 건수(乾水)임을 보여준다. 하지만 진단의 정괘 설명은 곤괘가 건괘의 중효를 얻은 것이 감괘라는 설과 차이가 있고, 또 반드시 정괘가 태괘로부터 변화된 괘라고 볼 필요도 없다.

『예기』,「월령」편에서는 춘하추동 순서에 따라 '맹춘(孟春, 음력 1월)', '중춘(仲春, 2월)', '계춘(季春, 3월)', '맹하(孟夏, 4월)', '중하(仲夏, 5월)', '계하(季夏, 6월)', '맹추(孟秋, 7월)', '중추(仲秋, 8월)', '계추(季秋, 9월)', '맹동(孟冬, 10월)', '중동(仲冬, 11월)', '계동(季冬, 12월)'의 순서로 각 달에 해당하는 내용을 말하고 있다. 진단은 샘물이 발생하는 것을 1양의 생겨남임을 말하기 위해 먼저 '중동(仲冬)'의 내용을 인용하고 나서 '중추(仲秋)'의 내용을 인용하고 있다. 그 외의 내용은 세상에서 말해지는 속설을 통해 감괘와 태괘의 상징적 의미를 드러내고 있다.

제14장. 사람의 감리괘坎離卦와
천지의 감리괘坎離卦

鑽木鑿井, 人之坎離. 天地坎離, 識取自然.

나무를 비벼 얻은 불과 샘을 파 얻은 물은 사람의 감리다. 천지의
감리는 자연을 취해야 함을 알아야 한다.

乾, 天也, 一陰升於乾之中爲離. 離爲日, 則日本天之氣也. 坤, 地
也, 一陽下降於坤之中爲坎. 坎爲月, 則月本地之氣也. 日爲天氣,
自西而下, 以交於地. 月爲地氣, 自東而上以交於天. 日月交錯, 一
晝一夜, 循還三百六十度, 而擾擾萬緖起矣. 是爲三百六十爻, 而
諸卦生焉. 坎離, 日月, 天地之中氣也. 仲尼特言水火, 而不言日月
者, 日月其體也, 水火其用也. 言其用而不言其體, 蓋欲其設施之
廣而無碍也. 學者不悟, 但求之於鑽木鑿井之間, 所失益甚也.

건괘는 하늘인데, 1음이 건괘 중효에 오른 것이 리괘이다. 리괘는 해이니, 해
는 본래 하늘의 기이다. 곤괘는 땅인데, 1양이 곤괘 중효로 내려간 것이 감
괘이다. 감괘는 달이니, 달은 본래 땅의 기이다. 해는 하늘의 기로서 서쪽에
서 내려가 땅과 사귀고, 달은 땅의 기로서 동쪽에서 올라가 하늘과 사귄다.
해와 달이 서로 사귀어 한 번은 낮이 되고 한 번은 밤이 되면서 360도를 순
환하여 어지러이 온갖 실마리가 일어난다. 이것이 360효가 되어 온갖 괘들이
생성되는 것이다. 감괘와 리괘는 해와 달로서 천지의 중기(中氣)이다. 공자

는 다만 수화만을 말하고 일월을 말하지 않았는데, 일월은 그 체(體)이고 수화는 그 용(用)이다. 그 용을 말하고 그 체를 말하지 않는 것은 아마도 베푸는 것을 넓게 하여 거리낌이 없고자 했기 때문이었을 것이다. 그런데 학자들은 깨닫지 못하고 다만 나무를 비비고 우물을 파는 사이에서만 감리·수화를 구하니, 잃은 바가 더욱더 심하다.

又論,[63] 月上於天, 日入於地, 男女媾精之象. 一往一來, 卦畫有中通之象. 此所謂"觀於卦脈, 理則昭然"也. 又謂, 理旣昭然, 若山者, 自天之墜也. 傳曰, "自有宇宙, 便有此山." 又曰, "星隕爲石." 推此意, 則山自天墜無疑. 而世曰, "山者地之物." 以所見者言之耳. 至月風雷雨, 皆自地出也. 而世曰, "月風雷雨, 天之物." 亦以所見者言之耳. 世以所見如此, 苟狗其所見, 則是天地萬物, 皆所不曉審. 知易者, 所以窮理盡性也, 學者不可不留意邪!

또 논해보자면, 달이 하늘로 떠오르고 해가 땅으로 들어가는 것은 남녀가 교합하는 상이고, 한 번 가고 한 번 오는 것은 괘획이 중효에서 통하는 상이다. 이것이 "괘맥에서 살펴보면 이치가 분명하다"[64]라고 말하는 것이다. 계속 설명해보면, 이치가 분명하다는 것은 산의 경우 하늘로부터 떨어진 것이다. 전해지는 말에 "우주가 있는 것으로부터 바로 이 산이 있게 되었다"라고 하였고, 또 말하기를 "성운이 떨어져 돌이 되었다"라고 하였다. 이러한 뜻으로 미루어 가면 산은 하늘로부터 떨어졌음을 의심할 바가 없다. 하지만 세상에서 "산은 땅의 물건이다"라고 말한다. 이는 보이는 것으로 말한 것일 뿐이

---

63. 又論: 진체본·집성본은 문단 구분이 없지만, 저본에서는 여기서 문단을 구분하고 있다.
64. 제7장 경문, "天地萬物, 理有未明. 觀於卦脈, 理則昭然."에 보인다.

다. 달, 바람, 우레, 비의 경우 모두 땅으로부터 나온 것이다. 그런데 세상에서 "달, 바람, 우레, 비는 하늘의 물건이다"라고 말한다. 이 또한 보이는 것으로 말한 것일 뿐이다. 세상 사람들이 보는 견해가 이와 같으니, 만약 그 보이는 것만을 쫓아가면 이 천지만물을 모두 깨닫지 못한다는 점은 분명하다. 역을 아는 이는 이치를 궁구하여 본성을 다하는 것이니, 배우는 이들이 유의하지 않을 수 없다!

🕊 해설

이 장은 감괘와 리괘 괘상의 의미에 대해 설명하고 있다. 감괘와 리괘는 기본적으로 물과 불을 상징하는 괘이다. 이 때문에 감리괘를 말할 때 대체로 수화의 상징으로 해석한다. 하지만 『주역』, 「설괘전」에서 일찍이 제시되었듯이 감리는 일월의 상징이기도 하다.[65]

한나라 때 저술된 도교 연단법의 핵심 문헌인 『주역참동계』(이하 『참동계』)에서는 천지 사이에서 일월의 운행을 건곤감리의 네 괘를 통해 설명한다. 『참동계』에서는 건곤을 천지, 감리를 일월로 보고, 감리

---

65. 『周易』, 「說卦傳」, "坎爲水, 爲溝瀆, 爲隱伏, 爲矯輮, 爲弓輪, 其於人也爲加憂, 爲心病, 爲耳痛, 爲血卦, 爲赤, 其於馬也爲美脊, 爲亟心, 爲下首, 爲薄蹄, 爲曳, 其於輿也爲多眚, 爲通, 爲月, 爲盜, 其於木也爲堅多心. 離爲火, 爲日, 爲電, 爲中女, 爲甲胄, 爲戈兵, 其於人也爲大腹, 爲乾卦, 爲鱉, 爲蟹, 爲蠃, 爲蚌, 爲龜, 其於木也爲科上槁."

괘가 건곤괘의 두 작용이자 실질적인 변화의 주체로서 만물의 유행과 변화를 이루는 '역(易)'이라는 시각을 제시한다.[66] 이는 역학사에서 『참동계』만의 주요한 역학사상으로서 평가된다. 진단의 '감리설'은 이러한 내용과 기본적으로 동일하다. 이를 통해 그의 감리설이 『참동계』역학의 영향을 받았음을 알 수 있는데, 이는 『참동계』에 대한 진단의 해설을 통해서도 살필 수 있다.

진단은 도교 도사로서 『주역참동계』를 읽었을 것으로 추정되지만, 이 책에 대한 진단의 주석서는 존재하지 않는다. 하지만 남송 진현미의 『주역참동계해』의 "감리는 테두리로서 바퀴를 굴리고 바퀴살을 바르게 한다"[67]라는 경문 주석에는 진단의 주해가 인용되어 있다. 여기서 진단은, 우주론의 측면에서 "한서가 생기고, 사시가 생기며, 주야가 나뉘고, 음양이 정해지는" 것은 모두 감리인 일월이 동서로 오르내리는 왕래 작용으로 말미암으며, 역학의 측면에서 뭇 괘가 변화하는 것은 "감리의 가운데 효가 여섯 자리를 두루 유행하는 것"으로 말

---

66. 『周易參同契分章通眞義』, 제1장, "乾坤者, 易之門戶, 衆卦之父母. 坎離匡郭, 運轂正軸." 7장, "天地設位, 而易行乎其中矣. 天地者, 乾坤之象也. 設位者, 列陰陽配合之位也. 易謂坎離. 坎離者, 乾坤二用. 二用無爻位, 周流行六虛. 往來旣不定, 上下亦無常. 幽潛淪匿, 變化於中, 包囊萬物, 爲道紀." 9장, "坎戊月精, 離己日光. 日月爲易, 剛柔相當."

67. 『周易參同契解』卷上, "坎離匡廓, 運轂正輻". 저본은 『道藏』본 『周易參同契解』이다. 『道藏』 제20책, 272쪽.

미암는다고 말한다.[68]

'감리'의 작용과 역할에 대한 진단의 해설은 이 장의 해설과 기본적으로 동일하다. 이를 고려하면, 일반적인 수화의 상징이 아닌, 천지 속에서 운행되는 일월의 상징으로서 감리의 작용을 중시하는 사유는 『참동계』의 역학으로 대표되는 도교 역학의 전통을 계승한 것이라 할 수 있다.

---

68. 『참동계』에 대한 진단의 주해는 전해지지 않지만, 남송 진현미(陳顯微, ?~?)의 『周易參同契解』, "坎離匡廓, 運轂正軸" 경문 주석에 다음과 같은 진단의 주해가 인용되어 있다. "陳希夷曰, 日屬天炁, 自西而下于交於地, 月屬地炁, 自東而上于交於天. 男女交精之象也. 日月往來, 寒暑生焉, 四時成焉, 晝夜分焉, 陰陽定焉. 天地不能寒暑也, 以日月遠近而爲寒暑. 天地不能四時也, 以日月南北而爲四時. 天地不能晝夜也, 以日月出沒而爲晝夜. 天地不能晦明也, 以日月交會而爲晦明. 陰陽雖妙, 不外乎日月. 造化雖大, 不外乎坎離. 是故衆卦之變雖不齊, 而不出坎離之中爻周流乎六位也. 猶車輻之設, 雖不一, 而不出乎一轂之運居其中也. 坎離中爻, 謂坎中之一陽, 離中之一陰, 上下往來六爻之內. 『老子』曰, 三十輻共一轂, 當其無, 有車之用. 達者得其道而運身中之日月, 常人昧其理而違造化之陰陽."

78

八卦不止, 天地雷風. 一身一物, 便具八卦.

8괘는 하늘, 땅, 우레, 바람 등에 그치지 않는다. 하나의 몸, 하나의
사물에도 바로 8괘를 갖추고 있다.

八卦·文王繇辭·周公爻辭, 皆未嘗指名其物象, 以見八卦不止
天地雷風水火山澤, 無所不統也. 是故, 凡天下之所謂健者, 皆乾
也, 順者, 皆坤也. 動者, 皆震也, 入者, 皆巽也. 陷者, 皆坎也,
麗者, 皆離也. 止者, 皆艮也, 說者, 皆兌也, 一身一物, 便具此八
卦之理. 然宣父止以八物云者, 特擧其大者爲宗本, 姑以入易, 以
便學者耳.

복희의 8괘와 문왕의 괘사[69] 그리고 주공의 효사는 모두 일찍이 특정한 사
물의 상(象)을 가리키지 않음으로써 8괘가 하늘, 땅, 우레, 바람, 물, 불, 산,
연못 등에 그치지 않고 (만물을) 통괄하지 않음이 없음을 드러낸다. 그런 까
닭으로 대개 천하에서 굳센 것은 모두 건괘이고, 유순한 것은 모두 곤괘이
다. 움직이는 것은 모두 진괘이고, 들어가는 것은 모두 손괘이다. 빠지는 것
은 모두 감괘이고, 걸리는 것은 모두 리괘이다. 그치는 것은 모두 간괘이고,

---

69. 요사(繇辭)는 문왕이 지은 괘사(卦辭)를 지칭한다.

기뻐하는 것은 모두 태괘이니, 하나의 몸, 하나의 사물에도 바로 8괘의 이치를 갖추고 있다. 그런데 공자[70]가 단지 여덟 가지 사물만을 말한 것은 다만 큰 것만 들어, 이를 근본으로 삼아 잠시 역에 편입함으로써 배우는 이들을 편리하게 하려 한 것일 뿐이다.

🕊 해설

이 장은 앞선 장들에 이어 계속해서 8괘의 괘상은 특정한 상에 한정되지 않음을 강조하고 있다. 『주역』에서 건(乾)·곤(坤)·진(震)·손(巽)·감(坎)·리(離)·간(艮)·태(兌) 8괘는 각각 하늘, 땅, 우뢰, 바람, 물, 불, 산, 연못을 상징한다. 하지만 8괘의 상징은 이러한 상에 한정되지 않고, 굳셈[健], 유순함[順], 움직임[動], 들어감[入], 빠짐[陷], 걸림[麗], 그침[止], 기뻐함[說]의 덕성을 지닌 모든 것들이 바로 건·곤·진·손·감·리·간·태괘에 해당한다. 이 때문에 멀리서는 천지만물, 가까이서는 우리 한 몸안에 8괘의 이치가 있다고 볼 수 있다.

---

70. 선보(宣父)는 공자를 가리키는 용어이다. 전한(前漢) 평제(平帝) 때에 공자의 시호를 '포성선공(褒成宣公)'이라 하였으며, 그후 '선보(宣父)', '문선왕(文宣王)' 등으로 칭한 데서 연유하였다.

제16장. 반대괘反對卦와 대대괘待對卦

卦有反對, 最爲關鍵. 反體旣深, 對體尤妙.

괘에는 '반대(反對)'와 '대대(對待)'가 있으니, (역에서) 가장 관건이
된다. 반대의 체도 이미 심오하지만, 대대의 체는 더욱 오묘하다.

世雖知有反對之說, 不能知聖人密意在是也. 蓋二卦反而爲二, 對
而爲四. 旣列序之, 又以雜卦推明其義者, 以爲天下之吉凶禍福,
貧富貴賤. 其實一體也, 別而言之, 其代謝循環, 特倒正之間耳,
未始有常也. 然反體則諸卦皆是, 對體則乾坤坎離頤大過中孚小過
而已. 此八卦與諸卦不同, 在易道乃死生壽夭造化之樞機也. 其體
不變, 故曰, "對體尤妙."

　세상 사람들이 비록 반대와 대대의 설이 있음을 알지만, 성인의 은밀한 뜻
이 여기에 있다는 것은 알지 못한다. 대개 두 괘는 반대로는 둘이 되고 대대
로는 넷이 된다. 괘를 (「서괘전」에서) 나열하여 차례 짓고서 또 「잡괘전」에서
괘의 뜻을 미루어 밝힌 것은 이로써 천하의 길흉화복과 빈부귀천으로 삼은
것이다. 그 실상은 하나의 체인데, 별도로 말하자면 괘들이 번갈아 가며 순
환하는 것은 단지 뒤집힌 상태와 바른 상태의 사이일 뿐으로 애초에 일정하
게 정해져 있지 않다. 하지만 (64괘에서) 체를 반대로 한 것은 뭇 괘가 모두
그러하고, 체를 대대로 한 것은 건괘(☰)·곤괘(☷), 감괘(☵)·리괘(☲), 이
괘(☶)·대과괘(☳), 중부괘(☴)·소과괘(☱)뿐이다. 이 여덟 괘는 나머지 괘

들과 같지 않으니, 역의 도에 있어서 삶과 죽음, 장수와 요절, 그리고 조화의 핵심 기틀이다. 그 체는 변하지 않기 때문에 "대대의 체는 더욱 오묘하다"라고 말한 것이다.

🕊️ 해설

이 장에서는 반대괘와 대대괘를 설명하고 있다. 『주역』의 괘 순서에서 연속된 두 개의 괘 중에서 상경의 둔괘(䷂)·몽괘(䷃)와 같이 괘획의 위아래가 뒤바뀐 괘를 반대괘(反對卦) 혹은 전도괘(顚倒卦), 도전괘(倒顚卦)라고 한다. 그리고 건괘(☰)·곤괘(☷)와 같이 각 효의 음양이 뒤바뀐 괘를 대대괘(對待卦) 혹은 배합괘(配合卦)라 한다.

『정역심법』 본문에 앞서 「정역괘획」에서 보았듯이, 『주역』 64괘에서 반대괘는 28쌍(56괘), 대대괘는 4쌍(건괘·곤괘, 감괘·리괘, 이괘·대과괘, 중부괘·소과괘)이다. 64괘는 반대괘와 대대괘가 한 조를 이루어 순서를 이룬다. 가령 상경 30괘는 건(乾, ☰), 곤(坤, ☷), 둔(屯, ䷂), 몽(蒙, ䷃)에서 이(頤, ䷚), 대과(大過, ䷛), 감(坎, ䷜), 리(離, ䷝)괘의 순서로 구성되어 있다. 여기서 처음 건·곤은 반대괘, 둔·몽은 대대괘, 뒷부분의 이·대과는 대대괘, 감·리는 반대괘이다.

『주역』, 「서괘전」에서는 이러한 64괘의 순서에 대해 설명하고 있고, 「잡괘전」에서는 각 괘의 뜻을 설명하고 있다. 진단은 64괘 가운데 반대괘 28쌍에 비해 대대괘 4쌍을 더 중요하게 여기고 있다. 「정역괘획」에서도 설명하였으므로, 이를 참조하라.

제17장. 취상取象과 괘명卦名

六十四卦, 皆有取象. 其爲名義, 無不反對.

64괘는 모두 상을 취함이 있다. 괘명의 뜻을 이루는 것은 반대·대대가 아님이 없다.

易之取象, 世所知者數卦而已. 如頤如鼎如噬嗑之類, 是殊不知易者象也, 依物象以爲訓. 故六十四卦皆有取象, 如屯象草木, 蒙象童稚. 需象燕賓, 訟象飮食. 師象軍陣, 比象翼戴. 家人象家正, 睽象覆家. 餘卦盡然. 一入諸卦, 名義無不反對. 如噬嗑以貪饕, 賁以節飾. 履以蹈艱危, 小畜以享尊富. 臨以出而治人, 觀以入而處己. 豊以富盛, 旅以困窮. 自餘推之, 其名義反對, 無不然者. 但未知思索以精之, 則云有不取象, 有不反對者, 此學易之大病也.

역이 상을 취함에 대해 세상 사람들이 아는 것은 단지 몇 괘일 뿐이다. 가령 이괘(頤, ䷚), 정괘(鼎, ䷱), 서합괘(噬嗑, ䷔)와 같은 부류는 역이 상이라는 것을 전혀 알지 못해서 물상(物象)에 의거해서 뜻을 푼 것이다. 64괘가 모두 상을 취함이 있음은 예를 들어 둔괘(屯, ䷂)는 풀과 나무를 형상화했고, 몽괘(蒙, ䷃)는 어리고 유치함을 형상화했다. 수괘(需, ䷄)는 손님에게 연회를 베풂을 형상화했고, 송괘(訟, ䷅)는 먹고 마심을 형상화했다. 사괘(師, ䷆)는 군대가 진을 펼침을 형상화했고, 비괘(比, ䷇)는 보필하여 추대

함을 형상화했다. 가인괘(家人, ䷤)는 집안을 바르게 함을 형상화했고, 규괘(睽, ䷥)는 집안이 뒤집힘을 형상화했다. 그 나머지 괘도 모두 그러하다.

한편 여러 괘를 살펴보면, 괘명의 뜻이 반대·대대가 아님이 없다. 예를 들면 서합괘는 음식을 탐함이고, 비괘(賁, ䷕)는 음식을 줄임이다. 리괘(履, ䷉)는 어려움과 위태로움을 밟음이고, 소축괘(小畜, ䷈)는 존귀함과 부귀함을 누림이다. 임괘(臨, ䷒)는 세상에 나와 사람을 다스림이고, 관괘(觀, ䷓)는 산림에 들어가 자신을 다스림이다. 풍괘(豊, ䷶)는 부귀함이고, 려괘(旅, ䷷)는 곤궁함이다. 이외의 괘들도 미루어보면 그 괘명의 뜻이 반대·대대됨이 그렇지 않은 것이 없다. 다만 사색하여 정밀하게 추론할 줄 모르기 때문에 상을 취하지 않은 것이 있다고 하거나 반대·대대가 아닌 것이 있다고 하는데, 이것이 역을 배우는 자들의 큰 병통이다.

🕊 해설

이 장에서는 『주역』 64괘에서 서로 쌍이 되는 괘들의 이름과 상징이 서로 연관됨을 지적하고 이와 관련된 괘를 예로 들고 있다. 가령 둔괘(屯, ䷂)와 몽괘(蒙, ䷃)의 경우, 『주역』, 「서괘전」에서는 "천지 사이를 가득 채운 것은 만물이다. 그래서 둔괘로 받았으니, 둔은 가득참이다. 둔은 물건이 처음 생기는 것이다. 물건이 생기면 반드시 어리기 때문에 몽괘로 받았다. 몽은 어린 것이니, 물건이 어린 것이다"[71]

---

71. 『周易』, 「序卦傳」, "有天地然後萬物生焉. 盈天地之間者唯萬物, 故受之以屯, 屯者盈也, 屯者物之始生也."

라고 하였다. 진단은 "둔괘(屯, ䷂)는 풀과 나무를 형상화했고, 몽괘(蒙, ䷃)는 어리고 유치함을 형상화했다"라고 말하고 있다. 여기서 둔괘를 초목(草木)으로 해석한 것은 곤괘「문언전」과 둔괘「단전」의 내용과 관련된 것으로 추정된다. 「곤·문언전」에서는 "천지가 변화하면 초목이 번성한다"[72]라고 했고, 둔괘「단전」에서는 "하늘이 초매(草昧)를 지을 때는 마땅히 제후를 세우며 편안히 여기지 않는다"[73]라고 했다. 천지가 변화할 때는 처음에 초목이 번성한다는 것은 「서괘전」의 말처럼 건곤 이후의 둔괘의 상황을 말한다. '초매(草昧)'는 천지가 처음 생겨 아직 몽매한 때를 지칭한다. 진단이 둔괘를 '초목'이라 말한 것은 천지가 시작하고서 처음 초목이 생겨나는 것을 지칭한다고 볼 수 있다. 이러한 해석은 둔괘와 몽괘의 상징성을 고려한 해석으로「서괘전」의 내용과 일치한다고 볼 수 있다.

이와 함께 진단은 쌍을 이루는 괘들의 이름이 모두 반대·대대 관계로 되어있음을 강조한다. 두 괘의 관계는「잡괘전」을 참고할 수 있는데, 가령 리괘와 감괘의 경우「잡괘전」에서는 "리는 올라가고, 감은 내려온다"[74]라며 반대의 관계를 반영하여 말하고 있다. 하지만 소축괘(小畜, ䷈)와 리괘(履, ䷉)의 경우, 「잡괘전」에서는 "소축은 적은

---

72. 『周易』, 「坤·文言傳」, "天地變化, 草木蕃, 天地閉, 賢人隱."

73. 『周易』, '屯', "彖曰, 屯, 剛柔始交而難生, 動乎險中, 大亨貞. 雷雨之動滿盈, 天造草昧, 宜建侯而不寧."

74. 『周易』, 「雜卦傳」, "離上而坎下也."

것이고, 리는 거처하지 않는 것이다"[75]라며 반대의 관계를 적용하지
않고 있다. 이 때문에 당시 학자들에 따라 "반대·대대가 아닌 것이
있다"고 말하는 경우가 있었던 것으로 보인다. 이에 대해 진단은 "리
괘는 어려움과 위태로움을 밟음이고, 소축괘는 존귀함과 부귀함을 누
림이다"라며 반대 관계로 해석한다.[76] 괘상을 볼 때 소축괘는 모여 쌓
이는 것, 리괘는 위험함을 밟는 것을 상징한다. 진단을 이를 고려하여
'어려움과 위태로움' 그리고 '존귀함과 부귀함'의 반대 관계로 두 괘를
풀이한 것이라 할 수 있다.

---

75. 『周易』, 「雜卦傳」, "小畜寡也, 履不處也."
76. 참고로 『주역』에서는 괘의 순서상 '소축괘' 다음에 '리괘'가 놓인다. 하지만 진단
    은 제23장에서 이러한 괘의 순서는 잘못된 것으로 '리괘' 다음에 '소축괘'가 놓여
    야 한다고 주장한다. 이 때문에 이 장의 해설에서도 '리괘'를 먼저 말하고 '소축괘'
    를 다음으로 말하고 있다.

諸卦名義, 須究端的. 名義不正, 易道懸絶.

뭇 괘들의 이름의 뜻은 반드시 실마리를 궁구해야 한다. 이름의 뜻
이 바르지 않으면 역의 도에서 현격히 멀어진다.

易卦名義, 古今失其正者二十餘卦, 師 · 比 · 小畜 · 履, 同人 · 大
有 · 謙 · 豫, 臨 · 觀 · 噬嗑 · 賁, 无妄 · 大畜 · 頤 · 大過, 漸 ·
歸妹 · 豊 · 旅, 中孚 · 小過是也. 蓋師以正衆, 比以興王, 二卦以
武功創業, 湯武之卦也. 同人窮而在下, 大有達而在上, 二卦以文
德嗣位, 舜禹之卦也. 履以陰德而蹈艱危, 以致小畜之安富, 人臣
之事也, 无妄以陰德而踐災眚,[77] 以致大畜之喜慶, 人君之事也.
臨以陽來, 宜出而有爲, 觀以陰生, 宜入而無爲. 謙則止在象後而
存義, 豫則動在象前而知幾. 中孚則始生, 小過則夭折. 頤則成人
而養生, 大過則壽終而喪死. 漸以正而進, 歸妹以說而合. 噬嗑以
貪而致罪, 賁以義而致節.[78] 豊則得所歸而富盛. 旅則失其所基而

---

77. 眚: 저본과 진체본에는 각각 '眚', '眚'(모두 '眚'의 이체자)으로 되어있고, 집성본
    에는 '眚'으로 되어있다. 맥락상 '眚'이 합당하기에 집성본을 따랐다.
78. 節: 저본 · 진체본에는 '飾', 집성본에는 '節'로 되어있다. 맥락상 '節'이 합당하기
    에 집성본을 따랐다.

困窮. 凡此二十餘卦, 其名義顯然見於畫象, 反對有不可掩者如此, 當諦觀之也. 大傳曰, "開而當名", 苟名義不當, 則一卦無所歸宿也. 故曰, "易道懸絶"也.

역의 괘명의 뜻이 예로부터 지금까지 그 바름을 잃은 것이 20여 괘로, 사괘(師, ䷆)·비괘(比, ䷇), 소축괘(小畜, ䷈)·리괘(履, ䷉), 동인괘(同人, ䷌)·대유괘(大有, ䷍), 겸괘(謙, ䷎)·예괘(豫, ䷏), 임괘(臨, ䷒)·관괘(觀, ䷓), 서합괘(噬嗑, ䷔)·비괘(賁, ䷕), 무망괘(无妄, ䷘)·대축괘(大畜, ䷙), 이괘(頤, ䷚)·대과괘(大過, ䷛), 점괘(漸, ䷴)·귀매괘(歸妹, ䷵), 풍괘(豐, ䷶)·려괘(旅, ䷷), 중부괘(中孚, ䷼)·소과괘(小過, ䷽)가 그것이다.

대개 사괘는 무리를 바르게 함이고 비괘는 왕을 흥하게 함이니, 이 두 괘는 무공으로 창업하는 것으로 탕왕과 무왕의 괘이다. 동인괘는 궁통(窮通)하여 아래에 있는 것이고, 대유괘는 현달(顯達)하여 위에 있는 것이니, 이 두 괘는 문덕으로 왕위를 계승하는 것으로 순임금과 우임금의 괘이다. 리괘는 음덕으로 어려움과 위태로움을 딛고 서서 소축괘의 편안함과 부귀함을 이루는 것이니 신하의 일이고, 무망괘는 음덕으로 재앙과 잘못을 극복하고서 대축괘의 기쁨과 경사를 이루는 것이니 임금의 일이다. 임괘는 양이 오는 것이므로 마땅히 세상에 나와 일을 해야 하고, 관괘는 음이 생겨나는 것이므로 마땅히 들어가 작위함이 없어야 한다. 겸괘는 상(象)이 나타난 후에 머물러 뜻을 간직하는 것이고, 예괘는 상이 나타나기 전에 움직여 기미를 아는 것이다. 중부괘는 처음 생겨나는 것이고, 소과괘는 일찍 죽는 것이다. 이괘는 사람을 이루어 삶을 기르는 것이고, 대과괘는 수명을 다하여 장사를 지내는 것이다. 점괘는 바름으로 나아가는 것이고, 귀매괘는 기쁘게 합하는 것이다. 서합괘는 탐냄으로 죄에 이르는 것이고, 비괘는 의로움으로 절도를 이루는 것이다. 풍괘는 돌아갈 바를 얻어서 풍성한 것이고, 려괘는 토대를 잃어 곤궁한 것이다.

무릇 이 20여 괘는 그 이름의 뜻이 괘획의 상에 확연히 드러나 (괘상의) 반대·대대를 가릴 수 없음이 이와 같으니 익히 살펴보아야 한다. 「계사전」에서 "열어서 이름을 마땅히 해야 한다"[79]라고 하였는데, 진실로 괘명의 뜻이 합당하지 않으면 하나의 괘일지라도 귀착점이 없게 된다. 그러므로 "역의 도에서 현격히 멀어진다"라고 한 것이다.

🕊 해설

이 장은 64괘 괘명에 대한 새로운 접근을 보여준다. 64괘의 괘명에 대한 학설은 크게 두 가지 설이 존재해 왔다. 하나는 취상설(取象說)이다. 복희씨가 8괘를 만들 때, 사물의 물상(物象)을 관찰하여 8괘를 그렸다는 설에 기초한다. 가령 서합괘의 괘상은 위아래의 턱[頤] 속에 음식물이 있음을 서합[80]이라고 하고, 이괘의 괘상[☲]은 입속의 치아의 모습을 본뜬 것이라고 풀이하는 것이다. 이는 괘상의 모습을 통해 해당 글자를 대입하여 괘명을 삼았다는 것이다. 24장에서도 취상설이 나온다.

다른 하나는 취의설(取義說)이다. 괘상이 사물의 이치를 나타낸다는 입장으로, 이는 그 의미를 취하여 이름으로 삼았다는 설이다. 예를

---

79. 『周易』, 「繫辭傳」, "夫易, 彰往而察來, 而微顯闡幽, 開而當名, 辨物正言, 斷辭則備矣."에 보인다.
80. 서합괘(噬嗑卦)의 「象傳」, "頤中有物曰噬嗑."

들면 곤괘는 유효(柔爻, 음효)로 이루어진 괘이고, 유는 유순한 성질을 가지고 있기에 곤(坤)이라는 이름으로 괘명을 삼았으며, 그 의미는 '따른다[順]'는 의미로 풀이한 것이다. 건괘의 경우는 건괘가 천을 상징하고 천의 속성이 강건하기에 강건하다는 의미의 건(乾) 자를 괘의 이름으로 삼았다는 것이다.

하지만 이러한 설들이 모든 괘에 해당하지도 않을뿐더러, 이 학설들이 타당한 근거를 갖는 것도 아니다. 이러한 설에 대해 근대 학자들은 만족하지 못하여, 다양한 접근법을 제시하고 있다. 그러나 이들의 설도 합리적인 근거를 대지 못하고 있다. 대표적으로 고형(高亨)[81]과 문일다(聞一多)[82]의 설을 소개해보자.

고형은 괘명이 시초점을 치는 말에서 취하여 만들어졌다고 본다. 이는 시초점을 치는 말이 효사에 남아 있고, 이 효사에서 하나 혹은

---

81. 고형(高亨, 1900~1986)은 선진시기 사상 연구에 위대한 업적을 남긴 고대철학 전문가이다. 베이징대학과 칭화대를 졸업했다. 양계초(梁啓超), 왕국위(王國衛)에게 배웠다. 하남대, 도호쿠대, 우한대 교수 등을 역임했다. 선진철학의 주요 자료인 『시경(詩經)』, 『주역(周易)』에 대한 연구와 고대 문자 등에서 탁월한 연구 업적을 남겼다.

82. 문일다(聞一多, 1899~1946)는 본명이 문가화(聞家驊)이다. 그는 혁명가이기도 하며, 시인이기도 하며, 무한대학(武漢大學), 청화대학(清華學) 교수를 역임했다. 청화대학에 입학하고 바로 무창봉기(武昌起義)에 참여하고, 중국공산당(中國共産黨)에서도 활약했다. 혁명가로서의 삶을 살면서도 『서안(西岸)』, 『홍촉(紅燭)』 등의 시집을 출간하고, 『장자내편교주(莊子內篇校釋)』, 『시경통의(詩經通義)』와 같은 논문도 저술하였다.

둘의 글자를 취해 괘명으로 삼았다는 것이다. 그는 건괘는 구삼의 효사 중에서 '건(乾)' 자를 취해 괘명으로 삼았으며, 둔괘는 육이효와 구오효의 효사 중에서 '둔(屯)' 자를 취했다고 본다. 고형은 이밖에 다른 괘들에 대해서는 분명한 설명을 하지 못한다.

이와 달리 문일다는 괘명과 괘사, 효사의 내용이 바로 점을 쳐서 묻는 일들의 사정과 관련이 있다고 본다. 그는 건괘의 용(龍)은 바로 별자리인 용성(龍星)이고 이는 용성이 출몰하는 것이 사시와 절기의 변화를 나타내는 것이기에, 절기의 변화를 묻는 점에서 ☰의 형상을 얻었고 이후 건괘라는 이름을 붙였다는 것이다. 건자의 본래 뜻은 '간(幹)'이고 이는 북두성의 다른 이름이라고 본다. 문일다는 '건(乾)'과 '간(幹)'이 통용되는 글자이고, '간(幹)'이 천간(天干)을 통칭할 때 쓰이는 예를 가져와 천간의 운행 기준이 북두성이므로 이러한 주장을 한 것이다. 하지만 이 역시 확실한 설명이 되지 못한다. 문일다는 괘명을 설명하는 것에서 건괘, 곤괘. 리괘에 한정해서 말하고 있고, 그 근거도 확신할 수 없다. 또한 그는 64괘의 괘명에 대해서는 언급하지 않는다.

이처럼 여러 학설이 존재하지만, 64괘 전체에 적용이 되는 일반적인 학설은 없다. 이러한 점 때문에 근대 학자들은 괘명에는 어떠한 심오한 의미도 없으며, 괘상과도 전혀 관련이 없다는 의견들을 제시하고 있다.[83]

---

83. 이봉호 저, 『주역의 탄생』, 파라아카데미, 2021, 144쪽에서 가져왔다.

이와 달리, 진단은 64괘 가운데 대대·반대 관계의 11쌍의 괘(22괘)의 괘명에 대한 새로운 해설을 제시하고 있다. 괘명에 대한 해설은 앞의 장과 같이 '반대'·'대대' 관계에 입각하여 유기적으로 1쌍의 괘를 설명하고 있다. 제16장에서부터 제18장까지는 '반대'와 '대대' 관계에 근거하여 괘를 해설하고 있다. 『정역심법』 본문에 앞서 수록된 「정역괘획」과 이 장들의 내용을 고려하면, 마의도자와 진단이 괘상과 괘명의 의미와 관련하여 '반대'·'대대' 이론을 중시하고 있음을 알 수 있다.

제19장. 괘의 정正과 복伏, 호互와 참參

一卦之中, 凡具八卦. 有正有伏, 有互有參.

하나의 괘 속에도 8괘를 갖추고 있다. '정(正)'도 있고 '복(伏)'도 있으며, '호(互)'도 있고 '참(參)'도 있다.

'正'謂上下二體也, '伏'謂二體從變也. '互'謂一卦有二互體也, '參'謂二互體參合也. 與本卦凡八, 是謂一卦具八卦也. 然一卦何以具有八卦? 蓋一卦自有八變. 如乾一變姤, 二變遯, 三變否, 四變觀, 五變剝, 六變晉, 七變大有, 八變復乾是也. 因其所然, 以見天地萬物, 理無不通也. 『莊子』論, "久竹生靑寧, 靑寧生程, 程生馬, 馬生人. 人死反入於機. 萬物皆出於機, 入於機." 其一節論變化之理, 無所不通如此.

'정(正)'은 (대성괘 본괘의) 상하 두 체를 말하고, '복(伏)'은 (상하) 두 체에 종속되어 있는 변화(의 형태)를 말한다. '호(互)'는 한 괘에 두 호체(互體)가 있음을 말하고, '참(參)'은 두 호체가 섞여 합함을 말한다. 이로부터 본괘와 함께 모두 여덟 괘가 만들어지니, 이를 하나의 괘가 8괘를 갖추고 있다고 말한 것이다. 그렇다면 하나의 괘가 어떻게 8괘를 갖출 수 있는가? 대개 하나의 괘에는 여덟 번의 변화가 있다. 예를 들면 건괘(☰)는 한 번 변화하여 구괘(☴)가 되고, 두 번 변화하여 둔괘(☶)가 되고, 세 번 변화하여 비괘(☷)

가 되고, 네 번 변화하여 관괘(☷☴)가 되고, 다섯 번 변화하여 박괘(☷☶)가 되고, 여섯 번 변화하여 진괘(☷☳)가 되고, 일곱 번 변화하여 대유괘(☲☰)가 되고, 여덟 번 변화하여 다시 건괘가 됨이 그것이다. 이러한 것으로 인해 천지 만물이 이치가 통하지 않음이 없음을 나타냈었다. 『장자』에서는 "(씨앗 속에는 조화의 기틀이 들어 있다.) 오래 된 대나무가 청녕이란 벌레를 낳고, 청녕은 정이란 짐승을 낳고, 정은 말을 낳고, 말은 사람을 낳는다. 사람은 죽어서 조화의 기틀로 되돌아간다. 만물은 모두 (조화의) 기틀에서 생겨나서 그 기틀로 돌아간다."[84]라고 논하였다. 『장자』한 구절에서 변화의 이치를 논한 것이 이처럼 통하지 않음이 없다.

🌿 해설

역학에서는 3개의 효(爻)로 이루어진 8괘를 단괘(單卦), 경괘(經卦) 혹은 소성괘(小成卦)라 부르고, 소성괘 8개 괘를 거듭하여 만든 6개의 효로 이루어진 64괘를 중괘(重卦) 혹은 대성괘(大成卦)라고 부른다. 『주역』은 인간과 자연의 음양변화의 원리를 표현한 것으로, 64괘의 각 괘는 고정되어 있지 않고 그 속에 다양한 변화의 가능성을 포함하고 있다. 이 때문에 한대 상수역학에서부터 괘의 변화를 나타내기 위한 다양한 이론과 용어가 제시되었다.

---

84. 『莊子』, 「外篇·至樂」, "種有幾. 得水則爲䠅, 得水土之際則爲䠅蠙之衣, … 羊奚 比乎不筍. 久竹生靑寧. 靑寧生程. 程生馬. 馬生人. 人又反入於機. 萬物皆出於 機, 皆入於機."에 보인다.

역학 용어 가운데 '정(正)' 혹은 정체(正體)'는 대성괘의 위아래에 있는 소성괘를 가리킨다. '복(伏)'은 한나라 때 역학자인 경방(京房)의 비복설(飛伏說)에서 나온 용어이다. 비복설은 괘효의 구조에서 드러나거나 숨어있는 음양 변화의 관계를 드러내기 위한 학설이다. 괘효에서 음양이 드러나 볼 수 있는 것은 비(飛)가 되고, 볼 수 없는 것은 복(伏)이 된다. 비복설은 소성괘와 대성괘로 구분해서 설명할 수 있다. 소성괘에서 비복설을 살펴보면, 건괘(☰)의 경우, 겉으로 드러난 형태는 양효의 건괘이지만, 그 속에는 음효의 곤괘((☷)가 숨어있다고 본다. 그래서 건괘가 비(飛)라면, 곤괘는 복(伏)이 된다. 또 진괘(☳)가 비라면 손괘(☴)는 복이 되고, 감괘(☵)가 비라면 리괘(☲)는 복이 된다. 간괘(☶)가 비라면 태괘(☱)는 복이 된다. 이들 괘의 반대도 또한 비복의 관계를 이룬다.

대성괘에서 비복설은 설명이 다소 복잡하다. 설명의 편의를 위해 경방의 〈팔궁괘〉에서 건궁괘(乾宮卦)의 괘들을 가져와 보자. 건궁괘의 일세괘(一世卦)는 구괘(䷫)이다. 일세괘는 건괘의 초효가 양효에서 음효로 변하여 구괘가 된 것이다. 구괘의 괘상 구성은 하괘가 손괘이다. 그래서 구괘는 드러나 있기에 비가 되고, 손괘는 숨어있기에 복이 되어 구괘는 손괘와 비복관계를 이룬다. 이세괘(二世卦)는 둔괘(䷠)이다. 건괘의 초효와 구이효가 양효에서 음효로 변하여 둔괘가 된 것이다. 둔괘의 괘상 구성은 하괘가 간괘이다. 그러므로 둔괘는 드러나 있기에 비가 되고 간괘는 숨어있기에 복이 되어 둔괘와 간괘는 비복관계를 이룬다. 삼세괘(三世卦)는 비괘(䷋)이다. 건괘의 초효와 구이효, 그리고 구삼효가 양효에서 음효로 변하여 비괘가 된 것이다. 비괘의 괘상 구성은 하괘가 곤괘이다. 그러므로 비괘는 드러나 있기에 비가 되고, 곤괘는 숨어있기에 복이 되어 비괘와 곤괘는 비복관계를 이룬다. 일세괘에서 삼세괘까지는 하괘를 중심으로 비복관계를 이룬다. 이는 이들 괘는 건괘가 상괘로 불변하고 드러나 있으므로 비(飛)가 되고, 하괘는 음양변화가 일어나면서도 괘상 전체에서는 하괘의 자리에 위치해 감추어진 것이므로 복(伏)에 해당한다.

그러나 사세괘(四世卦)에서부터는 비복관계를 설명하는 것이 상괘를 중심으로 이루어진다. 이는 하괘는 이미 곤괘를 형성하고 있어 불변하며, 음양의 변화가 상괘에서 일어나기 때문이다. 사세괘는 관괘(☴)이다. 건괘의 초효에서 구사효까지 양효가 음효로 변해서 관괘가 되었다. 관괘의 괘상 구성은 상괘가 손괘이다. 그러므로 관괘는 비, 손괘는 복이 되어 관괘는 손괘와 비복관계를 이룬다. 오세괘(五世卦)는 박괘(☶)이다. 건괘의 초효에서 구오효까지 양효에서 음효로 변해서 박괘가 되었다. 박괘의 괘상 구성은 상괘가 간괘이다. 그러므로 박괘는 비, 간괘는 복이 되어 박괘는 간괘와 비복관계를 이룬다.

이제 경방의 팔궁괘의 전개에서 유혼괘(遊魂卦)와 귀혼괘(歸魂卦)로 진행된다. 경방이 유혼괘와 귀혼괘를 설정한 이유는 음효가 양효로 변하고, 양효가 음효로 변하는 과정에서 이들 변화를 모두 진행하면, 본궁괘(八宮卦)의 기준이 되는 본괘(本卦)의 성질이 사라져버리기 때문이다. 음양효의 변화를 모두 진행하여 만들어진 괘는 본궁괘와 전혀 다른 괘가 된다. 이를 방지하기 위해 설정한 괘배열이 바로 유혼괘와 본궁괘이다. 물론 경방은 유혼괘와 본궁괘를 설정할 때, 「계사전」의 "정(精)과 기(氣)가 만물이 되고, 혼(魂)이 돌아다녀 변(變)이 된다. 이 때문에 귀(鬼), 신(神)의 정상(情狀)을 아는 것이다.(精氣爲物, 游魂爲變. 是故知鬼神之情狀.)"이라는 문장에 근거하였다. 유혼괘는 사효 자리에 본궁괘의 효가 복귀하는 것이고, 귀혼괘는 하괘에 본궁괘가 회복하는 것이다.

건궁괘의 유혼괘는 진괘(䷢)이다. 이는 오세괘인 박괘(䷖)의 육사효 자리에 건괘의 양효가 회복된 괘이다. 진괘의 괘상 구성은 상괘가 리괘이다. 그러므로 진괘는 리괘와 비복관계를 이룬다. 건궁괘의 귀혼괘는 대유괘(䷍)이다. 이는 진괘(䷢)의 하괘가 건괘를 회복한 것이다. 대유괘는 하괘가 건괘를 회복하였으므로, 곤괘와 비복관계를 이룬다.

비복설은 한 괘에서 괘효의 구조 속에 존재하는 음양 변화 관념을 표현한 것이다. 건궁괘의 괘들은 1세에서 5세까지는 양에서 음으로 변해가는 음양변화를, 유혼과 귀혼괘는 음에서 양이 회복하는 음양변화를 드러낸다. 경방의 비복설은 괘상에서 드러난 음양 변화와 드러나지 않는 음양변화를 포착하고자 고안된 상수역학의 방법이다.

'호(互)'와 '참(參)'은 상수역학의 호체법과 관련된 용어다. 호체법은 6획괘인 대성괘에서 초효와 상효를 제외한 2·3·4·5 중간효로 새로운 괘를 만드는 이론을 말한다. 여기서 2·3·4효와 3·4·5효가 각각 하나의 '호체'인 소성괘를 이룬다. 진단의 해설에 따르면, '호'는 중간효로 이루어진 두 '호체'를 말하고, '참'은 두 호체를 합하여 대성괘인 '호체괘'(혹은 '호괘')를 이룸을 말한다. 둔괘(屯卦, ䷂)로 호체법의 예를 들면, 둔괘는 2·3·4효에서 하괘인 곤괘(☷), 3·4·5효에서 상괘인 간괘(☶) 두 호체를 얻고, 두 괘를 합하여 박괘(䷖)를 얻는다. 여기서 호체를 통해 얻은 곤괘와 간괘는 '호'가 되고, 곤괘와 간괘를 합한 박괘는 '참'이 된다.

이외 하나의 괘에 여덟 번의 변화가 있다는 진단의 설명은 앞에서 언급한 경방의 팔궁괘설과 관련된다. 팔궁괘설에 따르면, 건괘(䷀) → 구괘(䷫) → 둔괘(䷠) → 비괘(䷟) → 관괘(䷓) → 박괘(䷖) → 진괘(䷢) → 대유괘(䷍)'로 변화한다. 진단은 제31장 해설에서 팔궁괘설을 언급하므로 해당 장에서 다시 살피도록 한다.

제20장. 건곤괘는 참된 체眞體

六十四卦, 唯乾與坤, 本之自然, 是名眞體.

64괘 중에서 오직 건괘와 곤괘만이 자연에 근본을 두었으므로 '참된 체[眞體]'라고 부른다.

太初者, 氣之始, 是爲乾, 太始[85]者, 形之始, 是爲坤. 皆本之自然, 無所假合也. 故其卦畫純一不駁, 倒正不變, 是名'眞體'.

태초(太初)는 기의 시작으로 건괘가 되고, 태시(太始)는 형의 시작으로 곤괘가 된다. (이들 건괘와 곤괘는) 모두 자연에 근본을 둔 것으로 임의적으로 합한 것이 없다. 그러므로 건괘·곤괘의 괘획이 순일하여 잡박하지 않고 '상하 두 체[正]'를 뒤집어도 바뀌지 않으므로 '참된 체'라고 부른 것이다.

---

85. 始: 저본에는 '始', 진체본에는 '初', 집성본에는 '一'로 되어 있다. 맥락상 '始'가 합당하다.

　이 장은 역으로부터 우주만물이 발생되는 우주론을 말하고 있다. "태초(太初)는 기의 시작"이고 "태시(太始)는 형의 시작"이란 사유는 『역위(易緯)』, 「건착도(乾鑿度)」에서 비롯된 내용이다. 『역위』, 「건착도」에서는 태역(太易)으로부터 태초(太初), 태시(太始), 태소(太素)에 이르는 우주 생성의 단계를 말하고, "태초는 기의 시작" "태시는 형의 시작" "태소는 질의 시작"이라고 말한다. 또 무형한 '역'이 변화하여 1이 생기며, 1에서부터 7, 그리고 궁극의 수인 9로 변화한 후에 다시 1로 복귀한다고 말하고, 1로부터 형이 변화하여 천지인 그리고 만물이 생긴다는 기수(氣數)론적 우주생성론을 제시하고 있다.[86] 『역위』, 「건착도」의 이러한 우주발생론은 『열자』, 「천서」에 그대로 인용[87]되어 도

---

86. 『易緯』, 「乾鑿度」, "故曰有太易, 有太初, 有太始, 有太素也. 太易者, 未見氣也. 太初者, 氣之始也. 太始者, 形之始也. 太素者, 質之始也. 氣形質具而未相離, 故曰渾淪. 渾淪者, 言萬物相渾成, 而未相離. 視之不見, 聽之不聞, 循之不得, 故曰易也. 易無形畔. 易變而爲一, 一變而爲七, 七變而爲九. 九者, 氣變之究也, 乃復變而爲一. 一者, 形變之始. 淸輕者上爲天, 濁重者下爲地, 物有始有壯有究, 故三畫而成乾, 乾坤相並俱生, 物有陰陽, 因而重之. 故六畫而成卦." 安居香山, 中村璋八 輯, 『緯書集成』上, 1993, 11~13쪽.

87. 『列子』, 「天瑞」, "有太易, 有太初, 有太始, 有太素. 太易者, 未見氣也. 太初者, 氣之始也. 太始者, 形之始也. 太素者, 質之始也. 氣形質具而未相離, 故曰渾淪. 渾淪者, 言萬物渾淪而未相離也. 視之不見, 聽之不聞, 循之不得, 故曰易也. 易无形埒, 易變而爲一, 一變而爲七, 七變而爲九. 九變者, 究也, 乃復變而爲一. 一者, 形

교 우주발생론의 한 형태로 발전한다.[88] 진단은 이러한 내용을 중시하여 제39장과 제40장에서 관련 사항을 상세히 말하고 있다.

이 장에서 진단은 『역위』의 우주발생론을 인용하면서, 기의 시작인 '태초'를 건괘, 형의 시작인 '태시'를 곤괘에 배당하는 시각을 제시한다. 이는 『역위』에서 제시된 우주 생성의 단계에서 '기'를 '하늘(건괘)', '형'을 '땅(곤괘)'에 배당하여 기존의 논의를 역학적 측면에서 더욱 발전시켰다고 할 수 있다.

한편, 진단의 해설에서 '정(正)'은 19장에서 말한 것처럼 대성괘의 상하에 있는 두 체[소성괘]를 지칭한다. 진단은 건곤·곤괘의 경우 상하 두 체를 뒤집어도 괘상이 변하지 않기에 '참된 체[眞體]'라고 표현하였다. 이 진체에 관해 다음 장에서 서술한다.

變之始也. 淸輕者上爲天, 濁重者下爲地, 沖和氣者爲人, 故天地含精, 萬物化生."
88. 『열자』는 열자학파들의 저작을 모아 엮은 것으로, 그 내용이 정본으로 정리된 것은 전국시대 후기라고 보기도 하지만, 일반적으로는 한나라 이후에 엮어졌다고 알려진다. 『역위』는 맹희와 경방의 역학을 발전시킨 것으로, 각 편목들은 동중서·사마천 시대부터 서한 말까지 다른 시기의 저자들에 의해 저술된 것으로 여겨진다. 두 문헌의 저술 시기는 견해차가 있지만 일반적으로는 『열자』를 한대 이후 문헌으로 보면서 『열자』, 「천서」가 『역위』, 「건착도」의 우주론 내용을 차용했다고 여긴다.

제21장. 육자 중괘六子重卦

六子重卦, 乾坤雜氣. 悉是假合, 無有定實.

육자와 중괘는 건괘·곤괘가 뒤섞인 기이다. 모두 임시로 합한 것으로 일정한 실체가 없다.

'六子'假乾坤以爲體, '重卦'合八卦以爲體. 若分而散之, 則六子重卦皆無有定體也. 若今天地淸明, 陰陽不雜, 則六子何在? 六子不交, 則品物何在? 以是知人間萬事, 悉是假合陰陽一氣, 但有虛幻, 無有定實也.

'육자'[89]는 건괘·곤괘를 임시로 빌어 체로 삼고, (6획의) '중괘'는 8괘를 합하여 체로 삼는다. 만약 이를 나누어 흩어버리면 육자괘와 중괘는 모두 일정한 체가 없게 된다. 만약 지금 천지가 맑고 밝아 음양이 섞이지 않는다면 육자괘는 어떻게 있겠는가? 육자괘가 사귀지 않는다면 만물은 어떻게 있겠는가? 이를 통해 인간의 모든 일이 모두 음양 일기를 임시로 합한 것으로, 단지 환영으로서 일정한 실체가 없음을 알 수 있다.

---

89. 육자는 부모괘인 건괘와 곤괘가 사귀어 형성된 태괘 · 리괘 · 진괘 · 손괘 · 감괘 · 간괘를 지칭한다.

🌿 해설

8괘에서 감·리·진·태·진·손의 육자괘와 64괘에서 건곤을 제외한 62개의 중괘는 모두 건괘와 곤괘로부터 나왔다. 이는 우주론적 측면에서 건곤에 해당하는 천지로부터 나머지 괘들에 해당하는 만물이 생성되었다고 표현할 수 있다. 그런데 만물이 건곤의 기가 뒤섞인 것으로서 "모두 임시로 합한 것으로 일정한 실체가 없다"라는 표현은 승려인 마의도자의 불교적 사유가 반영된 것이라 할 수 있다.

도사로서 진단의 사유는 도교에 바탕을 두지만, 그의 사유는 유불도 삼교합일의 사상적 색채를 지닌다. 진단은 인간 만사는 "모두 음양이 임시로 합한 것[假合]"으로 "환영으로서 일정한 실체가 없다"라는 불교의 공(空) 사상을 수용한다. 그러나 진체(眞體)로서 건곤의 기(氣)는 '임시로 합한 것이 없다(無所假合)'라고 하여 부정하지는 않는다.

불교의 공사상에서는 세계의 모든 현상은 인연에 의해 생겨나며, 찰나에 생멸하므로 질적 규정성이나 독립된 실체가 없다. 임시적인 것으로 그 실체가 없다는 것이다. 진단은 "인간의 모든 일이 모두 음양 일기를 임시로 합한 것으로, 단지 환영으로서 일정한 실체가 없음을 알 수 있다.[以是知人間萬事: 悉是假合陰陽一氣, 但有虛幻, 無有定實也.]"라고 말한다.

그러나 현상적인 음양 변화를 가능하게 하고, 그것을 넘어서 근거가 되는 태초(太初)와 태시(太始)의 기(氣)가 있고, 그 기는 변함이 없는 진체라고[90] 말함으로써, 불교의 공사상을 넘어서는 실체로서 태초(太初)와 태시(太始)의 진체를 제시한다. 이는 불교의 공사상이 이 세상의 현상은 가합(假合)이라는 논리를 가져와, 이를 음양 기의 변화로 파악한 뒤에 이를 넘어서는 불변의 진체(眞體)가 있음을 주장하는 것이다. 이러한 진단의 사유는 도교의 입장에서 불교의 공사상을 수용하면서도 진체를 제시함으로써 공사상을 넘어서고 있다.

---

90. 『정역심법』 20장 주석, "太初者, 氣之始, 是爲乾, 太始者, 形之始, 是爲坤. 皆本之自然, 無所假合也. 故其卦畫純一不駁, 倒正不變, 是名 '眞體'."

卦義未審, 須求變復. 不唯辭合, 義實通明.

괘의 뜻이 명확하지 않을 경우 '변함[變]'과 '복귀함[復]'을 구해야 한다. 그러면 말에 합치되지 않을지라도 뜻의 실질은 밝게 통한다.

'變'爲一爻之變, '復'爲一體之復. 卽復變之辭而觀之, 自然之義, 無不與本卦脗合, 以見陰陽之氣. 如蒙上九曰, "擊蒙.", 變爲師之上六, 則云, "小人勿用." 屯初九曰, "以貴下賤, 大得民也." 變爲比初六則云, "有孚比之, 无咎." 此一爻之辭合也. 如大有上體復需, 有飮食之燕. 下體復晉, 有昭明之德. 升上體復姤, 姤一陰升, 下體復復, 復一陽升, 此一體之義合也. 苟卦義未審, 能以此求之, 自然明矣.

'변함[變]'은 하나의 효가 변함이고, '복귀함[復]'은 하나의 체가 복귀함이다. '변함'과 '복귀함'의 말[辭]에 나아가 살펴보면 자연스러운 뜻이 본괘(本卦)와 더불어 합치하여 음양의 기를 드러내지 않음이 없다. (변함의) 예를 들면 몽괘(䷃) 상구에서 "몽매함을 친다"[91]라고 하였는데, 이 효가 변하여 사

---

91. 『周易』 「蒙卦」 "上九, 擊蒙, 不利爲寇, 利禦寇."에 보인다.

괘(䷖)의 상육이 되면 "소인은 등용하지 않는다"[92]라고 하였다. 둔괘(䷂) 초구 상전(象傳)에서 "귀한 신분으로 천한 이에게 몸을 낮추니 크게 민심을 얻는다"[93]라고 하였는데, 이 효가 변하여 비괘(䷇)의 초육이 되면 "참된 믿음을 두고 친하면 허물이 없다"[94]라고 하였다. 이러한 경우는 한 효의 효사가 합치하는 것이다. (복귀함의) 예를 들면 대유괘(䷍) 상괘의 체가 수괘(䷄)로 복귀하면 (수괘에서는) 마시고 먹는 잔치가 있고,[95] 하괘의 체가 진괘(䷲)로 복귀하면 (진괘에서는) 환하게 밝은 덕이 있다.[96] 승괘(䷭) 상괘의 체가 구괘(䷫)로 복귀하면 구괘의 1음이 올라가고, 하괘의 체가 복괘(䷗)로 복귀하면 복괘의 1양이 올라간다. 이러한 경우는 한 괘의 체의 뜻이 합치하는 것이다. 만약 괘의 뜻이 명확하지 않을 경우 이것으로 구한다면 저절로 역의 도에 밝아질 것이다.

🌿 해설

마의도자와 진단은 하나의 괘가 그 뜻이 명확하지 않을 때 '변함[變]'과 '복귀함[復]'을 통해 본괘(本卦)가 변한 '변괘(變卦)' 혹은 '지괘

---

92. 『周易』, 「師卦」 "上六, 大君有命, 開國承家, 小人勿用."에 보인다.
93. 『周易』, 「屯卦」 "初九, 磐桓, 利居貞, 利建侯. 象曰, 雖磐桓, 志行正也, 以貴下賤, 大得民也."에 보인다.
94. 『周易』, 「比卦」 "初六, 有孚比之, 无咎, 有孚盈缶, 終來有它, 吉."에 보인다.
95. 『周易』, 「需卦」 '대상(大象)'에서 "象曰, 雲上於天, 需, 君子以飮食宴樂."이라고 하였다.
96. 『周易』, 「晉卦」 '대상(大象)'에서 "象曰, 明出地上, 晉, 君子以自昭明德."이라고 하였다.

(之卦)'를 살핀다면 본괘의 뜻이 더욱 분명해진다고 보고 있다.

'변함[變]'은 괘에서 하나의 효가 음효 혹은 양효로 변함을 가리킨다. 일례로 몽괘(䷃) 상구의 양효가 음효로 변하면 사괘(䷆)가 되는데, 몽괘 상구 효사는 "몽매함을 친다"이고 사괘의 상육 효사는 "소인은 등용하지 않는다"이다. 진단은 이 두 효사가 몽매한 소인은 등용하지 않고 친다는 뜻으로 연결되어 있다고 본 것이다.

'복귀함[復]'은 중괘(重卦)에서 상·하 소성괘 가운데 하나가 다른 괘(음양이 모두 반대인 괘)로 변하는 것을 가리킨다. 일례로 대유괘(䷍)의 상괘인 리괘가 음양이 뒤바뀐 대대괘(배합괘) 즉 감괘로 변하면 수괘(䷄)가 되고, 하괘인 건괘가 곤괘로 변하면 진괘(䷲)가 된다. 수괘의 괘사 상전인 대상(大象)에서 "군자가 이로써 마시고 먹으면서 잔치 벌이며 즐긴다[君子以飲食宴樂]"라고 했고, 진괘 대상(大象)에서 "군자는 이로써 스스로 밝은 덕을 밝힌다[君子以自昭明德]"라고 했다. 진단은 수괘와 진괘의 대상의 내용을 바탕으로 수괘는 마시고 먹는 잔치가 '있음[有]'이고, 진괘는 환하게 밝은 덕이 '있음[有]'이라는 뜻으로 이해하고, 이것이 대유괘(大有卦)의 '있음[有]'과 뜻이 통한다고 본 것이다.

제23장. 잘못 전해진 괘

古今傳易, 舛訛爲多. 履畜八體, 最爲害義.

예로부터 지금까지 역을 전하는 것에는 어긋나고 와전된 것이 많다. 그 중에서 리괘(履, ☰)와 소축괘(小畜, ☴) 그리고 팔체(八體)[97]가 뜻을 가장 많이 해쳤다.

按卦序, 當先履而後小畜. 今小畜在先, 則二卦畫象反對, 文義繆亂, 而不可考. 又以八卦, 本對八體, 獨闕其鼻. 乃以巽言股, 股卽係足[98]也. 若股可言, 則又遺其肱, 且與羲皇八卦不相應也. 玆蓋傳者舛誤耳, 能不害義乎?

괘의 순서를 고찰해 보건대, 마땅히 리괘를 앞에 배치하고 소축괘를 뒤에 배치해야 한다. 그런데 지금 소축괘가 앞에 있으니, 두 괘의 획을 그은 상은 반

---

97. 팔체(八體)는 몸의 여덟 부분을 가리킨다. 「설괘전」에서 다음과 같이 8괘를 신체의 여덟 부분에 배당하고 있다. 『周易』, 「說卦傳」, "건은 머리, 곤은 배, 진은 발, 손은 넓적다리, 감은 귀, 리는 눈, 간은 손, 태는 입이 된다.[乾爲首, 坤爲腹, 震爲足, 巽爲股, 坎爲耳, 離爲目, 艮爲手, 兌爲口.]"

98. 足: 저본과 교감본 모두 '是'로 되어있는데, 자형의 유사성으로 인한 필사의 오류의 보인다. 전후 맥락상 '足'이 되어야 하기에 교정하였다.

대되고 글 뜻은 어지럽게 뒤얽혀 고찰할 수 없다. 또 8괘는 본래 팔체(八體)에 대응되는데, (얼굴에서) 유독 코만 빠뜨렸다. 그리고 손괘(☴)로 넓적다리를 말하였는데, 넓적다리는 (진괘에 해당하는) 발과 이어져 있는 것이다. 만약 넓적다리를 말해야 한다면 또 (이에 상응하는) 팔뚝을 남겨 두어야 하는데, (그렇지 못하니) 또한 복희의 8괘와 상응하지 않는다. 이것은 대개 전한 것이 어긋나고 와전된 것이니, 뜻을 해치지 않겠는가?

試辯之, 一柔自姤變同人, 同人變履, 履變小畜, 小畜變大有. 猶之一剛自復變師, 又變謙, 又變豫, 又變比. 皆自然之序, 不易也. 今謙旣在豫上, 則知履不當在小畜下. 嘗密探宣尼述九卦, 以履爲用九, 謙用十五, 復用卄四. 皆龍圖大衍定數, 則履在小畜上[99], 爲第九卦也明矣. 又履與无妄對義, 旣以大畜反无妄而居下, 則知小畜反履而居下, 無疑矣. 今序卦非宣尼旨, 失其本眞也.

시험삼아 변론해 보겠다. 하나의 유(柔: 음효)가 구괘(☴)로부터 변화하여 동인괘(☲)가 되고, 동인괘가 변화하여 리괘(☲)가 되고, 리괘가 변화하여 소축괘(☴)가 되고, 소축괘가 변화하여 대유괘(☲)가 된다. 이것은 하나의 강(剛: 양효)이 복괘(☳)로부터 변화하여 사괘(☵)가 되고, 또 (사괘가 변화하여) 겸괘(☶)가 되고, 또 (겸괘가 변화하여) 예괘(☳)가 되고, 또 (예괘가 변화하여) 비괘(☵)가 되는 것과 같다. 모두 자연적인 순서로서 바뀔 수 없다. 지금 (64괘 순서에서) 겸괘가 이미 예괘 앞에 있으니, 리괘가 소축괘의 뒤에 있는 것이 마땅하지 않음을 알 수 있다. 일찍이 공자가 서술한 아홉 괘

---

99. 上: 저본·집성본은 '上', 진체본은 '生'으로 되어 있다. 맥락상 '上'이 합당하다.

를 면밀히 탐구해 보니,[100] 리괘는 9를 사용하고, 겸괘는 15를 사용하고, 복괘는 24를 사용한다. 이는 모두 「용도(龍圖)」 대연(大衍)의 정수이니, 괘 배열순서에서 리괘가 (9로서) 소축괘 앞에 있어서 아홉 번째가 됨이 분명하다. 또 리괘(☲)는 무망괘(☳)와 상대되는 뜻을 지니는데, 대축괘(☶)가 무망괘와 반대 관계가 되어 (무망괘) 다음에 위치하였다. 그렇다면 소축괘가 리괘의 반대 관계가 되어 (리괘) 다음에 위치해야 하는 것은 의심할 수 없음을 알 수 있다. 현재 괘를 차례 지운 「서괘전」은 공자의 뜻이 아니며 그 본래의 참뜻을 잃은 것이다.

八體, 乃艮爲鼻, 巽爲手耳. 傳曰, "鼻者, 面之山也." 又曰, "風能鼓舞萬物." 而手之所以舞也. 蓋乾爲首, 坤爲腹, 天地定位也. 坎爲耳, 離爲目, 水火相逮也. 艮爲鼻, 兌爲口, 山澤通氣也. 巽爲手, 震爲足, 雷風相薄也. 此羲皇八卦之應矣. 其理昭昭, 但學者承誤效尤, 見不高遠, 其失至此. 眞人閔之, 故開其眼目.

'팔체(八體)'는 바로 간괘는 코가 되고 손괘는 손이 되는 것 등이다. 전해지는 말에 "코는 얼굴의 산이다"[101]라고 하였다. 또 "바람은 만물을 고무시킬 수 있다"[102]라고 하였으니, 그래서 손이 춤을 추는 것이다. 대개 건괘가 머

---

100. 리(履) · 겸(謙) · 복(復) · 항(恒) · 손(損) · 익(益) · 곤(困) · 정(井) · 손(巽) 9개 괘를 말한다.

101. 중국 남북조 시기 유의경(劉義慶)이 편집한 『世說新語』, 「排調第二十五」에 "康僧淵目深而鼻高, 王丞相每調之. 僧淵曰, '鼻者面之山, 目者面之淵. 山不高則不靈, 淵不深則不淸.'"라며 관련 내용이 보인다.

102. 전한 시기 양웅(揚雄)의 『法言』, 「先知」편의 "鼓舞萬物者, 雷風乎? 鼓舞萬民者, 號令乎?"라는 구절에서 유사한 내용이 보인다.

리가 되고 곤괘가 배가 되는 것은 천지가 자리를 정함이다. 감괘가 귀가 되고 리괘가 눈이 되는 것은 수화가 서로 갈마듦이다. 간괘가 코가 되고 태괘가 입이 되는 것은 산택이 기를 통함이다. 손괘가 손이 되고 진괘가 발이 되는 것은 우레와 바람이 서로 부딪침이다.[103] 이것이 복희 8괘가 상응함이다. 그 이치가 밝고도 밝지만, 다만 배우는 사람들이 잘못된 이론들은 계승하고 본받아서 견해가 고원하지 못하여 그 잘못이 여기에까지 이르렀다. 진인이 이를 불쌍히 여겼기 때문에 그 안목을 열어 준 것이다.

✺ 해설

이 장에서 진단은 『주역』에 보이는 소축괘와 리괘의 순서와 8괘의 신체 배당[八體]이 잘못되었음을 상세히 논하고 있다.

현재 『주역』의 64괘 괘 배열순서는 소축괘 다음에 리괘가 자리하고 있다. 하지만 마의도자와 진단은 이 순서가 잘못되었다고 본다. 그 근거로 건괘 · 곤괘의 변괘 순서와 「계사전」의 삼진구괘설(三陳九卦說)을 제시한다. 첫째로 건곤괘의 변괘와 관련하여, 건괘(☰)는 순양의 효로 되어 있는데, 하나의 음효(--)가 건괘 초효에서부터 상효에 이르게 자리하면 건괘는 구괘(☴), 동인괘(☲), 리괘(☲), 소축괘(☴),

---

103. 『周易』, 「說卦傳」 3장, "天地定位, 山澤通氣, 雷風相薄, 水火不相射, 八卦相錯. 數往者順, 知來者逆, 是故易逆數也.", 6장 "水火相逮, 雷風不相悖, 山澤通氣, 然後能變化旣成萬物也."에 관련 구절들이 보인다.

대유괘(䷍), 쾌괘(䷪) 순서로 변화한다. 곤괘 역시 건괘와 마찬가지 방식으로 변화하면 각각 복괘(䷗), 사괘(䷆), 겸괘(䷎), 예괘(䷏), 비괘(䷇), 박괘(䷖) 순서로 변화한다. 현재 『주역』에서 건괘와 곤괘의 3·4효의 변화로 인한 변괘들은 서로 연이어 있다. 건괘의 경우 '소축괘-리괘', 곤괘의 경우 '겸괘-예괘'로 되어있다. 이외 곤괘의 경우 5·6효의 변화로 인한 변괘인 비괘와 박괘도 서로 연이어 있다. 이 순서는 우연의 일치일 수도 있지만, 진단은 곤괘의 '겸괘-예괘' 순서를 고려할 때, 현재 『주역』의 64괘 순서인 소축괘-리괘가 아니라 '리괘-소축괘'가 되어야 한다고 주장한다.

둘째로 진단은 「계사전」에서 성인이 역을 지은 것이 우환에 대처하기 위함임을 밝히고 리(履)·겸(謙)·복(復)·항(恒)·손(損)·익(益)·곤(困)·정(井)·손(巽) 9개 괘의 덕을 세 번에 걸쳐서 말한 삼진구괘설을 제시한다.[104] 그리고 이 삼진구괘설을 바탕으로 「용도」의

---

104. 『周易』, 「繫辭下傳」, "易之興也, 其於中古乎! 作易者, 其有憂患乎! 是故, 履, 德之基也. 謙, 德之柄也. 復, 德之本也. 恒, 德之固也. 損, 德之修也. 益, 德之裕也. 困, 德之辨也. 井, 德之地也. 巽, 德之制也. 履, 和而至, 謙, 尊而光, 復, 小而辨於物, 恒, 雜而不厭, 損, 先難而後易, 益, 長裕而不設, 困, 窮而通, 井, 居其所而遷, 巽, 稱而隱. 履以和行, 謙以制禮, 復以自知, 恒以一德, 損以遠害, 益以興利, 困以寡怨, 井以辨義, 巽以行權." 주희는 『주역본의』에서 9괘를 세 번에 걸쳐 말하여 우환에 처신하는 도를 드러내었다고 말하고 있다. 『周易本義』, "此章, 三陳九卦, 以明處憂患之道."

내용을 연역한다.[105] 진단은 해설에서 리괘는 9, 겸괘는 15, 복괘는 24의 수를 사용하며, 이 수들이 대연의 정수와 관련된다고 말한다. 대연지수와 관련한 내용은 제35장과 제36장에서 상세히 다뤄지고 있다. 이에 따르면, 대연의 수 50에서 '무(無)'로서의 1과 설시에서 사용하지 않은 '태극'로서의 1을 제외하고 실제 사용되는 수는 48수이다. 리괘, 겸괘, 복괘의 수를 더한 48은 대연의 수에서 사용되는 수라고 할 수 있다. 여기서 리괘가 9를 사용하기에 『주역』 64괘의 괘 배열순서에서 아홉 번째 순서는 '소축괘'가 아닌 '리괘'가 되어야 한다고 주장한다.[106]

8괘의 신체 배당[八體]은 「설괘전」의 내용과 관련된다. 「설괘전」에서는 8괘를 신체에 배당하는데, 이에 따르면 건괘는 머리, 곤괘는 배, 진괘는 발, 손괘는 넓적다리, 감괘는 귀, 리괘는 눈, 간괘는 손, 태괘는 입에 해당한다.[107] 그런데 얼굴에서 눈, 귀, 입은 배당되어 있는데 코는 없다. 또 손괘를 넓적다리에 배당하는데, 신체에서 넓적다리에

---

105. 「용도」 및 삼진구괘설과 관련하여 「용도서(龍圖序)」 해설 참조.
106. 리괘는 9, 겸괘는 15, 복괘는 24의 9, 15, 24는 『주역』 괘의 순서에 해당하는 숫자이다. 「용도서」 해설에 제시한 『역상도설』의 '삼진구괘설' 주석에서는 『주역』, 「서괘전」의 순서에 따라 리괘가 10을 사용한다고 기술하고 있다. 『易象圖說』, '仲尼黙示三陳九卦', "履德之基(序卦次十, 明用十. 示人以辨上下也.)"
107. 『周易』, 「說卦傳」 9장. "乾爲首, 坤爲腹, 震爲足, 巽爲股, 坎爲耳, 離爲目, 艮爲手, 兌爲口."

대응하는 팔뚝은 8괘에 배당되어 있지 않다. 진단은 이러한 배당이 잘못 전해진 것으로 보고, 간괘를 코, 손괘를 손에 배당한다. 이러한 배당이 합당한 것인지는 알 수 없다. 하지만 간괘와 태괘가 코와 입, 손괘와 진괘가 손과 발이 되면, 건－곤, 간－태, 진－손, 감－리를 짝을 지어 설명하는 「설괘전」의 내용과 더욱 호응한다고 할 수 있다.[108]

---

108. 『周易』, 「說卦傳」 3장, "天地定位, 山澤通氣, 雷風相薄, 水火不相射, 八卦相錯."
　　 6장, "水火相逮, 雷風不相悖, 山澤通氣, 然後能變化旣成萬物也."

제24장. 괘를 그어 상을 취함

畫卦取象, 本爲特物. 見於日用, 無所不合.

괘를 그어 상을 취함은 본래 사물에 딱 들어맞은 것이다. 그래서 일상생활에 드러나는 것에서 합치하지 않은 바가 없다.

羲皇畫卦, 非謂出私意撰成一易道於方冊上以誨人也. 特以順時應物, 則以見於日用之間耳. 以麤迹言之, 如以錢卜,[109] 六純字乾也. 六純背坤也, 差互六子也. 若反則未勝, 至純則乾坤成矣. 又如優人呈伎, 壯者任其難, 六子也. 老者歛其利, 乾坤也. 此皆理之自然. 卽此理以察其餘, 則是行止坐臥纖悉擧天下皆易, 無可揀擇者. 但百姓昏昏, 日用之而罔覺矣.

복희가 괘를 그린 것은 사사로운 뜻에서 서책 상에서 하나의 역도(易道)를 지어 사람들을 깨우치려 한 것이 아니다. 다만 때를 따르고 사물에 상응하면 일상생활에서 드러나는 것일 뿐이다. 대략의 자취로 말해보면, 예를 들어 동전 점(錢卜)을 칠 때 여섯 개가 모두 (앞면의) 글자가 나오면 건괘이고, 여섯 개가 모두 뒷면이 나오면 곤괘이며, (앞뒤가) 뒤섞이면 (태·리·진·손·감·

---

109. 卜: 저본·진체본은 '膊', 집성본은 '卜'으로 되어있다. 맥락상 '卜'이 합당하기에 집성본을 따랐다.

간) 육자이다. 만일 (앞뒤가) 뒤집히면 뛰어나지 못하고, 순수하게 되면 건 곤괘를 이룬다. 또 예를 들면 배우나 광대가 기예를 보일 때 청년이 어려운 일을 맡은 것은 육자에 해당하고 노인이 편리한 일을 담당하는 것은 건곤 괘에 해당한다. 이는 모두 이치가 자연스러운 것이다. 그러므로 이러한 이 치로서 그 나머지 것들을 살펴본다면 행하고 머물고 앉고 눕는 일상의 세세 하고 미미한 것에서부터 온 천하의 모든 것이 역이어서 분간하여 가려낼 것 이 없다. 그런데 다만 백성들은 우매하여 날마다 사용하면서도 깨닫지 못 하는 것이다.

🕊 해설

'괘를 그어 상을 취함은 본래 사물에 딱 들어맞는 것'이라는 경문은 복희가 괘상을 창제할 때 앙관부찰(仰觀俯察)하여 그렸다[110]는 취상 설(取象說)로 이해할 수 있다. 18장에서 취상설에 대해 잠깐 언급하 였다. 취상설은 복희가 하늘을 우러러 천문을 관찰하고 땅을 살피며, 들짐승과 날짐승의 무늬를 관찰하여 괘획을 그렸다는 것이다. 이 취 상설에 따르면 천지만물의 형상을 본뜬 것이 괘상이다. 그러므로 괘 상에는 천지만물의 이치가 스며들어있다고 볼 수 있다. 이 관점에서

---

110. 『周易』,「繫辭下傳」, "古者包犧氏之王天下也, 仰則觀象於天, 俯則觀法於地, 觀 鳥獸之文, 與[天]地之宜, 近取諸身, 遠取諸物. 於是, 始作八卦, 以通神明之德, 以類萬物之情."

괘를 그어 상을 취한 것이 사물과 들어맞는다는 논리가 만들어진다. 이 논리에 따르면 일상에서 괘상을 통해 해당 상황들의 이치를 헤아릴 수 있게 된다.

복희가 역을 지은 까닭은 하나의 고정된 도리를 글로 제시하기 위해서가 아니라는 주장은 괘상을 통해 천지만물과 일상의 이치를 추구하라는 말이다. 역은 일상의 모든 상황에서 적용할 수 있는 것으로, 그 의미를 깨닫기 위해서는 64괘의 괘·효사를 통해서가 아닌 괘상을 보고 그 의미를 파악해야 한다. 괘상에 담긴 원리를 깨닫고 이를 일상에서 미루어 가게 되면 일상의 미세한 일에서부터 온 세상의 일까지 모든 것이 역이 된다.

제25장. 중효中爻의 뜻

中爻之義, 足爲造化. 納音切脚, 其理則一.

(2·3·4·5효에 해당하는) 중간에 위치한 효의 뜻은 조화의 기(氣)가 되기에 충분하다. 납음(納音)이나 절각(切脚) 등도 그 이치는 동일하다.

'納音', 甲爲木, 子爲水, 甲子交合, 則生金. '切脚', 如德爲父, 紅爲母, 德紅反切, 卽東字. 卦體亦然. 上體爲乾, 下體爲坤, 交錯乃生六子, 卽中爻二三四五也. 二三四五, 造化之氣, 參互成卦. 如屯中有剝, 蒙中有復. 凡此一卦, 每具於四卦中, 皆得禍福倚伏之象. 如屯·比·觀·益中, 皆有剝, 蒙·師·臨·損中, 皆有復是也.

'납음'은 (가령 천간의) 갑(甲)은 (오행상) 목이 되고 (지지의) 자(子)는 수가 되는데 갑과 자가 서로 합하면 금을 생성한다는 것이다. '절각'은 가령 덕(德)이 아버지가 되고 홍(紅)이 어머니가 되면 '덕'과 '홍'의 반절(反切)은 '동(東)' 자가 되는 것이다. 괘체도 또한 그러하다. 상체는 건이 되고 하체는 곤이 되어 상하체가 서로 섞이면 여섯 괘를 낳으니, 바로 중간에 위치한 효인 2·3·4·5효이다. 2·3·4·5효는 조화의 기로서 (호체법으로) 서로 섞이어 괘를 이룬다. 예를 들면 둔괘(䷂) 속에 (호체괘인) 박괘(䷖)가 있고, 몽괘(䷃) 속에 복괘(䷗)가 있는 것과 같다. 대체로 중간에 위치한 효인 2·3·4·5효로 이루어진 하나의 괘는 항상 네 개의 괘 가운데 갖추어져 있기에 모두 화복이 일어나고 가라앉는 상이 있다. 예를 들면 둔괘(☷☶)·비괘(☷☶)·관괘(☴☷)·익괘(☴☳) 가운데에는 모두 박괘(☶☷)가 있고, 몽괘(☶☵)·사괘(☷☵)·임괘(☷☱)·손괘(☴☱) 가운데에는 모두 복괘( )가 있는 것이 이것이다.

🌿 해설

　본괘의 중간에 위치한 효인 2·3·4·5효는 호체괘(혹은 호괘)를 만드는 효이다. 본괘의 2·3·4효는 하괘, 3·4·5효는 상괘가 되어, 두 소성괘가 합쳐져 호괘(互卦)가 된다. 그래서 진단은 둔괘(☷☶)와 몽괘(☶☵)에 각각 호체괘인 박괘(☶☷)와 복괘(☷☳)가 있다고 말한 것이다. '납음'이나 '절각'도 두 가지가 합쳐져 새로운 하나를 이룬다는 점에서 본괘의 중효로 생성된 괘가 합쳐져 하나의 호괘를 이루는 원리와 동일하다고 할 수 있다.

　호체괘는 본괘의 중간에 위치한 2·3·4·5효로 만들어지기에, 64괘 가운데 중간에 위치한 효가 같은 괘는 동일한 호체괘를 만들어낸다. 초효·상효는 다르고 중간에 위치한 효는 동일한 괘의 경우의 수는 네 가지가 존재한다. 가령 박괘는 중효가 동일한 둔괘(☷☶)·비괘(☷☶)·관괘(☴☷)·익괘(☴☳) 네 괘에서 만들어진다. 이 때문에 호체괘는 중간에 위치한 효 2·3·4·5가 동일한 네 개의 괘 속에 갖추어져 있다고 할 수 있다.

　절각(切脚)은 한자음 표시법인 반절(反切)을 사용하여 각주(脚註)

를 다는 것이다. 반절(反切)은 한자의 음을 표시하였던 방법의 한 가지로서 반음(反音), 번절(翻切)이라고도 한다. 어떤 글자 A의 독음을 표시하기 위하여 A와 성모(聲母)가 같은 한 글자 B를 취하고, 다시 A와 운모(韻母)가 같은 또 다른 한 글자 C를 취하여 'A BC反' 혹은 'A BC切'과 같이 표시하였던 방법을 말한다. 주석 '東'의 예시를 들면 "東, 德紅切"로 표시하는데, 여기서 東의 음 'dong'은 德의 성모 'd'와 紅의 운모 'ong'이 결합한 것이다. 납음(納音)은 다음 장에도 언급되므로, 다음 장에서 다룬다.

反對正如, 甲子乙丑. 有本有餘, 氣序自然.

반대·대대(관계의 괘)는 바로 갑자(甲子)와 을축(乙丑)의 관계와 같다. 근본이 있고 나머지가 있으니, 기의 순서는 자연스러운 것이다.

大凡一物, 其氣象必有本有餘. 餘氣者, 所以爲陰也, 本, 其陽也. 如十干, 甲乙, 乙者甲之餘氣也, 丙丁, 丁者丙之餘氣也. 如十二支, 子丑, 丑者子之餘氣也, 寅卯, 卯者寅之餘氣也. 卦亦由是. 坤者乾之餘氣也, 蒙者屯之餘氣也. 訟者需之餘氣也, 比者師之餘氣也. 且乾而後坤, 屯而後蒙, 需而後訟, 師而後比. 雖故有其義, 然其所以相次者, 皆其餘氣也, 自然之理耳. 學者不悟, 謂聖人固以此次之, 是未知反對關鍵之鍵也, 失之遠也.

대체로 하나의 사물은 그 기상(氣象)에 반드시 근본과 나머지가 있다. 나머지 기는 음이 되는 것이고, 근본 기는 그것의 양이 되는 것이다. 십간의 경우, 갑을에서 (음인) 을은 (양인) 갑의 나머지 기이고, 병정에서 정은 병의 나머지 기이다. 십이지의 경우, 자축에서 (음인) 축은 (양인) 자의 나머지 기이고, 인묘에서 묘는 인의 나머지 기이다.

 괘도 또한 이를 따른다. (건곤괘에서) 곤괘는 건괘의 나머지 기이고, (둔몽괘에서) 몽괘는 둔괘의 나머지 기이다. (수송괘에서) 송괘는 수괘의 나머지 기이고, (사비괘에서) 비괘는 사괘의 나머지 기이다.

또 (괘의 차례는) 건괘 다음에 곤괘, 둔괘 다음에 몽괘, 수괘 다음에 송괘, 사괘 다음에 비괘이다. 이는 비록 (차례를 이루는) 까닭에 마땅한 의미가 있지만, 두 괘에서 다음 차례가 되는 것은 모두 앞 괘의 나머지 기이니, 이는 자연의 이치이다. 배우는 자들이 알지 못하고 성인이 본래 이것으로 차례를 매겼다고 하니, 이것은 반대와 대대의 가장 핵심 중의 핵심을 알지 못한 것으로서 뜻을 잃음이 너무 먼 것이다.

해설

건괘와 곤괘, 둔괘와 몽괘 등 64괘는 두 괘씩 짝을 이루며, 그 관계는 '반대' 혹은 '대대' 관계로 되어 있다. 그런데 마의도자와 진단은 짝을 이루는 두 괘의 관계에서, 앞의 괘는 양으로서 근본, 뒤의 괘는 음으로서 나머지가 된다는 시각을 제시하고 있다.

25장의 "'납음'은 (가령 천간의) 갑(甲)은 (오행상) 목이 되고 (지지의) 자(子)는 수가 되는데 갑과 자가 서로 합하면 금을 생성한다"라는 말과 26장에서 말한 "반대·대대는 바로 갑자(甲子)와 을축(乙丑)의 관계와 같다"는 말은 납음(納音)의 내용에 해당한다. 납음은 60간지(干支)의 소리를 오행으로 분류하고, 간지의 관계를 오행상생이나 오행상극으로 해석하는 것이다. 25장의 '갑은 목이 되고 자는 수가 되는데, 합하여 갑자(甲子)가 되면 금(金)을 생성한다'는 말은 갑은 오행으로 목(木)의 성질을 가진 글자이고, 자는 오행으로 수(水)의 성질을 지닌 글자인데, 이들이 결합하여 갑자(甲子)가 되면 금(金)의 성질을 갖게 된다는 것이다. 을(乙)과 축(丑)도 결합하여 을축(乙丑)이 되면 금의 성질을 갖게 되지만, 갑자와 을축은 괘들이 반대 혹은 대대의 관계를 이루듯이 갑자의 금과 을축의 금이 반대 혹은 대대의 관계를 이룬다는 말이다. 납음 오행에 따르면, 갑자의 금은 생금(生金)이고 을축의 금은 사금(死金)에 해당하므로 반대 혹은 대대의 관계를 이룬다.

제27장. 괘와 방위方位

每卦之體, 六畫便具. 天地四方, 是爲六虛.

매 괘의 체마다 여섯 획이 갖춰져 있다. 천지 사방이 바로 육허이다.

初爻爲地, 上爻爲天, 二爻爲北, 五爻爲南, 四爻爲西, 三爻爲東,
'天地四方.' 每卦之體, 皆具此義, 是爲'六虛.' 大傳, "變動不拘,
周流六虛", 正謂此耳. 學者不悟, 謂六虛天地四方乃六畫也, 殊不
知六畫乃天地四方之象. 此之謂紙上工夫, 不知落處也.

초효는 땅이 되고 상효는 하늘이 되며, 2효는 북방이 되고 5효는 남방이 되
며, 4효는 서방이 되고 3효는 동방이 되는데, 이것이 '천지 사방'이다. 매 괘
의 체는 모두 이 뜻을 갖추고 있으니, 이것이 '육허'가 되는 것이다. 「계사전」
의 "변하고 움직이면서 머무르지 않고 육허를 두루 유행한다"[111]라는 것이
바로 이것을 두고 한 말이다. 배우는 사람들이 이를 깨닫지 못하고 육허는
천지 사방으로 바로 육획이라고 하는데, 육획이 바로 천지 사방의 상임을 전
혀 알지 못한 것이다. 이를 종이 위에서만 공부하여 귀결처를 모른다고 하는
것이다.

---

111. 『周易』, 「繫辭下傳」, "易之爲書也, 不可遠. 爲道也屢遷, 變動不居, 周流六虛,
　　上下无常, 剛柔相易, 不可爲典要, 唯變所適."에 보인다.

　육허(六虛)는 역학에서 대성괘의 육획을 가리킨다. 그래서 육허는 육효의 자리인 육위(六位)와 같은 의미로 사용된다. 육효의 자리를 육허로 해석하는 것은 「계사전」의 "변하고 움직이면서 머무르지 않고 육허를 두루 유행한다. 그리하여 오르내림이 무상(無常)하고 강유(剛柔)가 서로 교역(交易)한다"[112]라는 말에 근거한 것이다. 왕필은 "육허란 육위이다"라고 풀이하고, 공영달은 "육허를 두루 운행하는 것은 텅 빈 육위에 음양이 두루 운행하는 것을 말한다"라고 풀이한다.[113]

　한편 육허는 천지와 사방을 가리키는 용어로도 사용된다.[114] 진단은 육허를 육위에 한정하지 않고, 천지와 사방으로 확대하여 말하고 있다. 괘상을 방위에 적용하는 것은 「설괘전」에서 나타난다. 「설괘전」 5장에서는 "만물이 진괘 방위(동)에서 나오고, 손괘 방위(동남)에서 만물이 고르게 자라 번창하며, 리괘 방위(남)에서 천하를 비추어 만물이 드러나며, 곤괘 방위(남서)에서 대지가 길러주고 도와주며, 태괘 방위(서)에서 가을이 되어 결실을 이루어 모두 크게 기뻐하며, 건괘 방위(서북)에서 음양이 서로 부딪치며 절기를 바꾸고, 감괘 방위(북)

---

112. 『周易』, 「繫辭下傳」, "變動不居, 周流六虛, 上下无常, 剛柔相易."
113. 『周易正義』, '周流六虛' 注, "六虛, 六位也", 疏, "周流六虛者, 言陰陽周徧流動在六位之虛."
114. 일례로 『列子』, 「仲尼」, "用之彌滿六虛, 廢之莫知其所."의 용례를 들 수 있다.

에서 만물이 감추어지며, 간괘 방위(동북)에서 만물이 끝나면서 시작한다"[115]고 말한다. 「설괘전」의 8괘 방위설을 그림으로 그리면 '문왕8괘방위도'가 된다.

그런데 진단은 하나의 괘에서 여섯 획이 천지와 사방을 나타낸다고 말한다. 이는 앞서 언급한 「계사전」의 내용과 괘상이 기의 흐름이라는 사유가 결합되어 '육허' 개념을 새롭게 해석하고 있다.

---

115. 『周易』, 「說卦傳」 5장, "萬物, 出乎震, 震, 東方也. 齊乎巽, 巽, 東南也. 齊也者, 言萬物之潔齊也. 離也者, 明也, 萬物, 皆相見, 南方之卦也. 聖人, 南面而聽天下, 嚮明而治. 蓋取諸此也. 坤也者, 地也, 萬物, 皆致養焉, 故曰致役乎坤. 兌, 正秋也, 萬物之所說也, 故曰說言乎兌. 戰乎乾, 乾, 西北之卦也, 言陰陽相薄也. 坎者, 水也, 正北方之卦也, 勞卦也, 萬物之所歸也. 故曰勞乎坎. 艮, 東北之卦也, 萬物之所成終而所成始也."

제28장. 건곤괘乾坤卦와 육자괘六子卦

乾坤六子, 其象與數. 乾坤之位, 皆包六子.

건곤과 육자는 그 자체로 상(象)과 수(數)이다. 건괘와 곤괘의 자리는 모두 육자를 포함하고 있다.

'象', 謂坤卦上中下, 加三乾畫, 便生三男, 以乾卦上中下, 加三坤畫, 便生三女. 乾坤之體, 皆在外, 六子皆包於其中也. '數', 謂若畫乾數三, 巽離兌四, 震坎艮五, 坤六. 坤數六, 震坎艮七, 巽離兌八, 乾九. 乾坤之策, 皆在外, 六子皆包於其中也. 此象之自然, 有不可得而容心者.

'상'은 곤괘(☷)의 상·중·하 세 획에 각각 건괘(☰)의 세 획을 더하면 곧 3남이 생기고 건괘의 상·중·하 세 획에 각각 곤괘의 세 획을 더하면 곧 3녀가 생기는 것을 말한다.[116] 건괘와 곤괘의 체는 모두 밖에 있고, 육자는 모두 그 가운데 포함되어 있다. '수'는 가령 획의 경우 건괘의 수는 3이고, 손괘(☴)·리괘(☲)·태괘(☱)는 4이고, 진괘(☳)·감괘(☵)·간괘(☶)는 5이며, 곤괘

---

116. 3남은 곤괘의 세 음효가 건괘의 양효와 사귀어 생기는 괘들로 장남인 진괘, 중남인 감괘, 소남인 간괘를 말한다. 3녀는 건괘의 세 양효가 곤괘의 음효와 사귀어 생기는 괘들로 장녀인 손괘, 중녀인 리괘, 소녀인 태괘를 말한다.

는 6이다. (노소음양의 경우) 곤괘의 수는 6이고, 진괘·감괘·간괘는 7이며, 손괘·리괘·태괘는 8이고, 건괘는 9이다. 건괘와 곤괘의 책(策)은 모두 밖에 있고 육자는 모두 그 가운데 포함되어 있다. 이는 자연스러운 상으로서 인위적인 마음이 개입될 수 없는 것이다.

🌿 해설

앞에서 언급한 건곤생육자설에서 보았듯이, 부모괘인 건괘·곤괘로부터 손괘(☴)·리괘(☲)·태괘(☱), 진괘(☳)·감괘(☵)·간괘(☶)가 생긴다. 손괘·리괘·태괘는 건괘에 곤괘의 음효가 들어와 생긴 것이고, 진괘·감괘·간괘는 곤괘에 건괘의 양효가 들어와 생긴 것이다. '상'은 순양의 건괘, 순음의 곤괘에 음효와 양효가 각 자리에 들어와 서로 다른 괘상을 형성한 것을 지칭한다.

각각의 괘상은 '수'의 구조로 파악할 수 있다. 이는 「계사전」의 "양괘는 음이 많고 음괘는 양이 많은데, 그 까닭은 무엇 때문인가. 양괘는 기(홀수)이고 음괘는 우(짝수)이기 때문이다"[117]라는 말에 근거한 것이다.

우선 '양괘는 음이 많고 음괘는 양이 많다'라는 문장을 이해해보자. 이 문장을 이해하기 위해서는 효에 음양을 적용해야 한다. 육자 괘의

---

117. 『周易』, 「繫辭下傳」. "陽卦, 多陰, 陰卦, 多陽, 其故 何也. 陽卦, 奇, 陰卦, 偶."

효에 음양을 적용하면 양괘에서는 음이 많고, 음괘에서는 양이 많은 괘의 특징이 나타난다. 여기서 음과 양은 음효와 양효를 의미한다. 리괘(☲)를 예로 들어보자. 리괘는 그 구성이 음효가 하나이고 양효가 둘이다. 위의 인용문에 따르면, 양효가 음효보다 많으면 음괘가 될 것이고, 음효가 양효보다 많으면, 양괘가 될 것이다. 리괘는 양효가 음효보다 많다. 따라서 리괘는 음괘로 분류된다. 이를 '양괘는 기(홀수)이고 음괘는 우(짝수)'라는 문장으로 다시 확인해 보자. '—'은 획수가 1이고, '⚋'은 획수가 2이다. 이를 기초로 리괘(☲)의 효 구성을 살펴보면, 리괘는 효의 구성이 '—'이 둘이고, '⚋'이 하나이며, 수적인 구성은 4가 된다. 효의 수적 구성이 짝수인 경우는 음괘가 된다. 따라서 리괘는 효의 수적 구성이 4가 되어 음괘가 된다. 리괘의 예를 통해 보면, '양괘는 음이 많고 음괘는 양이 많다'라는 문장과 '양괘는 기(홀수)이고 음괘는 우(짝수)'라는 문장에 일치함을 알 수 있다.

이제 「계사전」의 위 문장에 따라 경괘(經卦)인 건(☰), 곤(☷), 진(☳), 손(☴), 감(☵), 리(☲), 간(☶), 태(☱)의 8괘를 음괘인지 양괘인지 판별해보자. 우선 건괘와 곤괘를 살펴보자. 건괘는 양괘이고, 곤괘는 음괘이다. 건괘는 양효를 나타내는 부호인 '—'이 3개가 중첩된 것이다. 양효인 '—'은 한 번의 획으로 그리기에 홀수 1을 의미하고, '—'가 3번 중첩해서 건괘가 이루어졌으므로, 괘의 구성도 삼 획으로 그려진 양괘이다. 곤괘의 경우는 음효인 '⚋'이 두 번의 획으로 그리기에 짝수 2를 의미하고, '⚋'이 세 번 중첩되었다. 그러면 총 여섯 획으로 그려진 괘이기에 음괘가 된다. 이처럼 하나의 괘를 양괘와 음괘로 구분하는 것은 그 괘를 구성하는 효들이 홀수 1인 양효(ー)가 몇 개이고, 짝수 2인 음효(--)가 몇 개이냐에 따라, 전체 괘의 획수가 홀수이냐 짝수이냐에 따라 양괘와 음괘로 구분한다. 건괘와 곤괘는 양효와 음효만으로 구성된 괘이기에 양괘는 음이 많고, 음괘는 양이 많다는 문장에는 해당되지 않는다. 양괘는 기수이고 음괘는 우수라는 문장에만 해당된다. 이때 기수와 우수는 괘를 그리는 획의 획수를 의미한다.

진괘(☳)와 간괘(☶)의 경우는 효의 구성이 홀수인 1을 의미하는 양효(ー)가 한 개이고, 짝수인 2를 의미하는 음효(--)가 두 개다. 다시 말해 진괘는 5개의 획으로 그려진다. 진괘의 구성이 5개의 획으로 이루어졌기에 양괘가 되는 것이다. 또한 진괘는 양효보다 음효가 많다. 손괘(☴)와 태괘(☱)의 경우는 효의 구성이 홀수인 1을 의미하는 양효(ー)가 두 개이고, 짝수인 2를 의미하는 음효(--)가 한 개이다. 손괘는 4개의 획으로 그려진다. 손괘의 구성이 4개의 획으로 이루어졌기에 음괘가 되는 것이다. 손괘는 음효보다 양효가 많다. 이처럼 양괘는 양효보다 음효가 많고, 음괘는 음효보다 양효가 많다. 진괘와 간괘의 경우는 위의 인용문에서 말한 두 가지 조건을 모두 적용해 그 괘들이 양괘인지 음괘인지를 파악할 수 있다.

이러한 구분에 따라 양괘와 음괘를 분류하면 양괘는 건(☰), 진(☳), 감(☵), 간(☶)가 되고, 음괘는 곤(☷), 손(☴), 리(☲), 태(☱)가 된다. 음양으로 분류된 이들 괘의 효들의 전체 획수를 놓고 보면, 양괘는 그 획의 수가 홀수이고, 음괘는 그 획의 수가 짝수가 된다. 또한 양괘는 음효가 많고 음괘는 양효가 많음을 알 수 있다. 괘와 효의 이러한 특징을 반영해서 「계사전」에서는 "양괘는 음이 많고 음괘는 양이 많은데, 그 까닭은 무엇 때문인가. 양괘는 기(홀수)이고 음괘는 우(짝수)이기 때문이다"라고 한 것이다.

획수의 경우, 양효(─)는 획이 한 개이므로 '1', 음효(--)는 획이 두 개이므로 '2'가 된다. 따라서 순양의 건괘 획수는 3, 순음의 곤괘 획수는 6이고, 양효 둘에 음효 하나인 손괘(☴)·리괘(☲)·태괘(☱)는 5, 음효 둘에 양효 하나인 진괘(☳)·감괘(☵)·간괘(☶)는 5가 된다.[118]

또 노음(6)·소양(7)·소음(8)·노양(9)의 수의 경우, 1이 태극을 상징하므로, 양효(─)에 홀수인 3을 배정하고 음효(--)에 짝수인 2를 배정하면 건괘는 순양의 수인 9, 곤괘는 순음의 수인 6이다. 양효 둘에 음효 하나인 손괘·리괘·태괘는 소음의 수인 8, 음효 둘에 양효 하나인 진괘·감괘·간괘는 소양의 수인 7이 된다.

---

118. 이봉호 저, 『주역의 탄생』, 파라아카데미, 2021, 262~265쪽에서 가져왔다.

제29장. 384효와 역법曆法

爻數三百八十有四. 以閏求之, 其數胐合.

효의 수는 384이다. 나머지로 구해보면 그 수가 꼭 합치된다.

爻數三百六十又四, 眞天文也. 諸儒求合其數而不可得, 或謂一卦六日七分, 或謂除震離坎兌之數, 皆附會也. 倘以閏求之, 則三百八十四數, 自然胐合, 無餘欠矣. 蓋天度或贏或縮, 至三年乾坤之氣數始足於此也. 由漢以來不悟, 惟眞人得其說.

효의 수는 360개 외에 또 4개의 효(24효)가 있으니,[119] 참된 천문이다. 뭇 유학자들이 천문의 수에 부합하고자 하였으나 되지 않자, 혹은 1괘가 6일 7분이라고도 하고 진괘·리괘·감괘·태괘를 제외한 수라고 말하기도 하는데, 모두 견강부회한 것이다. 만약에 나머지로 구하면 384개의 수가 자연스레 꼭 맞아 남거나 모자람이 없다. 대개 하늘의 도수는 차기도 하고 기울기도 하다가 3년이 되면 건곤의 기수(氣數)가 비로소 여기에서 차게 된다. 한나라 이후로 이를 깨닫지 못하였는데, 오직 진인만이 그 설을 얻은 것이다.

---

119. 저본과 대조본에는 모두 '爻數三百六十又四'로 되어있다. 여기서 '六'을 '八'의 오기로도 볼 수 있다. 하지만 아래 제30장에서 360효와 나머지 24효를 구분하여 384효를 논하고 있는 점을 고려하여, 이 구절의 '又四'를 효의 수가 360개 외에 "또 4괘의 효(24효)가 있다"는 의미로 해석하였다.

🌿 해설

태양이 춘분점의 위치에서 시작해서 다시 춘분점으로 오기까지 걸리는 시간을 1태양년이라고 한다. 1태양년은 365.2422일이다. 한나라 때 역학에서는 괘효를 1년 365.25일에 배당하여 해당 절기나 날짜의 길흉을 점치는 괘기설(卦氣說)이 있었다. 이때 문제는 1년을 360으로 설정할 때 64괘의 효의 수 384가 360과 맞지 않는다는 점이었다. 이를 위해 진괘·리괘·감괘·태괘 사정괘에 해당하는 효의 수인 24는 360일 날짜에서 제외하는 등의 여러 방법이 제시되었다. 진단은 이러한 방법들을 비판하면서 384효에서 '나머지 수' 윤수(閏數)에 해당하는 24효를 살핀다면 하늘의 도수에 부합한다고 말한다. 윤수와 관련한 진단의 해설은 다음 30장에서 이어진다.

'효의 수는 참된 천문'이라는 말은 역의 괘상과 효상으로 역법을 설명하는 논리에 해당한다. 이와 관련한 내용은 7장에서 다루었으므로, 해당 장의 해설을 참조하라. 참고로 소옹의 『황극경세서』에는 "역에는 384효가 있으니, 참된 천문이다"[120]라는 구절이 등장한다. 이는 한대 상수역학에서 역학(易學)과 역법(曆法)의 결합을 시도한 학설인 괘기설(卦氣說)을 진단이 수용하고 있으며, 이를 소옹이 계승한 것으로 볼 수 있다. 30장에서도 이 내용과 관련해서 진단이 주석하고 있다.

---

120. 『皇極經世書』,「觀物外篇」, "易有三百八十四爻, 眞天文也."

제30장. 24효와 윤달閏月의 수

二十四爻, 求之八卦. 畵純爲疊, 是爲閏數.

24효는 8괘에서 구한다. 획이 순수한 것은 중복되니, 이는 나머지 수[閏數]가 된다.

一歲三百六十, 而爻數三百八十四, 則是二十四爻爲餘也. 以卦畵求之, 是爲疊數, 何以言之? 夫旣有八卦矣, 及八卦互相合體, 以立諸卦, 則諸卦者, 八卦在其中矣. 而別又有八純卦, 則其合體八卦爲重復, 而二十四數爲疊也. 是以, 三百六十爲正爻, 與每歲之數合, 而三百八十四, 與閏歲之數合矣, 則是'閏數'也. 豈惟見於數? 亦見於象, 人知之者, 蓋鮮矣.

한 해는 360일인데 효의 수는 384개이니, 이 24개의 효가 남게 된다. 괘획으로 구해보면 이것은 중첩의 수가 되는데, 무엇 때문에 이렇게 말하는가? 무릇 처음에 8괘가 있었다가 8괘가 서로 체를 합하는 데 이르러 64괘 뭇 괘가 세워졌으니, 뭇 괘는 그 속에 8괘가 들어있다. 그런데 (64괘에) 별도로 또 8개의 순괘가 있으니, 순괘에서 체를 합한 여덟 괘는 중복된다. 그래서 (8괘×3효) 24효의 수는 중복된다. 이 때문에 360은 정효(正爻)가 되어 매 해의 수와 합치되고, 384는 윤세(閏歲: 윤달이 있는 해)의 수와 합치되니, 이것이 '나머지 수[閏數]'이다. 어찌 수에서만 드러나겠는가? 또한 상에서도 드러나는데, 사람들 가운데 이것을 아는 자가 거의 없다.

🌿 해설

　한나라 때부터 역학을 통해 1년의 길흉을 살피기 위해, 64괘 384효와 역법(曆法)의 일자를 일치시키기 위해 노력했다. 대개의 경우 1년을 360일로 설정하고, 64괘 384효의 360효를 1년에 배당하고 나머지 24효를 다양하게 설정하는 방법을 취하였다. 하지만 이는 동아시아의 수리적 세계관의 이론 측면에서 논할 수 있는 사항으로, 1년을 365일로 설정하는 역법과 실제 일치하는 것은 아니다.

　진단 역시 1년을 360일로 보는 역학적 세계관의 측면에서 384효와 360일의 차이를 해결하기 위해 '윤수'를 제시하고 있다. 진단이 384효에서 윤수 혹은 중첩의 수라고 말하는 것은 대성괘인 건·태·리·진·손·감·간·곤 속의 소성괘인 8괘의 효수 24를 가리킨다. 진단이 볼 때, 64괘는 건·태·리·진·손·감·간·곤 8괘로부터 형성된 것이기에 64괘 모든 괘에는 8괘가 들어가 있다. 그런데 대성괘인 건·태·리·진·손·감·간·곤은 8괘가 중첩되어 있기에, 8괘의 효의 수 24는 '나머지 수'가 된다고 할 수 있다.

　참고로, 역법에서는 1년을 365일로 설정하고, 음력과 양력의 날 수를 맞추기 위해 윤달을 둔다. 역법에서 1삭망월(朔望月)은 29.53059일이고, 1삭망월을 12달로 계산하면 354.36708일이 된다. 그런데 1태양년은 365.2422일이므로 1삭망월을 기준으로 한 음력 12달은 1태양년(회귀년)보다 약 11일이 짧다. 이 때문에 예로부터 음력 12달의 날수[日數]와 실제 태양력의 날수[日數]간의 차이를 맞추기 위해 윤달을 두는 방법이 여러 가지로 고안되었는데, 24기의 중기(中氣)가 들지 않는 달인 무중월(無中月)을 윤달로 하는 무중치윤법(無中置閏法)[121]을 사용해 왔고, 현재에도 이 방법이 적용되고 있다. 일반적으로 태음태양력에서는 19년에 7번의 윤달을 두어 태양년의 길이에 맞추고 있다. 음력 12달의 날수[日數]와 실제 태양력의 날수[日數]간의 차이를 맞추기 위한 것은 윤달이며, 달력상으로 1년으로 삼는 365일과 1태양년의 날수[日數]인 365.2422일간의 차이를 맞추기 위한 것이 윤년이다.

---

121. 무중치윤법(無中置閏法): 음력에서 12달의 길이는 약 354.3671일로 1태양년의 길이(약 365.2422일)보다 약 11일(10.8751일)이 짧아 서로 맞지 않는다. 이 차이를 보정하기 위해 태음태양력에서는 윤달을 넣는다. 이 때 윤달을 넣는 기준은 12중기와 관련이 있다. 즉, 음력 11월부터 그 다음 해 음력 11월 전까지 삭망월이 13개이면, 최소 하나의 삭망월에는 중기가 들어가지 않게 되는데, 이런 경우에 그 달을 윤달로 정하게 된다. 윤달의 명칭은 그 전달의 이름을 사용하되, 앞에 '윤(閏)'자를 붙여 부른다(예, 윤5월). 이와 같이 중기가 들지 않는 달을 무중월(無中月)이라고 하며, 무중월을 윤달로 하는 법을 무중치윤법(無中置閏法)이라 한다. 만약 무중월이 2개 이상이면 첫 번째 무중월을 윤달로 정한다. 일반적으로 태음태양력에서는 19년에 7번의 윤달을 두어 태양년의 길이에 맞추고 있다.

一歲之數, 三百六十. 八卦八變, 其數已畫.

한 해의 수는 360이다. 8괘가 여덟 번 변화하면 그 수가 다 한다.

乾·姤·遯·否·觀·剝·晉·大有, 八變而復乾, 則天之氣盡.
坤·復·臨·泰·大壯·夬·需·比, 八變而復坤, 則地之氣盡.
震·豫·解·恒·升·井·大過·隨, 八變而復震, 則雷之氣盡.
艮·賁·大畜·損·睽·履·中孚·漸, 八變而復艮, 則山之氣盡.
坎·節·屯·旣濟·革·豐·明夷·師, 八變而復坎, 則水之氣盡.
離·旅·鼎·未濟·蒙·渙[122]·訟·同人, 八變而復離, 則火之氣
盡. 巽·小畜·家人·益·无妄·噬嗑·頤·蠱, 八變而復巽, 則風
之氣盡. 兌·困·萃·咸·蹇·謙·小過·歸妹, 八變而復兌, 則澤
之氣盡. 凡此八卦各八變, 八八六十四數, 則天地雷風水火山澤之
氣, 無餘蘊矣, 是爲一義.

건괘(☰)에서 구괘(☴), 둔괘(☶), 비괘(☷), 관괘(☶), 박괘(☷), 진괘
(☳), 대유괘(☲)로 변하는데, 여덟 번 변화하여 다시 건괘가 되면 하늘의

---

122. 渙: 저본·진체본·집성본 모두 '謙'으로 되어있다. 팔궁괘설의 맥락상 '渙'이
되어야 하기에 교감하였다.

기가 다한다. 곤괘(☷☷)에서 복괘(☷☳), 임괘(☷☱), 태괘(☷☰), 대장괘(☳☰), 쾌괘(☱☰), 수괘(☵☰), 비괘(☷☰)로 변하는데, 여덟 번 변화하여 다시 곤괘가 되면 땅의 기가 다한다. 진괘(☳☳)에서 예괘(☳☷), 해괘(☳☵), 항괘(☳☴), 승괘(☷☴), 정괘(☵☴), 대과괘(☱☴), 수괘(☵☴)로 변하는데, 여덟 번 변화하여 진괘가 되면 우레의 기가 다한다. 간괘(☶☶)에서 비괘(☶☷), 대축괘(☶☰), 손괘(☶☰), 규괘(☶☱), 리괘(☶☲), 중부괘(☴☱), 점괘(☴☶)로 변하는데, 여덟 번 변화하여 다시 간괘가 되면 산의 기가 다한다. 감괘(☵☵)에서 절괘(☵☱), 둔괘(☵☶), 기제괘(☵☲), 혁괘(☵☱), 풍괘(☵☳), 명이괘(☵☷), 사괘(☷☵)로 변하는데, 여덟 번 변화하여 다시 감괘가 되면 물의 기가 다한다. 리괘(☲☲)에서 려괘(☲☶), 정괘(☲☴), 미제괘(☲☵), 몽괘(☶☵), 환괘(☴☵), 송괘(☰☵), 동인괘(☲☰)로 변하는데, 여덟 번 변화하여 다시 리괘가 되면 화의 기가 다한다. 손괘(☴☴)에서 소축괘(☴☰), 가인괘(☴☲), 익괘(☴☳), 무망괘(☰☳), 서합괘(☲☳), 이괘(☶☳), 고괘(☶☴)로 변하는데, 여덟 번 변화하여 다시 손괘가 되면 바람의 기가 다한다. 태괘(☱☱)에서 곤괘(☱☵), 췌괘(☱☷), 함괘(☱☶), 건괘(☱☰), 겸괘(☷☶), 소과괘(☳☶), 귀매괘(☱☳)로 변하는데, 여덟 번 변화하여 다시 태괘가 되면 연못의 기가 다한다. 무릇 이는 8괘가 각각 여덟 번 변화하여 '8×8'에 64수가 되면 하늘·땅·우레·바람·물·불·산·연못의 기가 남음이 없게 됨이니, 이것은 하나의 도리이다.

🌿 해설

하나의 괘가 여덟 번의 변화한다는 진단의 해설은 한나라 때 역학가인 경방의 팔궁괘설에 바탕을 두고 있다. 경방은 소성괘인 8괘를 중첩한 대성괘 8괘를 '팔궁(八宮)' 또는 '팔순(八純)'이라 칭하고, 다음

표와 같이 각각의 궁괘가 일곱 개의 괘를 통솔한다고 보았다.[123]

	팔궁괘(八宮卦)							
팔순(八純)	건괘	진괘	감괘	간괘	곤괘	손괘	리괘	태괘
1세(一世)	구괘	예괘	절괘	비괘	복괘	소축괘	려괘	곤괘
2세(二世)	둔괘	해괘	둔괘	대축괘	임괘	가인괘	정괘	췌괘
3세(三世)	비괘	항괘	기제괘	손괘	태괘	익괘	미제괘	함괘
4세(四世)	관괘	승괘	혁괘	규괘	대장괘	무망괘	몽괘	건괘
5세(五世)	박괘	정괘	풍괘	리괘	쾌괘	서합괘	환괘	겸괘
유혼(游魂)	진괘	대과괘	명이괘	중부괘	수괘	이괘	송괘	소과괘
귀혼(歸魂)	대유괘	수괘	사괘	점괘	비괘	고괘	동인괘	귀매괘

팔궁괘설에서 각 괘가 변화한 괘를 1세, 2세, 3세, 4세, 5세, 유혼, 귀혼이라 일컫는다. 이때 괘의 변화는 초효에서부터 제5효까지만 변하고 상효는 변하지 않는다. 1세부터 5세까지는 초효에서부터 제5효

---

123. 경방의 팔궁괘설에 대한 상세한 설명은 주백곤 지음, 김학권 외 옮김, 『역학철학사』1, 소명출판, 2012, 285~296쪽 참조.

까지의 음양이 뒤바뀌고, 유혼괘는 제5세 괘에서 4효의 음양이 바뀌고, 귀혼괘는 유혼괘에서 아래 소성괘의 음양이 뒤바뀐다. 건괘(䷀)를 예로 들면, 건괘의 초효부터 5효까지 음효로 바뀌면서 1세괘 구괘(䷫), 2세괘 둔괘(䷠), 3세괘 비괘(䷋), 4세괘 관괘(䷓), 5세괘 박괘(䷖)로 변한다. 그리고 박괘의 제4효가 양효로 바뀌어 유혼괘인 진괘로 변하고, 진괘의 아래의 소성괘가 건괘로 변하여 귀혼괘인 대유괘로 변한다. 이같은 팔궁괘설은 제39장 해설에서 다시 한번 언급된다.

경방이 팔궁괘설을 통해『주역』과 다른 괘의 배열 순서를 제시한 까닭은 괘·효상의 변화가 음양이 자라나고 줄어드는 과정을 표현하기 위해서라고 평가된다. 특히 팔궁괘 중에서 건곤의 2개 궁은 상세(上世)로부터 5세까지 모두 12개의 괘이며, 그 괘들의 변화 규칙은 12소식괘와 일치한다. 진단은『주역』의 '말[辭]'보다 괘효의 '상(象)'을 중시하고 이를 통해 역학의 원리를 파악해야 한다고 강조한다. 이러한 입장에서 괘효사의 변화로 음양의 소장을 표현한 경방의 팔궁괘설을 변화의 원리로서 중요하게 여기고 있다고 할 수 있다.

제32장. 태음太陰, 태양太陽, 소음少陰, 소양少陽

數成於三, 重之則六. 其退亦六, 是爲乾坤.

수는 3에서 완성되는데, 그것을 거듭하면 6이 된다. 그것이 물러날 때도 6이 되는데, 이것이 건곤이다.

夫氣之數, 起於一, 偶於二, 成於三, 無以加矣. 重之則爲六也. 然 三少陽也, 六太陽也, 三春也. 六夏也. 此乾之數也, 是爲進數. 退 亦六. 三少陰也, 六太陰也. 三秋也, 六冬也, 此坤之數也, 是爲退 數. 三畫爲經卦, 六畫爲重卦者, 凡此而已.

기의 수는 1에서 시작하고 2에서 짝을 이루며, 3에서 완성되어 더할 것이 없다. 3을 거듭하면 6이 된다. 그런데 3은 소양이고 6은 태양이며, 3은 봄이고 6은 여름이다. 이는 건괘의 수로 나아가는 수가 된다. 물러나는 수 역시 6이다. 3은 소음이고 6은 태음이며, 3은 가을이고 6은 겨울이다. 이는 곤괘의 수로 물러나는 수가 된다. 효를 세 번 그린[3획] 경괘가 되고, 효를 여섯 번 그린[6획] 중괘가 되는 것이 대개 이러한 이치이다.

🌿 해설

『노자』에서는 도로부터 1이 생기고, 1로부터 2가 생기고, 3으로부터 만물이 생한다고 했다.[124] 여기서 1은 전통적으로 일기(一氣) 혹은 원기(元氣)로 해석된다. "기의 수가 1에서 시작해서 2에서 짝을 이루고 3에서 완성된다"는 설명은 이러한 노자의 사유를 원용한 것이라 할 수 있다.

"그런데 3은 소양이고 6은 태양이며, 3은 봄이고 6은 여름이다. …… 3은 가을이고 6은 겨울이다. 이는 곤괘의 수로 물러나는 수가 된다"라는 말은 괘상을 기의 흐름으로 설명하는 괘기설의 내용이다.

1장의 해설에서 언급한 〈12지지와 12소식괘〉와 〈24기와 12달(절기력)〉의 그림으로, 이 내용은 다음과 같다. "3은 소양이고 6은 태양이며, 3은 봄이고 6은 여름이다. 이는 건괘의 수로 나아가는 수"는 하괘가 건괘이고 상괘가 곤괘인 태괘(䷊)에서 하괘는 건괘로 양효를 세 번 그린 소양에 해당하고 절기로는 입춘에서 경칩에 해당하며 계절로는 봄에 해당한다. 상괘와 하괘가 모두 건괘(☰)는 양효를 세 번 그린 소양이 중첩한 것이므로, 양효를 여섯 번 그린 태양이 되며, 절기로는 입하에서 망종에 해당하며 계절로는 여름에 해당한다. 그래서 '3은 봄이고 6은 여름이다'라고 한 것이다. 기의 흐름을 괘상으로 표현한 괘기설로 보자면, 태괘에서 건괘에 이르는 과정은 하괘의 양효가

---

124. 『老子』제42장, "道生一, 一生二, 二生三, 三生萬物. 萬物負陰而抱陽, 沖氣以爲和."

3획에서 6획으로 증가하는 과정이다. 이 때문에 태괘에서 건괘에 이르는 기의 흐름은 '건괘의 수'이자, 양효가 증가하기에 '나아가는 수'라고 하였다.

"3은 소음이고 6은 태음이며, 3은 가을이고 6은 겨울이다. 이는 곤괘의 수로 물러나는 수가 된다"라는 것도, 하괘가 곤괘이고 상괘가 건괘인 비괘☷☰에서 하괘의 곤괘로 음효를 세 번 그린 소음이며, 절기로는 입추에서 백로에 해당하고 계절로는 가을에 해당한다. 상괘와 하괘가 모두 곤괘☷☷는 음효를 여섯 번 그린 태음이 되며, 절기로는 입동부터 대설에 해당하고 계절로는 겨울에 해당한다. 그래서 '3은 가을이고 6은 겨울이다.'라고 하였다. 기의 흐름을 괘상으로 표현한 괘기설로 보자면, 비괘에서 곤괘에 이르는 과정은 하괘의 음효가 3획에서 6획으로 증가하는 과정이다. 이 때문에 비괘에서 곤괘에 이르는 기의 흐름은 '곤괘의 수'이자, 양효가 소멸하기에 '물러나는 수'라고 하였다.

이러한 이해의 근거로 "효를 세 번 그린[3획] 경괘가 되고, 효를 여섯 번 그린[6획] 중괘가 되는 것이 대개 이러한 이치이다"라고 말한다. 효를 세 번 그린 경괘에서 효를 여섯 번 그린 중괘가 되는 것은 경괘 건(☰)을 기준으로 보면, ☷☰(地天泰) → ☳☰(雷天大壯) → ☱☰(澤天夬) → ☰☰(重天乾)으로 전개되므로, 경괘인 건괘(☰)에서 중괘 건괘(☰☰)가 되는 과정이다. 또 경괘 곤(☷)을 기준으로 보면, ☰☷(天地否) → ☴☷(風地觀) → ☶☷(山地剝) → ☷☷(重地坤)으로 전개되므로, 경괘인 곤괘(☷)에서 중괘 곤괘(☷☷)가 되는 과정이다.

제33장. 만물의 수數

凡物之數, 有進有退. 進以此數, 退以此數.

만물의 수는 나아가는 것과 물러나는 것이 있다. 나아가는 것도 이 수이고 물러나는 것도 이 수이다.

大抵物理, 其盛衰之數相半. 方其盛也, 旣以此數, 及其衰也, 亦以此數. 若一歲十二月, 春夏爲進數, 秋冬爲退數. 晝夜十二時, 自子爲進數, 自午爲退數. 人壽百歲, 前五十爲進數, 後五十爲退數. 以至甲爲進數, 乙爲退數, 子爲進數, 丑爲退數. 細推物理, 無不然. 世儒論敎, 但衍爲一律, 殊不明陰陽進退之理. 惟眞人獨得其說.

대개 만물의 이치는 그 왕성하고 쇠락하는 수가 서로 반이다. 사물이 막 왕성할 때도 이 수로 하고, 사물이 쇠락할 때도 또한 이 수로 한다. 가령 한 해 12달의 경우 봄과 여름은 나아가는 수가 되고, 가을과 겨울은 물러나는 수가 된다. 낮과 밤 하루 12시의 경우 자시(子時, 23:00~01:00)부터는 나아가는 수가 되고, 오시(午時, 11:00~13:00)부터는 물러나는 수가 된다. 사람의 수명 100세의 경우 앞의 50세는 나아가는 수가 되고, 뒤의 50세는 물러나는 수가 된다. (천간의 경우) 갑(甲)은 나아가는 수가 되고 을(乙)은 물러나는 수가 되며, (지지의 경우) 자(子)는 나아가는 수가 되고 축(丑)은 물러나는 수가 된다. 만물의 이치를 세밀히 미루어 가면 그렇지 않은 것이 없다. 세상의 유학자들이 가르침을 논하는 것은 다만 부연하는 것을 하나의 법칙으로 삼을 뿐 음양 진퇴의 이치에 전혀 밝지 못한다. 유독 진인만이 그 설을 이해하였다.

🌿 해설

마의도자와 진단은 만물의 생장소멸(生長消滅)을 나아감(양의 상태)과 물러남(음의 상태)의 상태(수)로 구분한다. 이러한 나아감과 물러남의 음양 관계의 수는 모든 것에 적용할 수 있다. 사계절에서 전반기 봄·여름은 나아가는 수, 후반기 가을·겨울은 물러나는 수에 해당한다. 하루 12시의 경우 오전은 나아가는 수, 오후는 물러나는 수에 해당한다. 다만 사물의 관계를 어떻게 설정하는가에 따라 나아감과 물러감의 수는 달라질 수 있다. 일례로 진단은 천간에서 갑은 나아가는 수가 되고 을은 물러나는 수가 된다고 했다. 하지만 만일 천간에서 목에 해당하는 '갑'과 '을'의 관계가 아니라, 천간 전체의 관계에서 보자면 '갑을병정무'는 나아가는 수, '기경신임계'는 물러나는 수가 될 수 있다.

만물은 나아감과 물러남을 반복하며 음양(陰陽)이 순환하니 이것이 바로 『주역』의 「계사전」에서 말하는 "일음일양의도[一陰一陽之謂道]"이다. 즉 음양이 순환 반복되는 것이 자연의 이치이다. 만물의 수(數)는 기수와 우수로 이루어지며, 기수는 양수로서 나아가는 것에 해당하고, 우수는 음수로서 물러나는 것에 해당한다.

가령 사시(四時) 중에서 봄과 여름은 더워지는 변화과정에 있는 계절이므로 기수인 1을 배당할 수 있고, 가을과 겨울은 추워지는 변화과정에 있는 계절이므로 우수인 2를 배당할 수 있다. 그리고 하루를 나타내는 12시진(時辰)에서 자시(子時)부터 사시(巳時)까지 해가 뜨는 변화과정의 시진이므로 기수인 1을 배당할 수 있고, 오시(午時)부터 해시(亥時)까지 해가 지는 변화과정의 시진이므로 우수인 2를 배당할 수 있다.

10천간(天干)에 수를 배당하면 갑(甲)부터 계(癸)까지 1부터 10이 배당되는데, 갑(甲)에는 1이 배당되고 을(乙)에는 2가 배당되므로 각각 나아가는 수인 기수와 물러나는 수인 우수에 해당한다. 그리고 12지지(地支)에 수를 배당하면 자(子)부터 해(亥)까지 1부터 12가 배당되는데, 자(子)는 나아가는 수인 1이란 기수가 배당되고 축(丑)은 물러나는 수인 2라는 우수가 배당된다. 이렇듯 만물의 나아감과 물러남은 기수와 우수로 표현될 수 있다.

제34장. 천天의 수와 지地의 수

凡具於形, 便具五數. 五數旣具, 十數乃成.

무릇 형(形)을 갖추면 곧 5라는 수가 갖추어진다. 5라는 수가 갖추어지면 10이라는 수가 이루어진다.

凡麗於氣者, 必圓. 圓者徑一而圍三, 天所以有三時者, 以其氣也. 凡麗於形者, 必方. 方者徑一而圍四, 地所以有四方者, 以其形也. 天數三, 重之則六, 地數五, 重之則十. 何謂十? 蓋有四方, 則有中央爲五, 有中央四方, 則有四維, 復之中央是爲十也. 非特地爲然, 凡麗於形, 便具十數, 皆若此也.

무릇 기(氣)에 붙어있는 모양은 반드시 둥글다. 둥근 것은 지름이 1이고 둘레가 3이니, 하늘에 삼시(三時)[125]가 있는 까닭은 그것이 기이기 때문이다. 무릇 형(形)에 붙어있는 것은 반드시 네모나다. 네모난 것은 너비가 1이고 둘레가 4이니, 땅에 사방이 있는 까닭은 그것이 형이기 때문이다. 하늘의 수

---

125. 삼시(三時)는 여러 뜻이 있다. 기본적으로 하루의 아침, 점심, 저녁을 가리키고, 농사와 관련하여 씨를 뿌리는 봄, 풀을 베는 여름, 곡식을 거두는 가을을 가리킨다. 또 과거, 현재, 미래를 가리키기도 하며, 불교에서는 석가모니가 멸한 이후의 정법시(正法時), 상법시(像法時), 말법시(末法時) 3단계를 가리키기도 한다.

는 3인데 그것을 거듭하면 6이 되고, 땅의 수는 5인데 그것을 거듭하면 10이
된다. 어떤 것을 10이라고 하는가? 대개 사방이 있으면 중앙이 있게 되어 5
가 되고, 중앙과 사방이 있으면 네 모서리가 있게 되어 다시 중앙은 10이 된
다. 비단 땅만 그런 것이 아니라, 무릇 형에 붙어있는 것은 곧 10수를 갖춤이
모두 이와 같다.

🕊️ 해설

　동아시아 전통에서는 하늘은 둥글고 땅은 네모나다는 천원지방(天
圓地方)의 우주관을 지니고 있다. 전통 시기에는 원의 둘레를 대략 3
으로 보고, 네모의 둘레를 4로 보았다. 진단은 형체를 지니기 이전의
상태인 하늘을 '기(氣)'의 상태, 형체가 생겨나 만물이 발생하는 상태
인 땅을 '형(形)'의 상태로 구분한다. 그리고 하늘은 둥글기에 기본적
인 수를 3으로 보고 이를 거듭한 수 6을 하늘에 배당하고, 땅은 네모
난 사방에 중앙을 추가하여 그 수를 5로 보고, 네 모서리의 중앙에 해
당하는 수를 추가하여 10을 땅에 배당하고 있다. 이러한 관점은 합당
성의 여부를 떠나 전통 시기 동아시아 지식인들의 수리적 사고의 하
나의 전형적인 형태를 보여주는 것이라 할 수 있다.

大衍七七, 其一不用. 凡得一數, 理自不動.

대연의 수에서 쓰이는 것은 49이며, 그 1은 쓰지 않는다. 무릇 1을 얻은 것은 이치상 스스로 움직이지 않는다.

大衍之數五十. 其用四十有九, 掛一而不用. 不用之義, 學者徒知一爲太極不動之數, 而不知義實落處也. 何則? 一者, 數之宗本也. 凡物之理, 無所宗本則亂. 有宗本焉, 則不當用, 用則復亂矣. 且如輪之運, 而中則止, 如轄之行, 而大者後. 如綱之有綱, 而綱則提之. 如器之有柄, 而柄則執之. 如元首在上, 手足爲之擧. 如大將居中, 而士卒爲之役. 如君無爲, 而臣有爲. 如賢者尊, 而能者使. 是知凡得一者, 宗也本也主也, 皆有不動之理. 一苟動焉, 則其餘錯亂而不能有所施設者矣.

'대연의 수[大衍之數]'는 50이다. 대연의 수에서 사용하는 것은 49인데, 여기서 하나는 걸어두고 쓰지 않는다. 대연의 수와 관련하여[126] 쓰지 않는 의미에 대해 학자들은 단지 하나가 태극으로서 움직이지 않는 수라는 것만 알

---

126. 『周易』, 「繫辭上傳」, "大衍之數五十. 其用四十有九, 分而爲二以象兩, 掛一以象三, 揲之以四以象四時, 歸奇於扐以象閏, 五歲再閏, 故再扐而後掛."에 보인다.

고 그 의미의 실질적인 귀착점은 모른다. (쓰지 않는 이유는) 무엇 때문인가? 하나는 수의 근본이기 때문이다. 무릇 만물의 이치는 근본이 되는 것이 없으면 어지러워진다. 근본 됨이 있는 것은 마땅히 쓰지 않아야 하니, 쓰면 다시 어지러워진다. 예를 들면 수레바퀴가 움직일 때 가운데 축은 (움직이지 않고) 머물러 있고, 수레가 갈 때 큰 수레는 뒤에서 가는 것과 같다. 그물에는 (근본인) 벼리가 있어서, 벼리가 그물을 끌어당기는 것과 같다. 그릇에는 자루가 있어서, 자루가 그릇을 잡는 것과 같다. (몸에서는) 머리가 위에 있고, 손발이 머리를 위해 거동하는 것과 같다. (군대에서는) 대장이 가운데 자리하고, 사졸들은 대장을 위해 부역하는 것과 같다. (나라를 운영할 때) 임금은 함이 없고, 신하는 함이 있는 것과 같다. (일을 할 때) 현자는 존숭받고, 유능한 자는 부림을 받는 것과 같다. 이러한 내용을 통해 무릇 하나를 얻은 자는 우두머리이자 근본이자 주인으로서 모두 움직이지 않는 이치가 있음을 알 수 있다. 하나가 만일 움직이면 그 나머지들은 뒤섞이고 어지러워져 베풀어질 수 없는 것이다.

🕊️ 해설

제35장과 아래의 제36장에서는 『주역』, 「계사상전」 제9장에 보이는 '대연의 수'와 관련된 내용을 말하고 있다. 대연의 수는 시초점을 치는 것과 관련된 수 50을 가리킨다. 주역점을 칠 때는 시초 50책(策)에서 49개를 가지고 점을 친다. 시초점을 칠 때 하나를 제외한 49개의 시초를 사용하는데, 일반적으로 50에서 제외된 하나는 태극을 상징한다고 여긴다. 설시를 행할 때 처음에 시초 49책을 두 손으로 나누는데, 이는 양의(兩儀) 즉 천지를 상징한다. 여기서 삼재를 상징하는

하나의 시초를 손가락에 건다.

　그런데 진단은 50개 시초에서 뺀 하나가 아니라, 시초 49책에서 손 가락에 걸어 사용하지 않는 하나가 바로 움직이지 않는 태극으로서 1 이라고 보고 있다. 이 경우 시초점에서 사용하는 책수는 48이 된다. 그리고 49에서 태극을 상징하는 '하나(1)'를 쓰지 않는 까닭은 사물 가운데 우두머리 혹은 근본은 움직이지 않기 때문이라며 여러 예시를 들어 해설하고 있다. 대연의 수에 대한 상세한 내용은 다음 장에서 계 속 이어진다.

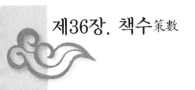

제36장. 책수策數

策數六八, 八卦定數. 卦數占卦, 其理自然.

점치는 수는 48로 이는 8괘의 정수(定數)[127]이다. 8괘의 정수로 괘를 점치니 그 이치는 자연스러운 것이다.

八卦經畫二十四, 重之則四十八. 又每卦八變, 六八四十八. 則四十八者, 八卦數也. 大衍之數五十者, 半百. 一, 進數也, 其用四十九者, 體用之全數也. 五十除一者, 無一也, "易無形埒", 是也. "四十九有, 掛一"也者, 有一也, "易變爲一", 是也. 一不用者, 數之宗本也, 不可動也. 用四十八者, 取八數變, 以占諸卦也. "一變爲七, 七變爲九", 此之謂也.

8괘 경괘(經卦)의 획은 24(3×8)이고, 이를 거듭한 8괘 중괘(重卦)의 획은 48(6×8)이다. 또 (중괘인) 8괘의 매 괘는 여덟 번 변하기에 (획은) 6×8으로 48이 된다. 그렇기에 48은 8괘의 수이다. 대연의 수 50은 100의 반이다. 여기서 '하나(1)'는 진수(進數)이고, 쓰이는 수 49가 체용의 전체수이다. 50에

---

127. 이 장의 내용을 고려할 때, 여기서 정수(定數)는 '정해진 수' 혹은 '정해져 있는 수'라는 의미이다. 소성괘이든 대성괘이든 8괘의 변화는 48수로 정해져 있다는 뜻으로 풀이할 수 있다.

서 제외한 '하나'는 무(無)로서 1의 상태이니, 『열자』에서) "역은 형체가 없다"[128]라는 것이 이것이다. 앞서 "49에서 하나는 걸어둔다"의 '하나'는 유(有)로서 1의 상태이니, "역이 변화하여 1이 된다"라는 것이 이것이다. (49에서) '하나'를 쓰지 않는 것은 수의 근본이므로 움직여서는 안 되기 때문이다. (하나를 제외한) 48을 사용하는 것은 (중괘) 8괘의 수가 변함을 취하여 (이를 바탕으로) 뭇 괘들을 점치기 때문이다. "1이 변화하여 7이 되고, 7이 변화하여 9가 된다"라는 것이 이를 말한 것이다.

今筮者, 於五十數, 先實一於前, 乃揲之以四十九. 或先去其一, 却於四十九數中除一而終合之. 是二者皆全用四十九數. 曾不知本卦之本數也, 以致悞, 實一於八卦數中, 遂有五與九之失也. 且以揲之寄數, 但論其多少, 而五與九則無損益於多少之數, 而於陰陽正數, 亦自無礙. 揲法不取其正數, 而取其餘數, 蓋從其簡便也. 簡便, 謂一見多少, 即知正數陰陽多少, 若待視正數則煩難矣. 又多少之說, 無所經見, 知古人但以記數也.

지금 시초점을 치는 이들은 (시초) 50책(策)에서 먼저 하나를 앞에 놓아두고, 그리고서 설시(揲蓍: 시초를 세는 것)는 49책을 가지고 한다. 어떤 경우에는 먼저 하나를 빼놓고, 다시 49책에서 제외한 하나를 그 하나와 한데 모아 합하기도 한다. 이 두 방법 모두 49책을 전부 쓴 것이다. 그런데 일찍이 본괘(本卦)의 본수(本數)를 알지 못해 1을 8괘의 수 가운데 둠으로써 마침

---

128. 이 문장의 "易無形埒"과 이어지는 문장의 "一變而爲一", "一變爲七, 七變爲九"은 『열자』, 「천서」, "故曰易也. 易無形埒, 易變而爲一, 一變而爲七, 七變而爲九, 九變者, 究也, 乃復變而爲一. 一者形之始也."에 보인다. 하지만 『열자』, 「천서」편의 이 내용은 『역위』, 「건착도」에서 나온 것을 『열자』, 「천서」편이 인용한 것이다.

내 5와 9의 잘못이 있게 되었다. 만일 시초를 셀 때 수에 의지하는데, 단지 그 '많고 적음[多少]'만을 논한다면, 5와 9는 많고 적음의 수에 대해 덜고 더함이 없으니, 음양의 정수에 대해 또한 저절로 구애됨이 없을 것이다. 시초점을 치는 설시법에서 그 정수를 취하지 않고 그 나머지 수를 취하는 것은 대개 간편함을 따른 것이다. 간편하다는 것은 한번 많고 적음을 보면 바로 정수의 음양의 많고 적음을 알 수 있다는 것이니, 만일 정수 보기를 기다려야 한다면 번거로울 것이다. 또 '다소'에 관해 논한 것은 『주역』에 보이는 바가 없으니, 옛사람들이 단지 기록한 수일 뿐이란 것을 알 수 있다.

大傳曰, "大衍之數五十, 其用四十有九", 謂大衍數本五十, 而止用四十九. 則其一已先除矣, 更無五十全數. "分而爲二以象兩", 謂止於四十九數中, 分而爲二也. "掛一象三", 掛謂懸, 謂於四十九數中, 懸掛其一而不用也.

「계사전」에서 "대연의 수는 50인데, 사용하는 것은 49이다"라고 말한 것은, 대연의 수는 본래 50이지만 단지 49만을 사용함을 말한다. 그런즉 이 하나는 이미 먼저 제거되어 다시는 50의 전체수는 없는 것이다. "나누어 두 움큼을 만드니 이는 양의를 상징한다"라는 것은 단지 49수 중에서만 나누어 두 움큼으로 만드는 것을 말한다. "하나를 손가락에 거니 삼재를 상징한다"라는 것에서 '손가락에 건다[掛]'란 매단다는 말로, 49개의 수 중에서 하나를 손가락에 걸어두고 사용하지 않음을 말한다.[129]

---

129. 이상 인용된 「계사전」 내용은 다음과 같다. 『周易』, 「繫辭上傳」, "大衍之數五十, 其用四十有九. 分而爲二以象兩, 掛一以象三, 揲之以四以象四時, 歸奇於扐以象閏, 五歲再閏, 故再扐而後掛."

筮法, 一揲得五與四, 四謂之三少. 得九與八, 八謂之三多. 二揲
則五與九已矣. 但得三箇, 四亦謂之三少, 得三箇, 八亦謂之三多.
方初得五與九也, 而老陽之策三十六, 老陰之策二十四. 及次正得
四與八也, 而於陰陽之策數如前, 則是五九固無損益於多少之數,
而於陰陽之策正數, 亦自無傷也. 因知四十八數而悞用其九, 斷然
而明矣. 或者又謂, 揲法得奇偶數, 殊不知二揲, 則五與九已盡,
所以觀其餘數, 而不觀其正數, 特以從其簡便也.

시초점을 치는 법에서 첫 번째 설시하여 5나 4를 얻었을 때 4를 '삼소(三少)'
라 하고, 9나 8을 얻었을 때 8을 '삼다(三多)'라고 한다. 두 번째 설시할 때
는 5나 9일뿐이다. 하지만 세 번째 설시하여 4를 또 '삼소'라 하고, 8을 또
'삼다'라고 한다. 바야흐로 처음에 5나 9를 얻었을 때 노양의 책수는 36이
고 노음의 책수는 24이다. 그 다음에는 바로 4나 8을 얻는데, 음양의 책수
가 이전과 같으면 5나 9가 많고 적음의 수에 덜고 더함이 없고, 음양의 책수
가 정수이면 또한 저절로 해로움이 없다. 따라서 48수에서 9를 씀이 잘못임
이 단연코 분명하다는 것을 알 수 있다. 어떤 사람은 또 설시법은 기수(홀수)
나 우수(짝수)를 얻는 것이라 하는데, 두 번 설시하면 5와 9가 이미 다하기
때문에 그 나머지 수를 보고 그 정수는 보지 않는 것은 단지 간편함을 따르
기 때문임을 전혀 모르는 것이다.

🕊️ 해설

『주역』,「계사전」에서는 시초를 통해 점을 치는 것과 관련하여 "대연
의 수는 50이며, 사용하는 것은 49이다. 이를 나누어 둘로 만드니, 양
의(兩儀: 천지)를 상징한다. 하나를 손에 거니, 삼재(三才)를 상징한

다. 그것을 4개씩 세니, 사계절을 상징한다. 나머지를 손가락에 거니, 윤달을 상징한다. 다섯 해에 두 번 윤달이 있기 때문에 두 번 낀 다음에 건다. …… 그러므로 네 번 경영해서 역을 이룬다. 18번 변해서 괘를 이룬다"[130]라고 말하고 있다.

주희의 해설을 바탕으로 이 내용을 간략히 설명하면 다음과 같다.[131] 50개의 시초 가운데 태극을 상징하는 '하나'는 사용하지 않으며, 사용하는 책수는 49개이다. 49개의 시초를 둘로 나누어 왼손과 오른손으로 나누어 쥐고, 오른손 무더기에서 시초 하나를 집어 왼손 새끼손가락과 넷째 손가락 사이에 건다. 둘로 나누는 것은 양의를 상징하고, 왼쪽 새끼손가락에 거는 하나는 삼재를 상징한다. 왼손에 있는 시초를 네 개씩 한 조로 센다. 이는 사계절을 상징한다. 세고 남은 나머지 시초는 중지와 약지 사이에 끼운다. 이는 윤달을 상징한다. 다음에는 오른쪽 시초를 마찬가지로 네 개씩 세어 덜어내고, 그 나머지를 검지와 중지 사이에 끼운다. 이는 5년에 두 번 윤년이 드는 것을 상징한다.

처음에 손가락에 걸었던 하나와 두 번 손가락 걸었던 시초의 개수

---

130. 『周易』, 「繫辭上傳」, "大衍之數五十, 其用四十有九. 分而爲二以象兩, 掛一以象三. 揲之以四以象四時, 歸奇於扐以象閏, 五歲再閏, 故再扐而後掛. … 四營而成易, 十有八變而成卦."

131. 『晦庵集』 제85권, 「易五贊·明筮」과 『易學啓蒙』, 「明著策第三」의 내용을 바탕으로 정리했다.

156

를 모두 더하면 그 수는 '5' 혹은 '9'가 되며, 그 나머지 시초는 40개 혹은 44개가 된다. 이것을 '일변(一變: 한 번 변함)'이라고 한다. 나머지 시초를 가지고 앞의 방법과 동일하게 하면 이변(二變)에서 손가락에 건 시초의 수는 '4' 혹은 '8'이 되고, 나머지는 40개, 36개, 32개 가운데 하나가 된다. 세 번째도 1·2변과 마찬가지로 하면 손가락에 건 시초는 '4' 혹은 '8'이 되고, 나머지는 36개, 32개, 28개, 24개 가운데 하나가 된다. 이렇게 삼변(三變)을 마치면 노양(9), 소음(8), 소양(7), 노음(6)의 수 가운데 하나를 얻는데, 이것이 한 효가 된다. 하나의 괘는 여섯 효로 되어 있기에 삼변을 여섯 번 총 18번을 진행하면 하나의 괘를 얻는다.

위와 같은 주희의 해석처럼 대개 대연의 수 50에서 처음 사용하지 않는 '하나(1)'는 태극을 상징하고, 시초를 위해 쓰는 49개 책수에서 손가락에 거는 '하나(1)'는 삼재를 상징한다고 여긴다. 하지만 진단은 처음 사용하지 않는 '하나'는 "역은 형체가 없다"는 『열자』의 말과 같이 '무(無)'를 상징하고, 49에서 걸어두는 '하나'가 '유(有)'로서 움직이지 않는 '태극'이라고 본다. 이 때문에 설시법에서 사용하는 시초의 개수는 49가 아닌 48이 된다. 진단은 이 '48'이란 숫자가 6획괘 8괘가 8번 변하여[6*8] 뭇 괘가 된다는 팔궁괘의 내용과 일치한다고 보고 있다.

진단이 제시하는 설시법에서는 태극을 상징하는 '1'을 제외한 48개로 점을 치기 때문에 '일변'부터 '삼변'까지 책수의 합이 일반적인 설시법의 수와 달라지게 된다. 가령 '일변'에서 얻는 책수는 5 혹은 9가 아니라 4 혹은 8이 된다.

점을 치는 책수를 '48'로 보는 관점은 마의도자와 진단의 독특한 시각이다. 이러한 시각에는 도교와 역학을 결합한 사유가 작용했다고 할 수 있다. 도교 혹은 노자 해석사에서는 '도(道)'로부터 '일자(1)', 혹은 '무(無)'로부터 '유(有)'가 생성된다고 본다. 전체 책수 '50'에서 사용하지 않는 수 '1'을 '태극'이 아닌 '무'로 보고, 49에서 손에 거는 '1'을 '삼재'가 아닌 '태극'으로 보는 사유에는 이러한 도교적 사유가 자리하고 있다고 할 수 있다.

五行之數, 須究落處. 應數倍數, 亦明特時.

오행의 수는 모름지기 귀결처를 궁구해야 한다. 응수(應數)와 배수(倍數)도 때를 밝힌 것이다.

天一生水, 坎之氣孕於乾金, 立冬節也. 地二生火, 離之氣孕於巽木, 立夏節也. 天三生木, 震之氣孕於艮水【山高地厚, 水泉出焉】,[132] 立春節也. 地四生金, 兌之氣孕於坤土, 立秋節也. 天五生土, 離寄戊而土氣孕於離火, 長夏節也. 凡此皆言其成象矣.

천1이 수를 낳으니, 감괘의 기가 건금(乾金)에서 잉태된다. 입동의 절기이다. 지2가 화를 낳으니, 리괘의 기가 손목(巽木)에서 잉태된다. 입하의 절기이다. 천3이 목을 낳으니, 진괘의 기가 간수(艮水)에서 잉태된다.【산은 높고 땅은 두터우니, 샘이 여기서 나온다.】입춘의 절기이다. 지4가 금을 낳으니, 태괘의 기로 곤토(坤土)에서 잉태된다. 입추의 절기이다. 천5가 토를 낳으니, 리괘가 무(戊)에 맡겨져 토기(土氣)가 리화(離火)에서 잉태된다. 장하의 절기이다. 무릇 이러한 것은 모두 상(象)을 이룸을 말한 것이다.

---

132. 【 】: 원문에 있는 원주(原註) 표시이다. 이하 모두 같다.

天一與地六合而成水, 乾坎合而水成於金, 冬至節也. 地二與天七合而成火, 巽離合而火成於木, 夏至節也. 天三與地八合而成木, 艮震合而木成於水, 春分節也. 地四與天九合而成金, 坤兌合而金成於土, 秋分節也. 天五與地十合而成土, 離寄於己而土成於火也. 凡此皆言其成形矣. 夫以五言相成數, 雖兒童亦能誦, 要其義實, 終老壯亦不知落處也, 是謂之盲隨.

천1이 지6과 합하여 수를 이루니, 건괘와 감괘가 합하여 수가 금에서 이루어진다. 동지의 절기이다. 지2가 천7과 합하여 화를 이루니, 손괘와 리괘가 합하여 화가 목에서 이루어진다. 하지의 절기이다. 천3이 지8괘 합하여 목을 이루니, 간괘와 진괘가 합하여 목이 수에서 이루어진다. 춘분의 절기이다. 지4가 천9와 합하여 금을 이루니, 곤괘가 태괘와 합하여 금이 토에서 이루어진다. 추분의 절기이다. 천5가 지10과 합하여 토를 이루니, 리괘가 기(己)에 맡겨져 토가 화에서 이루어진다. 무릇 이러한 것은 모두 형(形)을 이룸을 말한 것이다. 5로 서로 수를 이룸을 말한 것은 비록 어린아이일지라도 또한 외울 수 있지만, 그 뜻의 실질을 얻는 것은 비록 노인이나 장년일지라도 또한 귀결처를 알지 못한다. 이를 일러 맹목적으로 따른다고 한다.

古人何以見易乎! 以至先天諸卦, 初以一陰一陽相間, 次以二陰二陽相間, 倍數至三十二陰三十二陽相間. 太玄諸首, 初以一陰一陽相間, 次以三陰三陽相間, 倍數至二十七陰二十七陽相間. 此其理, 何在哉? 以時物推之, 自祖父子孫, 有衆寡之漸. 自正二三四五六月, 有微盛之滋, 皆數之明理也.【'應數', 見前說】

옛사람들은 어떻게 역을 보았는가! 선천(先天)의 뭇 괘들은 처음에는 1음과 1양이 서로 섞이고, 다음에는 2음과 2양이 서로 섞이며, 수를 거듭하여 32음과 32양이 서로 섞이는 데 이르렀다. (양웅의)『태현』의 뭇 수(首)들은 처음에는 1음과 1양이 서로 섞이고, 다음에는 3음과 3양이 서로 섞이며, 수를 거듭하여 27음과 27양이 서로 섞이는 데 이르렀다. 이는 그 이치가 어디에 있는가? 시간과 사물로 미루어보면, (사물은) 조부로부터 자손에 이르면 적은 것이 점차로 많아지게 되고, (시간은) 정월로부터 2, 3, 4, 5, 6월에 이르면 미세한 것이 불어나 성대하게 되니, 모두 수(數)가 이치를 밝히는 것이다.【'응수'는 이전의 설에서 보인다.】

🕊️ 해설

이 장에서 진단의 해설은 크게 두 가지 내용을 담고 있다. 하나는 8괘의 생성과 배치, 다른 하나는 소옹의 가일배법(加一倍法)의 원형적 사유이다.

첫째로 8괘의 생성과 배치와 관련된 내용이다. 『주역』, 「계사전」에서는 천1·지2부터 천9·지10까지의 '천지의 수[天地之數]'에 대해 말한다. 여기서 천수는 홀수인 1·3·5·7·9이고 지수는 짝수인 2·4·6·8·10로서, 천수와 지수 다섯이 각각 합하면 천수는 25, 지수는 30이 되고 총 천지지수의 합은 55가 된다. 「계사전」에서는 이 수 55가 바로 "변화를 이루고 귀신을 행하게 하는 것"이라고 말한다.[133] 진단은 「계사전」의 '천지지수'의 내용을 토대로 생수

---

133. 『周易』, 「繫辭上傳」, "天一地二, 天三地四, 天五地六, 天七地八, 天九地十. 天數五, 地數五, 五位相得, 而各有合. 天數二十有五, 地數三十. 凡天地之數, 五十

(1·2·3·4·5)와 성수(6·7·8·9·10)의 기능을 구분하고, 생수와 성수로부터 상(象)과 형(形)이 이루어진다고 설명한다. 그리고 이를 바탕으로 8괘의 생성과 배치를 논하고 있다.

진단의 설명은 '천지지수'장과 오행설, 괘기설, 방위설 등을 결합하여 8괘의 생성과 배치를 논한 것이다. 특징적인 것은 진단이 당나라 때까지 8괘-오행 결합에서 '토(土)'에 배당된 간괘(艮卦)를 '수(水)'에 배당했다는 점이다. 간괘가 '수'가 됨에 따라 8괘방위도의 사정괘와 사유괘의 배치(坎-乾, 離-巽, 震-艮, 兌-坤)는 오행생성론을 통해 설명된다. 즉 '감수'는 '건금'에서 생성되고(金生水), '리화'는 '손목'에서 생성되며(木生火), '진목'은 '간수'에서 생성되고(水生木), '태금'은 '곤토'에서 생성된다(土生金). 이를 그림으로 표현하면 다음과 같다.

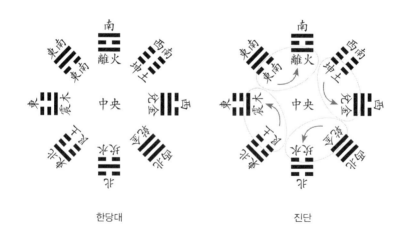

한당대   진단

전통적으로 간(艮)괘는 산을 상징하기에 오행에서 '토'로 여겨졌다. 하지만 진단은 간괘를 '수'로 파악한다. "산은 높고 땅은 두터우니 샘물이 여기서 나온다"라는 주석은 간괘가 '수'라는 것을 해명하기 위해 제시한 것이라 할 수 있다. 이처럼 진단이 기존의 시각과 달리 간괘를 '수'로 본 까닭은 오행생성설로 8괘방위도 배치를 해설하기 위해 간괘의 오행 배당을 바꾼 것이라 할 수 있다. 이러한 주장은 사실상 자의적인 측면이 강하지만, 다른 한편으론 경전을 새롭게 해석하는 송대 상수역학의 사상적 특징을 보여주는 것이기도 하다. 당나라 때까지 8괘-오행 결합은 8괘방위도와 전혀 무관한 내용이었고, 또 8괘방위도의 배치에 대한 전문적인 해설은 제시되지 않았다. 반면 진단은 8괘-오행 결합에 대한 새로운 이론을 통해 8괘의 생성과 배치를 설명했다고 할 수 있다.[134]

둘째로 가일배법의 원형적 사유와 관련된 내용이다. 천지만물이 변화하는 추이는 모두 처음에는 미세한 것으로부터 점차 확장되는 구조를 지닌다. 이러한 원리에 바탕하여 진단은 역학의 괘획 역시 처음에 1음과 1양에서부터 시작하여, 4상 8괘 32괘 64괘까지 2의 배수로 확

---

134. '천지지수', 오행, 8괘 등을 결합하여 8괘의 생성과 배치를 논하는 역학 이론은 진단으로부터 「하도」・「낙서」를 전수받았다고 말해지는 범악창(范諤昌, ?~?)과 유목(劉牧, 1041년 이전 사망)의 역학에서 더욱 발전된다. 이와 관련한 상세한 내용은 이대승, 「太極圖 연구의 새로운 탐색─'舊太極圖'의 존재와 의의를 중심으로」, 『유학연구』 제55집, 2021.05 참조.

장된 것으로 해설한다. 서한의 양웅(揚雄, BC53~AD18)은『주역』의 구조를 모방하여『태현』을 지은 바 있다.『태현』에서는『주역』의 64괘에 해당하는 81수가 있는데, 양웅은 81수의 배열을 통해 일년 사계절이 음양의 줄고 늘어나는 과정임을 보였다.[135] 그런데 양웅의 81수 역시 1음·1양이 3의 배수로 사귀어 81수까지 늘어난 것일 뿐이라 할 수 있다. 천지만물의 변화의 추이가 작은 것에서부터 2나 3의 배수와 같은 수리적 이치를 통해 불어난다는 점을 고려하면, 시간과 사물의 변화의 원리는 모두 수(數)를 통해 이해할 수 있다고 볼 수 있다.

진단은『주역』과『태현』이 모두 일음일양으로부터 비롯하여 2 혹은 3의 배수로 사귀는 작용으로 인해 64괘와 81수가 생성되었다고 보고 있다. 1음 1양이 2의 배수로 사귀는 작용을 통해 64괘로 확장되었다는 시각은 분명 양웅의『태현경』의 영향을 받은 것이다. 하지만 2배수의 논리로 음양으로부터 64괘에 이르렀다는 논리는 분명 이전에 없었던 새로운 사유로서, 소옹 선천역학의 가일배법의 원형적 논리를 제시한 것이다. 또 진단은 음양이 확장되어 이루어진 64괘를 "선천의 뭇 괘들"이라 지칭한다. '선천'은 그 의미가 불분명하지만, "선천의 뭇 괘들"이란 맥락상 복희가 그린 64괘 즉 "복희씨의 정역"을 지칭한

---

135. 양웅의『태현』과 관련하여 주백곤 지음, 김학권 외 옮김,『주역철학사』1, 소명 출판, 2012, 340~341쪽 참조. 번역서로 양웅 찬, 사마광 집주, 류사오쥔 점교, 조민환 역주,『태현집주』1·2, 학고방, 2017 참조.

다.[136] 이러한 내용은 분명 소옹의 선천역학을 상기시킨다. 복희의 역을 선천학으로 보고 64괘의 생성을 가일배법의 논리로 설명하는 소옹 선천역학 이론의 원형적 요소는 진단으로부터 말미암았다고 할 수 있다.

---

136. 동진(東晉) 시기 학자 간보(干寶, ?~336)는 복희, 신농, 황제의 역을 시기로 구분하여 선천(先天), 중천(中天), 후천(後天)이라고 논한 바 있다. 이는 전통 시기의 삼역(三易), 즉 하나라의 『연산(連山)』, 상나라의 『귀장(歸藏)』, 주나라의 『주역(周易)』을 복희, 신농, 황제와 연결하여 이를 선천(先天), 중천(中天), 후천(後天)에 배당한 것이다. 복희 64괘를 "선천의 뭇 괘"로 표현한 것은 이와 연관되어 있다고 할 수 있다. 하지만 역학의 원리로서 복희의 마음자리를 강조하고 이를 '선천'이라 표현한 진단의 사유는 단순히 시대 구분의 용어로 사용된 간보의 '선천'과는 차이가 있다고 할 수 있다. 간보의 '선천' 용어와 관련하여 이대승, 「先天 개념의 형성·발전과 의미」, 『도교문화연구』 제38집, 한국도교문화학회, 2013, 152~154쪽 참조.

제38장. 생수生數와 성수成數

卦位生數, 運以成數. 生成之數, 感應之道.

괘의 자리는 생수(生數)이고, 이것이 운행하여 성수(成數)가 된다. 생수와 성수는 감응하는 도이다.

'生數', 謂一二三四五, 陰陽之位也, 天道也. '成數', 謂 六七八九十, 剛柔之德也, 地道也. 以剛柔成數, 而運於陰陽生 數之上, 然後天地交感, 吉凶叶應, 而天下之事, 無能逃於其間 矣.【陰陽之位, 有所無形, 在天也. 剛柔則形, 而以其在地也.】

'생수'는 1·2·3·4·5를 말하니, 음양의 자리이며 하늘의 도[天道]이다. '성수' 는 6·7·8·9·10을 말하니, 강유의 덕이며 땅의 도[地道]이다. 강유의 성수를 가지고 음양 생수 위에서 운행한 연후에 천지가 교감하고 길흉이 화합하여 상응하니, 천하의 일은 그 사이에서 벗어날 수 없다.【음양의 자리는 형체가 없는 것이니 하늘에 있기 때문이고, 강유는 형체가 있으니 그것이 땅에 있기 때문이다.】

앞 장에 이어 『주역』, 「계사전」의 '천지의 수[天地之數]'와 관련
된 내용을 다루고 있다. '천지지수'에서 하늘의 도에 해당하는 생수
1·2·3·4·5와 땅의 도에 해당하는 성수 6·7·8·9·10의 결합
으로 천지가 교감하여 천지만물이 생성하여 유행하게 된다. 진단은
천도인 생수와 지도인 성수의 결합을 통해 「용도」를 도출한다. 「용도」
와 관련된 내용은 「용도서(龍圖序)」를 참조하라.

제39장. 괘효卦爻의 변화

一變而爲七, 七變爲九. 卽是卦妄, 宜究其實.

1이 변화하여 7이 되고, 7이 변화하여 9가 된다. 이러한 괘변(卦變)에 대한 허망한 설에 대해서는 마땅히 그 실질을 궁구해야 한다.

『冲虛經』曰, "易無形埒. 易變而爲一, 一變而爲七, 七變而爲九. 九者究也, 復變而爲一." 蓋卦爻自一變二變, 三變四變, 五變六變, 至七變, 謂之歸魂. 而本宮之氣革矣, 更二變而極於九, 遂復變爲一而返本也. 學者不悟經意, 徒溺空泛說, 失之甚矣.

『충허경』[137]에서 "역은 형체가 없다. 역이 변화하여 1이 되고, 1이 변화하여 7이 되며, 7이 변화하여 9가 된다. 9는 궁극에 이른 것이니, 다시 변화하여 1이 된다"[138]라고 하였다. 대개 괘효는 한 번 변화하는 것으로부터 두 번 변

---

137. 『충허경』은 도가학파에 속하는 열자가 저술했다고 알려진 『열자』를 가리킨다. 중국 고대 선진 시기 사상사에서 중요 저작 가운데 하나이다. 당나라 현종(玄宗) 시기에 열자는 '충허진인(沖虛眞人)', 『열자』는 『충허진경(沖虛眞經)』이라는 칭호를 받았다.

138. 『列子』, 「天瑞」, "故曰易也. 易無形埒, 易變而爲一, 一變而爲七, 七變而爲九, 九變者, 究也, 乃復變而爲一. 一者形之始也."에 보인다.

화하고 세 번 변화하고 네 번 변화하고 다섯 번 변화하고 여섯 번 변화하고 일곱 번 변화하는것에 이르는데, 이를 '귀혼(歸魂)'이라고 한다. 본궁의 기가 바뀌고 다시 두 번째 변화하여 아홉 번째에 이르면 다시 1로 변화하여 본궁으로 돌아간다. 배우는 자가 경의 뜻을 깨닫지 못하고 단지 허탄한 설에 빠지니, 잃음이 심한 것이다.

🕊️ 해설

이 장에서는 『열자』의 내용과 경방의 팔궁괘설을 결합하여 괘의 변화를 설명하고 있다. 제31장 해설에서 보인 것처럼 경방의 팔궁괘설은 8괘가 초효에서부터 제5효까지 음양의 변화로 인해 새로운 괘로 변한다. 이때 여섯 번째 변화한 괘를 유혼괘(游魂卦), 일곱 번째 변화한 괘를 귀혼괘(歸魂卦)라고 한다. 건괘(☰)를 예를 들면, 건괘는 본궁으로서 첫 번째 괘가 되고, 두 번째 제1세 괘는 구괘(☴), 세 번째 제2세 괘는 둔괘(☶), 네 번째 제3세괘는 비괘(☶), 다섯 번째 제4세 괘는 관괘(☷), 여섯 번째 제5세괘는 박괘(☶), 일곱 번째 유혼괘는 진괘(☵), 그리고 마지막 여덟 번째 귀혼괘는 대유괘(☰)가 된다. 이 귀혼괘가 아홉 번째로 변화하면 다시 본궁인 건괘로 돌아간다. 진단은 괘의 변화 양상이 형체가 없는 역이 변하여 1이 되고, 1에서 7, 7에서 9, 그리고 다시 1로 변한다는 『열자』의 사유와 동일하다고 보고 있다.

"역은 형체가 없다. …… 다시 변화하여 1이 된다"라는 문장은 『역위』, 「건착도」에 나오는 말을 『열자』가 가져와 우주발생론에서 사용한 것이다. 진단은 이러한 사유가 『열자』가 한 말로 인용하고 있다. 하지만 역학에서 기인한 이 우주발생론은 『역위』, 「건착도」가 시원이고, 한나라 시기에 형성된 『충허경(열자)』 「천서(天瑞)」에서 수용한 것이다. 이후 진단이 인용한 『열자』의 내용도 『역위』, 「건착도」의 내용이다. 이와 관련하여 20장에서 언급하였다.

名易之義, 非訓變易. 陰陽根本, 有在於是.

역이라는 이름의 뜻은 변역(變易: 변화)을 뜻하는 것만이 아니다.
음양의 근본이 여기에 있는 것이다.

易者, 大易也. 大易, 未見氣也, 視之不見, 聽之不聞, 循之不得,
故曰易. 易者, 希微玄虛凝寂之稱也. 及易變而爲一, 一變而爲七,
七變而爲九, 九復變而爲一也. 一者, 形變之始也. 淸輕者上爲天,
重濁者下爲地, 沖和氣者中爲人. 謂之易者, 知陰陽之根本, 有在
於是也. 此說本於『冲虛眞經』, 是爲定論. 學者盲然不悟, 乃作變
易之易. 是卽字言之, 非宗旨之學也. 唯揚雄爲書, 擬之曰『太玄』,
頗得之. 道家亦以日月, 爲古之易字, 蓋其本陰陽而言也.

역은 대역이다. 대역은 기가 드러나지 않아, 보려 해도 볼 수 없고, 들으려
해도 들을 수 없고, 쫓으려 해도 얻을 수 없기 때문에 역이라고 한 것이다.
역은 희미하며 아득히 비어있고 극히 고요한 상태를 지칭한다. (형체가 없
는 상태에서) 역이 변화하는데 이르면 1이 되고, 1이 변화하여 7이 되고, 7
이 변화하여 9가 되고, 9가 다시 변화하여 1이 된다. 1이란 형(形)의 변화
의 시작이다. 맑고 가벼운 것은 위로 올라가 하늘이 되고, 무겁고 탁한 것
은 아래로 내려가 땅이 되고, 음양이 조화된 충화의 기는 가운데에서 사람

이 된다.[139] 이를 일러 역이라고 한 자는 음양의 근본이 여기에 있음을 아는 것이다. 이 설은『충허진경』에 근본을 둔 것인데, 이것이 정론이다.

학자들이 망연히 깨닫지 못하고 (대역(大易)을) 변역(變易)의 역이라고 하였다. 이는 글자의 측면에 나아가 말한 것으로, 종지가 되는 학문은 아니다. 오직 양웅이 책을 저술하고서 역에 견주어『태현』이라고 하였으니, 자못 그 뜻을 얻었다. 도가 역시 '일(日)'과 '월(月)' 글자로 옛적의 '역(易)' 글자로 삼았는데, 대개 이는 음양을 근본으로 하여 말한 것이다.

🌿 해설

진단은 '역(易)'이란 이름이 변화를 뜻하는 '변역(變易)'의 뜻만을 지닌 것이 아니라, 천지만물과 음양의 근본으로서 도(道)와 같은 의미 역시 지니고 있음을 지적하고 있다. 진단은 '역'에 대한『충허진경』, 『역위』, 「건착도」와『태현』의 사유를 중요하게 여기고, 그 내용을 상당

139.『易緯乾鑿度』, "故曰有太易, 有太初, 有太始, 有太素也. 太易者, 未見氣也. 太初者, 氣之始也. 太始者, 形之始也. 太素者, 質之始也. 炁形質具而未相離, 故曰渾淪. 渾淪者, 言萬物相渾淪而未相離也. 視之不見, 聽之不聞, 循之不得, 故曰易也. 易无形埒, 易變而爲一, 一變而爲七, 七變而爲九. 九變者, 氣變之究也, 乃復變而爲一. 一者, 形變之始也. 清輕者上爲天, 濁重者下爲地, 物有始有壯有究, 故三畫而成乾, 乾坤相幷, 俱生物, 有陰陽, 因而重之. 故六畫而成卦."관련 내용이 『列子』,「天瑞」, "視之不見, 聽之不聞, 循之不得, 故曰易也. 易無形埒, 易變而爲一, 一變而爲七, 七變而爲九, 九變者, 究也, 乃復變而爲一. 一者形之始也. 清輕者上爲天, 濁重者下爲地, 冲和氣者爲人. 故天地含精, 萬物化生."에 보인다.

부분 인용하고 있다.

진단이 "역은 대역이다. … 음양이 조화된 충화의 기는 가운데에서 사람이 된다"라고 말한 내용은 그가 말한 것처럼 『열자』에 바탕을 두고 있다. 『열자』, 「천서」편에서는 천지만물의 생성변화, 천지만물과 성인의 특성, 나아가 천지만물의 원리에 바탕한 인생론 등을 논하고 있다.[140] 특히 우주생성론과 관련하여 천지만물을 생성하는 궁극의 근원으로서 기조차 아직 드러나지 않은 상태인 '태역(太易)'을 제시하는데, 진단이 언급한 '대역'은 이 '태역'을 지칭한다. 『역위』에 따르면, 태역으로부터 순차적으로 기의 시작인 '태초', 형의 시작인 '태시', 질의 시작인 '태소', 그리고 기·형·질이 아직 분화되지 않고 하나로 있는 '혼륜'(태극)이 나타난다. 『역위』에서는 '태역'은 보려 해도 볼 수 없고, 들으려 해도 들을 수 없고, 쫓으려 해도 얻을 수 없다고 묘사하고, 이 무형한 '역'이 변화하여 1이 생기고 이후 7과 9로 변화하여 다시 1로 복귀하는데, 형체 변화의 시작인 1로부터 천·지·인과 만물이 생성된다고 말한다.[141] 이러한 내용은 『역위』, 「건착도」에 바탕을 두고 있

---

140. 열자 지음, 김학주 옮김, 『열자』, 2000, 21쪽 참조.

141. 『列子』, 「天瑞」 "有太易, 有太初, 有太始, 有太素. 太易者, 未見氣也. 太初者, 氣之始也. 太始者, 形之始也. 太素者, 質之始也. 氣形質具而未相離, 故曰渾淪. 渾淪者, 言萬物相渾淪而未相離也. 視之不見, 聽之不聞, 循之不得, 故曰易也. 易无形埒, 易變而爲一, 一變而爲七, 七變而爲九. 九變者, 究也, 乃復變而爲一. 一者, 形變之始也. 淸輕者上爲天, 濁重者下爲地, 沖和氣者爲人, 故天地含精, 萬物化生."

는데,[142] 진단은 이러한 내용을 원용하여 '태역' 즉 '대역'이 '역'에 의미
에 대한 정론임을 논하고 있다."

『노자』 제1장에서는 천지의 시작으로서 무(無)와 만물의 어미로서
유(有) 등이 동일한 '도'에서 나왔지만 이름이 다름을 지적하고, 이러
한 두 상태를 함께 '현(玄)'이라고 한다.[143] 양웅이 『주역』의 구조를 모
방하여 지은 『태현』의 '태현'이란 명칭은 바로 도의 상태를 지칭하는
것이라 할 수 있다. 『노자』 제14장에서는 도는 보려 해도 볼 수 없고,
들으려 해도 들을 수 없고, 잡으려 해도 잡지 못한다고 말하며 이러한
도의 특성을 각각 '이(夷)', '희(希)', '미(微)'라고 말했다.[144] 『열자』에서
는 만물이 서로 섞여 아직 떨어지지 않은 혼륜(渾淪)한 상태는 보려

---

142. 『易緯』, 「乾鑿度」, "故曰有太易, 有太初, 有太始, 有太素也. 太易者, 未見氣也.
    太初者, 氣之始也. 太始者, 形之始也. 太素者, 質之始也. 氣形質具而未相離, 故
    曰渾淪. 渾淪者, 言萬物相渾成, 而未相離. 視之不見, 聽之不聞, 循之不得, 故曰
    易也. 易無形畔. 易變而爲一, 一變而爲七, 七變而爲九. 九者, 氣變之究也, 乃復
    變而爲一. 一者, 形變之始. 淸輕者上爲天, 濁重者下爲地, 物有始有壯有究, 故三
    畫而成乾, 乾坤相並俱生, 物有陰陽, 因而重之. 故六畫而成卦." 安居香山, 中村
    璋八 輯, 『緯書集成』 上, 1993, 11~13쪽.

143. 『老子』 제1장, "道可道, 非常道, 名可名, 非常名. 無, 名天地之始, 有, 名萬物
    之母. 故常無欲, 以觀其妙, 常有欲, 以觀其徼. 此兩者, 同出而異名, 同謂之玄,
    玄之又玄, 衆妙之門."

144. 『老子』 제14장, "視之不見, 名曰夷, 聽之不聞, 名曰希, 搏之不得, 名曰微. 此
    三者, 不可致詰, 故混而爲一."

해도 볼 수 없고, 들으려 해도 들을 수 없고, 쫓으려 해도 얻을 수 없기 때문에 '역'이라고 말한다고 하는데,[145] 이는 『노자』에서 말한 '도'의 특성을 '역'에 부여한 것이다.

『열자』와 『태현』은 노자와 역의 사유를 결합하는 특징을 보인다. 역학과 노자의 사유를 결합하여 이해하는 시각은 주로 도가·도교의 역학적 특징으로 도교역학을 개창한 『참동계』의 역학적 사유가 대표적이다. 진단 역시 도교 도사로서 노자와 역학을 결합하여 역을 이해하는 시각에서 『열자』와 『태현』의 사유를 중요하게 여기고 있다.

"학자들이 망연히 깨닫지 못하고 (대역(大易)을) 변역(變易)의 역이라고 하였다"라는 문장은 역을 정의하는 세 가지 중에서 변역에 대한 오해를 말하고 있다. 『역위』, 「건착도」에 따르면, 역에 대한 정의는 세 가지로, "역은 역이다. 역은 변역이다. 역은 불역이다(易者 易也, 變易也, 不易也)"에서 첫 번째 정의인 '역은 역이다'는 그 덕을 말한 것이며, '역은 변역이다'는 천지만물의 기의 변화를 말하는 것이며, '역은 불역이다'는 천은 위에 지는 아래에 위치하며 임금은 남면하고 신하는 북면하는 등의 지위를 말하는 것으로 풀이한다.

이 중에 변역은 기의 흐름을 역으로 파악하는 것을 의미한다. 천지가 변하지 않으면 기를 통할 수 없으며, 기의 변화란 오행이 교대로 작용하며 사시가 바뀌는 것을 의미한다. 이 기의 변화와 사시의 변화

---

145. 『列子』, 「天瑞」. "渾淪者, 言萬物相渾淪而未相離也. 視之不見, 聽之不聞, 循之不得, 故曰易也."

를 천문현상에서 해와 달이 대표하므로, '일(日)'과 '월(月)' 글자로 '역(易)'을 풀이한 것 역시 변역에 해당한다. 역을 일월의 결합으로 이해하는 것이 도가의 역학이다.

제41장. 역易의 활법活法

易道彌滿, 九流可入. 當知活法, 要須自悟.

역의 도는 두루 가득하여 구류[146]가 들어갈 수 있다. 마땅히 활법을 알아 스스로 깨달아야 한다.

易之爲書, 本於陰陽, 萬物負陰而抱陽, 何適而非陰陽也. 是以在人惟其所入耳. 文王周公以庶類入, 宣父以八物入, 斯其上也. 其後或以律度入, 或以歷數入, 或以僊道入, 以此知易道無往而不可也. 苟惟束於辭訓, 則是犯法也, 良由未得悟耳. 果得悟焉, 則辭外見意, 而縱橫妙用, 唯吾所欲, 是爲活法也. 故曰學易者, 當於羲皇心地中馳騁, 無於周孔言語下拘攣.

역이라는 책은 음양에 근본을 두는데, 만물은 음을 짊어지고 양을 안으니[147] 어디를 가더라도 음양이 아니겠는가. 그러므로 사람이 오직 들어가는 바에

---

146. 구류는 일반적으로 한나라 때 분류된 제자백가의 아홉 유파로, 유가·도가·음양가·법가·명가·묵가·종횡가·잡가·농가 등의 9학파를 말한다. 여기서는 뭇 학문의 학파를 지칭하는 것으로 볼 수 있다.

147. 『老子』제42장, "道生一, 一生二, 二生三, 三生萬物. 萬物負陰而抱陽, 沖氣以爲和."에 보인다.

달려있을 뿐이다. 문왕과 주공은 만물의 종류를 통해 들어가고, 공자는 여덟 가지 사물을 통해 들어갔는데, 이것은 상고의 일이다. 그 이후에는 때론 율도(律度)148를 통해 들어가기도 하고, 때론 역수(歷數)를 통해 들어가기도 하며, 때론 선도(僊道)를 통해 들어가기도 하였으니, 이로써 역의 도는 어디를 가더라도 불가함이 없음을 알 수 있다. 진실로 단지 말[辭]의 해석에만 속박된다면 이는 법을 거스르는 것이니, 정말로 깨달음을 얻지 못했기 때문이다. 참으로 깨달음을 얻으면 말 밖에서 뜻을 알아 마음 가는 대로 오묘하게 사용하게 되니, 내가 하고자 하는 것이 바로 활법이 된다. 그러므로 역을 배우는 자는 마땅히 복희의 마음자리로 나아가야 하며, 주공이나 공자의 말에 얽매이지 말라고 한 것이다.

🦢 해설

진단은 역의 원리와 의미를 깨우치거나 배우기 위해서는 주공이나 공자의 언어에 이끌리거나 얽매이지 말고 '복희의 마음자리[羲皇心地]'로 나아가야 함을 역설하고 있다. 『주역』의 괘효사는 단지 복희의 뜻을 드러내기 위한 것일 뿐이다. 그런데 복희가 제시한 괘획, 그 속에 담긴 역의 원리의 핵심은 바로 음양이라 할 수 있다. 진단은 만

---

148. 율도(律度)는 고대 도량형의 단위인 분(分), 촌(寸), 척(尺) 등을 헤아리는 법도를 가리킨다. 이러한 도량형 단위를 설정하는 기준이 모두 황종(黃鍾)의 음률에서 나왔기 때문에 율도라 지칭한다. 이러한 의미가 확장되어 율도는 법도와 제도를 뜻하기도 한다.

물은 음을 짊어지고 양을 안는다고 말한 노자의 사상 역시 음양을 말한 것으로 본다. 이 때문에 유가 경학자 외에 천문역산가, 선도수행자 등 어떤 학파의 인물이 활용한다고 할지라도 음양이라는 역의 이치만 깨닫는다면 역도는 행해질 수 있다. 음양만 깨닫는다면 역학은 자신이 처한 상황에 따라 자유롭게 적용이 가능하다. 이때 역학은 경전 안에 죽어 있는 문자가 아니라, 자신이 처한 모든 상황에서 적용 가능한 '활법'이 된다.

제42장. 역도易道의 본질本質

世俗學解, 浸漬舊聞. 失其本始, 易道淺狹.

세속에서 배우고 해석하는 자들은 예전의 학설에만 침잠한다. 그 처음의 근본을 잃어버려 역의 도가 얕아지고 좁아졌다.

羲皇氏正易, 『春秋』比也, 周孔明易, 作傳比也. 左氏本爲『春秋』作傳, 而世乃玩其文辭, 致左氏孤行, 而『春秋』之微旨泯矣. 易之有辭, 本爲羲皇發揚. 學者不知借辭以明其畫象, 遂溺其辭, 加以古今訓註而襲謬承誤, 使羲皇初意, 不行於世, 而易道於此淺狹矣. 嗚呼!

복희씨의 정역은 『춘추』[149]에 비견되고, 주공과 공자가 역을 밝힌 것은 (『춘추』에) '전(傳)'을 지은 것에 비견된다. 좌씨는 본래 『춘추』를 위해 '전'을 지

---

149. 『춘추』는 유교의 오경(五經) 가운데 하나이다. 공자가 자신의 모국인 노(魯)나라 은공(隱公)에서 애공(哀公)에 이르기까지 12대(代) 242년 동안의 사적(事跡)을 편년체로 기록한 책이다. 노나라에는 본래 『춘추』라 불리는 사관(史官)의 기록이 있었던 것으로 알려진다. 이러한 기록에 공자가 독자적인 역사의식과 가치관을 가지로 필삭(筆削)하여 새롭게 편수(編修)한 것이 『춘추』이다.

었지만,[150] 세상에서는 그 문사만 익혀 좌씨의 '전'만 홀로 유행하게 되고 『춘추』의 은미한 뜻은 묻혀버렸다. 역에 '말[辭]'이 있게 된 것은 본래 복희의 뜻을 드러내기 위한 것이었다. 그런데 학자들은 '말'을 빌려 그 괘획의 상을 밝히려 한 것을 알지 못하고, 마침내 그 '말'에 빠져 예부터 지금까지 훈고와 주석을 덧붙여 잘못에 잘못을 거듭함으로써 복희가 (획을 그은) 애초의 뜻이 세상에 유행하지 못하게 되었으니, 역의 도가 여기에서 얕고 좁아진 것이다. 아, 슬프도다!

🕊 해설

진단은 『주역』을 복희가 획을 그은 정역(正易)과 주공과 공자가 역을 밝히기 위해 설한 말[辭] 두 가지로 구분한다. 진단이 『정역심법』에서 지속적으로 강조하는 것은 바로 복희의 정역이다. 좌구명은 공자의 『춘추』에 대한 주석서인 『춘추좌씨전』을 지었다고 알려진다. 진단은 좌구명의 『춘추좌씨전』이 유행한 이후 세상에서 이 책의 문사만을 익혀 오히려 『춘추』의 은미한 뜻이 사라졌음을 빗대어, 주공과 공자의 '말[辭]'이 세상에 유행하고 복희의 정역은 가려져 역학의 원리와 도

---

150. 좌씨는 『춘추좌씨전』과 『국어』를 저술했다고 알려진 춘추시대의 노(魯)나라 학자 좌구명(左丘明)을 가리킨다. 『춘추좌씨전』은 『춘추』의 대표적인 주석서 중 하나로 좌전(左傳), 좌씨전(左氏傳), 좌씨춘추(左氏春秋)라고도 한다. 『춘추』에 대한 다른 주석서인 『춘추곡량전』, 『춘추공양전』과 함께 삼전(三傳)으로도 불린다.

가 좁아지게 된 상황을 한탄하고 있다.

'복희의 마음자리'로서 역의 원리를 강조하는 진단의 입장은 당나라 때까지의 유학의 경전해석학 전통과 차이가 있다. 경전해석학 전통에서는 주공이나 공자의 뜻을 이해하기 위해 경전에 대한 훈고학적 작업이 중시된다. 역의 원리에 대한 강조는 경전해석학 전통에서 주공이나 공자의 말을 해석하던 역학의 주석학 전통을 비판한 것이다.

이상에서 보인 마의도자의 경문과 이에 대한 진단의 상세한 해설은 『주역』해석을 '말[辭]' 전통에서 역학의 원리 자체에 대한 탐구로 전환하고 있다. 이는 역학의 원리를 중요하게 여긴 송대 역학의 기풍을 연 것이라 할 수 있다.

2부

『정역심법』관련 자료

- 서문과 발문, 후서 등

1. 이잠의
『마의도자정역심법』 서문[麻衣道者正易心法序[1]]

麻衣道者『羲皇氏正易心法』, 頃得之廬山一異人.【或云許堅】或有
疑而問者, 余應之云, "何疑之有? 顧其議論可也" 昔『黃帝素問』,
孔子「易大傳」, 世尙有疑之. 嘗曰, "世固有能作『素問』者乎? 固有
能作「易大傳」者乎? 雖非本眞, 亦黃帝孔子之徒也" 余於『正易心
法』, 亦曰, "世固能有作之者乎? 雖非麻衣, 是乃麻衣之徒也" 胡
不觀其文辭議論乎?

一滴眞金, 源流天造. 前無古人, 後無來者. 翩然於羲皇心地馳騁,
實物外眞僊之書也. 讀來十年, 方悟浸漬觸類, 以知易道之大如是
也. 得其人, 當與共之.

崇寧三年三月九日, 廬峰隱者李潛幾道書.

---

1. 서문, 본문, 발문 순서와 관련하여 저본과 대조본에서는 "정준 서문, 『정역심법』
   본문, 이잠 서문, 대사유 발문" 순서로 되어 있다. 본 역서에서는 "『정역심법』 본
   문"을 먼저 배치하고, 이후 "『정역심법』 관련 자료"에 서문, 발문 등을 수록했다.
   더불어 이잠의 서문은 『정역심법』 서문 중에서 가장 이른 북송 시기의 글이기에
   가장 앞에 배치하였다.

마의도자의 『희황씨정역심법』을 최근 여산의 이인에게서 얻었다.〔어떤 사람은 이인을 허견[2]이라고 한다.〕 어떤 사람이 이 책의 저자에 대한 진위를 의심하고 묻길래 내가 대답하여 말하였다. "의심할 게 무엇이 있는가? 그 논의된 내용을 살펴보면 마의도자가 저자임을 알 수 있다." 오래전부터 『황제소문』[3]과 공자의 「계사전」[4]을 두고서 저자의 진위를 의심하였고, 지금 세상에서도

---

2. 허견(許堅)은 남당(南唐)과 북송 초에 활동한 인물로 생몰년은 미상이다. 자는 개석(介石)이며 여강(廬江, 지금의 안휘성에 속함) 사람이다. 신선의 일을 즐겨 말하였고, 행적이 일정하지 않았다. 여산의 백록동에 우거하거나 모산, 구화산 등에 유람하였다고 한다. 송나라 태평흥국(太平興國) 9년(984)에 모산(茅山)에서 다시 여산(廬山)으로 유람했고, 이후 종적은 알 수 없다. 생애는 마령(馬令)의 『남당서(南唐書)』 「본전(本傳)」, 『시화총구(詩話總龜)』 권44, 『십국춘추(十國春秋)』 「본전(本傳)」 등에 보인다. 허견은 시에 능해 불교 사찰이나 도관에서 늘 태연히 시를 읊조렸다고 한다. 「제유서관(題幽棲觀)」, 「유율양하산사(遊溧陽下山寺)」 등의 시가 특히 유명하다. 이외 도서상수학 전통에서 허견은 「하도」·「낙서」 전승계통의 인물에 속한다. 송대 주진(朱震)에 따르면, 「하도」·「낙서」는 진단으로부터 충방(种放), 이개(李漑), 허견(許堅), 범악창(范諤昌)을 거쳐 남송의 유목(劉牧)에게 전해졌다.

3. 『황제소문』은 중국 고대 의학서이다. 황제와 신하인 기백(岐伯)과의 대화체로 이루어진 의학서로, 음양오행 사상에 기초해 의학이론과 침구 이론을 서술하였다. 이 책은 황제와 기백의 대화체로 서술되어 있어서 그 성립 시기를 춘추 이전으로 보기도 했으나, 그 성립 시기는 한나라 시기에 성립된 것으로 판정되었다.

4. 「계사전」의 저자가 공자가 아니라는 주장은 역사적으로 오래전부터 제기되어왔다. 이러한 의심의 근거는 「계사전」에 사용된 용어 중에서 음양은 전국시기 말의 음양가에 의해 도입되었고, 태극은 진한교체기 이후에야 성립된 개념이기 때문이다. 카나야 오사무(金谷治)와 주백곤(朱伯崑) 같은 현대 학자들은 「계사전」의 성립 시기를 전국 말기에 작성되기 시작해 최후의 편찬 연대는 한대 초기라고 규정한다.

여전히 이를 의심하고 있다. 내가 이에 대해서도 일찍이 말했다. "세상에 진실로 『황제소문』을 지을 수 있는 사람이 있는가? 진실로 「계사전」을 지을 수 있는 사람이 있는가? 비록 황제와 공자 자신이 아니라고 하더라도 또한 황제와 공자의 무리일 것이다." 내가 『정역심법』에 대해서도 또한 말한다. "세상에 이 책을 지을 자가 있는가? 비록 마의도자가 아니라고 하더라도 마의도자의 무리일 것이다." 어찌 그 글들의 내용을 살피지 않는가?

한 알의 참된 금은 하늘로부터 유래하여 만들어진다. 이전에도 이 책을 쓸 사람이 없었고, 그 뒤로도 쓸 사람이 없다. (『정역심법』은) 읽는 사람으로 하여금 훌쩍 복희씨의 마음자리로 내달리게 하니, 진실로 세속 밖의 참된 신선의 책이다. 이 책을 읽어 온 지 십여 년이 되자 비로소 무젖듯이 모든 것들을 깨닫게 되었으니, 역의 도가 이처럼 크다는 것을 알았다. 적임자를 얻는다면 마땅히 그에게 이 책을 주어 함께 할 것이다.

(북송 휘종) 숭녕 3년(1104) 3월 9일,
여봉(盧峰)의 은자 기도(幾道) 이잠(李潛)[5]이 쓰다.

---

5. 이잠(李潛)이 누구인지는 명확하지 않다. 은자이기에 역사 속에 드러나지 않은 인물로 추정된다.

2. 정준의 『마의도자정역심법』
서문[麻⁶衣道者正易心法序]

易學病失其傳久矣. 姑溪太守李公, 出『麻衣說』, 『關子明傳』, 曰, "吾得二書, 不敢私諸己, 今用廣於人. 或字畫之訛, 子其爲我正之準" 竊幸管窺, 不敢辭, 昕夕聰對, 若祥光爛然, 發乎蔀屋之下, 信夫神物也. 公得其傳, 行其道, 又以傳於世. 蓋將拯易學之病, 而還易之本旨, 豈誦說云乎哉! 公用心也, 仁矣.

淳熙己亥三月丙寅, 迪⁷功郎新婺州浦江縣主簿程準, 謹書于左.

역학은 그 전래를 잃어버려 병통으로 여긴 지 오래되었다. 고계(姑溪) 태수 이공(李公)[8]이 마의설(『정역심법』과 『관자명전』[9])을 내놓고 말하기를 "내가

---

6. 麻: 집성본에는 이 앞에 '五代'가 있다. 마의도자가 오대 시기의 인물임을 나타낸 것이다.

7. 迪: 저본과 진체본에는 '迪', 집성본에 '迪'으로 되어있다. '迪'은 '迪'의 이형자이다.

8. 이공(李公)이 앞서 서문을 단 '이잠(李潛)'인지 혹은 다른 인물인지 명확하지 않다.

9. 『관자명전』은 『관씨역전(關氏易傳)』을 지칭하는 것으로 보인다. 『관씨역전』에는 북위(北魏) 시기 관랑(關朗), 자는 자명(子明))이 짓고 당대(唐代) 조유[趙蕤, 자는 대빈(大賓)]가 주석했다고 쓰여 있다. 하지만 문헌 고찰을 통해 현재 『관자명전』은 북송 시기 완일[阮逸, 자는 천은(天隱)]의 위작이라 말해진다.

이 두 책을 얻었지만, 감히 내가 사사로이 소유할 수 없어서 이제 사람들에게 널리 배포하려고 하네. 더러 자획이 잘못된 것은 그대가 나를 위해 바른 정본을 만들어주시게"라고 하였다. 내가 다행히 조그만 견해가 있어 감히 사양하지 못하고, 아침저녁으로 이 책을 마주 대하였는데, 마치 상서로운 빛이 누추한 내 집에서 찬란히 빛나는 것 같았으니, 참으로 신령스러운 것이었다. 공은 그 전해진 것을 얻고 그 도를 행하였는가 하면 또 이것을 세상에 전하였다. 이는 장차 역학의 병통을 구원하여 역의 본지로 되돌리려 한 것이니, 어찌 칭송하지 않을 수 있겠는가. 공의 마음 씀이 어질도다.

> (남송 효종) 순희 기해년(1179) 3월 병인에
> 적공랑(迪功郎) 신무주(新婺州) 포강현(浦江縣)의 주부(主簿)
> 정준(程準)[10]이 위와 같이 삼가 쓰다.

---

10. 정준(程准)은 남송 시기 시인으로, 자는 평숙(平叔)이고 휴녕(休寧, 지금의 안휘성에 속함) 사람이다. 정치가, 사상가, 역학가인 정대창(程大昌, 1123~1195)의 맏아들로 문장으로 명성이 있었다. 순희(淳熙) 2년(1175)에 진사가 되었다. 이후 상숙현(常熟縣) 선교랑(宣教郎), 태평주(太平州) 통판(通判), 군기감승(軍器監丞) 등을 역임했다. 시 작품으로 「명원루(明遠樓)」, 「유제정산지방(留題頂山止方)」, 「수조가두(水調歌頭)」 등이 있다.

3. 대사유의 발문[跋]

五代李守貞[11]叛河中, 周太祖親征. 麻衣語趙韓王曰, "李侍中安得
久? 其城中有三天子氣." 末歲, 城陷. 時周世宗與宋朝太祖侍行.
錢宣靖[12]若水, 陳希夷每見, 以其神觀淸粹, 謂可學僊, 有昇擧之
分. 見之未精, 使麻衣決之. 麻衣云, "無僊骨, 但可作貴公卿耳."
夫以神僊與帝王之相, 豈可識哉? 麻衣一見決之, 則其識爲何如
也? 卽其識神僊·識帝王眼目以論易, 則其出於尋常萬一也, 固不
容於其言矣.

乾道元年冬十有一月初七日, 玉溪戴師愈孔文撰.

오대 시기 하중(河中)의 이수정(李守貞)[13]이 반란을 일으키자 (훗날) 후

---

11. 貞: 저본·진체본·집성본 모두 '正'으로 되어있다. 오대시기 하중(河中)에서 반
    란을 일으킨 인물은 '李守貞'이기에 바로잡았다.
12. 宣靖: 저본·진체본·집성본 모두 '文僖公'으로 되어있다. 『송사』, 「진단전」에는
    관련된 내용이 보이는데 여기서는 '宣靖'으로 되어 있다. '錢若水'의 시호가 '宣靖'
    이기에, 『송사』에 의거하여 바로잡았다.
13. 이수정(李守貞, ?~949)은 맹주(孟州) 하양(河陽, 지금의 하남성 맹주시) 사람
    이다. 오대십국 시기 후진(後晉)의 대신이다. 후한(後漢) 건립 이후에 하동절도사
    (河中節度使)로 임명되었다. 후한 은제(隱帝) 유승우(劉承佑) 때에 산서성에서 반
    란을 일으켜 스스로 진왕(秦王)을 자처했다. 건우(乾祐) 2년(949)에 추밀사(樞密

주(後周) 태조가 된 곽위(郭威)[14]가 직접 정벌하러 갔다. 마의도자가 한왕 조보(趙普)[15]에게 말했다. "시중 이수정이 어찌 오래가겠습니까? 그 성에는 세 명에게 천자의 기운이 있습니다." 한 해가 지나기 전에 성이 함락되었다.[16] (또 마의도자는) 주나라 세종 때에는 송나라 태조를 수행했다.[17] (또 다른 일화로서) 선정(宣靖) 전약수(錢若水)[18]에 대해, 진단이 매번 볼 때 그 맑고 순수함을 신기하게 살펴보고, 선도를 배워 신선이 되어 하늘로 승천할

使) 곽우(郭威)에게 패하여 스스로 분신했다.

14. 곽위(郭威, 904~954)는 오대 시기 후주(後周)의 제1대 황제(재위 951~954)이다. 후한의 은제(隱帝)가 시해되고 후한이 멸망하자, 951년에 즉위하여 후주를 건국했다.

15. 조보(趙普, 922~992)는 자는 칙평(則平)이며 북송 유주(幽州) 계현(薊縣) 사람이다. 후주(後周) 때 조광윤(趙匡胤)의 막료가 되어 장서기(掌書記)를 맡았고, 진교병변(陳橋兵變)을 꾸며 개국을 도왔다. 상서령(尚書令), 진정왕(真定王), 한왕(韓王) 등으로 추증되었다. 시호는 충헌(忠獻)이다.

16. 이 내용은 곽우가 새로운 나라인 후주를 일으켜 천자가 될 것을 마의도자가 예언한 것이라 할 수 있다. 천자의 기운이 있는 세 명은 유승우, 이수정, 곽위를 말한다. 당시는 후한 949년의 일로, 후한 은제(유승우) 시기에 하중의 이수정이 반란을 일으켜 스스로 진왕을 자처했다. 당시 추밀사(樞密使)로서 곽우가 그를 정벌했고, 곽우는 951년에 후주를 일으켜 태조가 되었다.

17. 이상의 내용은 송나라 증조(曾慥)의 『류설(類說)』 제27권, 「일사(逸史)」, '마의화상(麻衣和尚)', 주승비(朱勝非)의 『감주집(紺珠集)』 제5권, 「가화록(嘉話錄)」 등에도 수록되어 있다.

18. 전약수(錢若水, 960~1003)는 자는 담성(澹成) 혹은 장경(長卿)이며 송나라 하남 신안(新安) 사람이다. 태종 옹희(雍熙) 2년(985)에 진사가 되었고, 지제고(知制誥)와 한림학사(翰林學士), 지심관원(知審官院) 등을 역임했다. 『태종실록』을 편찬하고 『태조실록』을 중수(重修)했다. 시호는 선정(宣靖)이다.

수 있는 운명이 있다고 생각했다. 하지만 보는 바가 아직 정밀하지 못해 마의도자에게 이를 판별하게 하였다. 마의도자가 말했다. "신선이 되는 골상은 없고, 다만 높은 고관(高官)이 될 수 있을 뿐이다!"[19]

무릇 신선과 제왕의 상을 어찌 알 수 있겠는가? 하지만 마의도자는 한번 보고 이를 판별하니, 그 앎이 어떠한 것이겠는가? 신선을 알아보고 제왕을 알아보는 안목으로 역을 논하였으니, 그것이 보통의 평범함 속에서 나온 수만 가지 가운데 하나라는 그 말은 진실로 용납할 수 없다.

(남송 효종) 건도 원년(1165년) 겨울 11월 7일
옥계(玉溪) 공문(孔文) 대사유(戴師愈)가 쓰다.

---

19. 『宋人軼事彙編』제4권, 『陝西通志』제64권 등에 유사한 내용이 실려 있다. 이에 따르면, 전약수가 과거에 응시할 때 화산에서 진단과 노승을 만났다. 진단은 전약수가 선골(仙骨)이 있다고 하고 노승에게 살펴봐 줄 것을 청했는데, 노승은 신선은 될 수 없다고 말하고 급류에 용감하게 물러날 사람이라고 평가했다. 진단이 살펴봐 줄 것을 청한 노승은 바로 마의도자였다.

4. 장식의 발문[20]

南軒張子曰, 嗚呼! 此眞麻衣道者之書也. 其說獨本於羲皇之畫,
推乾坤之自然, 考卦脈之流動, 論反對變復之際, 深矣! 其自得者
歟! 希夷隱君, 實傳其學. 二公高視塵外, 皆有長往不來之願, 抑
列禦寇莊周之徒歟! 雖然, 槪以吾聖門之法, 則未也. 形而下者謂
之器, 或者有未察歟! 其說曰, "六十四卦, 惟乾與坤, 本之自然,
是名眞體." 又曰, "六子重卦, 乾坤雜氣, 悉是假合, 無有定實."
予則以爲六子重卦, 皆乾坤雜氣之妙用, 眞實自然, 非假合也. 希
夷述其說曰, "學者當於羲皇心地上馳騁, 無於周孔脚足下盤旋."
予則以爲學易者, 須於周孔脚足尋求, 然後羲皇心地上可得而識,
推此可槪見矣. 然其書之傳, 固非牽於文義, 鑿於私意者, 所可同
年而語也.

남헌 장식[21]이 말했다. 아! 이는 참으로 마의도자의 책이로다. 그 학설은 단

---

20. 마단림 『문헌통고』(1319), 제176권(『經籍考三』 수록)). 『문헌통고』에는 '跋' 글자
    가 없다. 내용상 발문에 해당하기에 역자들이 '장식의 발문'이라는 제목을 달았다.
21. 장식(張栻, 1133~1180)은 송나라 때 철학자로, 자는 경부(敬夫) 호는 남헌(南
    軒) 이름은 식(栻)이다. 남송 시기 도학의 대가로 호굉(胡宏)으로부터 학문을 익히

지 복희의 괘획에 근원을 두고, 건곤의 자연스러운 이치로 미루어가고 괘맥이 유동하는 바를 고찰하며, 반대와 대대 및 변함과 복귀함에 대해 논했으니, 심오하도다! 아마도 스스로 터득한 것일진저! 은자 진단은 진실로 마의도자의 학문을 전수받았다. 두 공의 높은 식견은 속세를 벗어나 모두 장대히 가서 오지 않는 염원이 있으니, 아마도 열자와 장자의 무리일 것이다! 비록 그렇다 할지라도 대체로 우리 성문의 법으로 하기에는 아닌 듯하다. 형(形) 이하의 것을 기(器)라 하니,[22] 어떤 것은 아직 살피지 못함이 있는 듯하다! 마의도자의 학설에서 "64괘 중에서 오직 건괘와 곤괘만이 자연에 근본을 두었으므로 '참된 체'라고 부른다"[23] 라고 말하고, 또 "육자와 중괘는 건괘·곤괘가 뒤섞인 기이다. 모두 임시로 합한 것으로 일정한 실체가 없다"[24]라고 말한다. 나는 여섯 중괘가 모두 건괘와 곤괘가 뒤섞인 기의 오묘한 작용이자 자연의 참된 실체로서 잠시 합해진 것이 아니라고 여긴다. 진단이 마의도자의 학설에 대해 서술하여 말했다. "배우는 자는 마땅히 복희의 마음자리로 나아가야 하며, 주공이나 공자의 발자국 아래서 배회하지 말라."[25] 나는 역을 배우는 이는 모름지기 주공과 공자의 발자국에서 살펴 구한 연후에 복희

고 그를 계승하여 호상학파(湖湘學派)의 영수가 되었다. 주희와 논쟁을 벌이며 그 학문에 많은 영향을 주었다. 저술로 『희안록(希顔綠)』, 『남헌역설(南軒易說)』 『수사언인(洙泗言仁)』, 『논어설(論語說)』, 『맹자설(孟子說)』 등이 있다. 주희가 1184년에 장식의 유고집인 『남헌집(南軒集)』을 편찬했다.

22. 『周易』, 「繫辭上傳」, "是故形而上者謂之道, 形而下者謂之器, 化而裁之謂之變, 推而行之謂之通, 擧而錯之天下之民謂之事業."에 나오는 말이다.

23. 『정역심법』 제20장 경문, "六十四卦, 唯乾與坤, 本之自然, 是名眞體."

24. 『정역심법』 제21장 경문, "六子重卦, 乾坤雜氣, 悉是假合, 無有定實."

25. 『정역심법』 제41장 주석, "學易者, 當於義皇心地中馳騁, 無於周孔言語下拘攣." 원문과 글자 상에 약간의 차이를 보인다.

의 마음자리를 알 수 있고, 이를 미루어 감으로써 역의 대강을 볼 수 있다고 생각한다. 그러나 이 책이 전하는 내용은 진실로 문장의 의미에 구애되거나 사사로운 뜻을 천착한 것이 아니니, (우리 성문의 법에) 함께 참여한 사람들이 말할 수 있는 것이다.

5. 주희의 『마의심역』 후서[麻衣心易書後]²⁶

『麻衣心易』頃歲嘗略見之, 固已疑其詞意凡近, 不類一二百年前文字. 今得黃君所傳細讀之, 益信所疑之不謬也. 如所謂"雷自天下而發, 山自天上而墜"之類, 皆無理之妄談. 所謂"一陽生於子月而應在卯月"之類, 乃術家之小數. 所謂"由破體煉之, 乃成全體", 則爐火之末技. 所謂"人間萬事, 悉是假合", 又佛者之幻語耳. 其他此比非一, 不容悉擧. 要必近年術數末流道聽塗說, 掇拾老佛醫卜諸說之陋者以成其書.

『마의심역』을 근년에 대략 살펴보았는데, 진실로 그 말과 뜻이 근래의 것으로 1~2백 년 전 문자의 부류가 아니라는 의심이 들었다. 이제 황군(黃君)이 전해준 것을 얻어 상세히 읽어보니 의심이 틀리지 않았음을 더욱 믿게 되었다. 예를 들어 "우레는 하늘 아래에서 발하고, 산은 하늘 위에서 떨어진다"²⁷라고 말하는 것들은 모두 이치가 없는 망령된 말이다. "일양이 자월(子月: 11월)에서 생하고 묘월(卯月: 2월)에서 응한다"²⁸라고 말하는 것들은 바로 술수가의 변변치 않은 술수이다. "깨어진 체를 단련하면 곧 순수한

---

26. 『회암선생주문공문집(晦庵先生朱文公文集)』 제81권에 수록
27. 『정역심법』 제1장 주석, "震得乾初爻, 故雷自天之下而發. 坎得中爻, 故月自天之中而運. 艮得上爻, 故山自天之上而墜也."
28. 『정역심법』 제1장 주석, "又六爻相應, 如一陽生於子月, 應在卯月. 二陽丑, 應在三月."

체가 이루어진다"[29]라는 말은 연단법의 말단의 기술이다. "인간의 모든 일은 모두 임시로 합한 것이다"[30]라는 말은 또한 불가의 미혹된 말일 뿐이다. 기타 이러한 것들이 빈번하여 한둘이 아니어서 모두 거론할 수 없다. 요컨대 필시 근래 술수가의 말단 유파가 길에서 듣고 말하면서 도가·불가·의가·점술가 등의 여러 설의 비루한 내용을 주워 모아 이 책을 완성했을 것이다.

而其所以託名於此人者, 則以近世言象數者必宗邵氏, 而邵氏之學出於希夷. 於是又求希夷之所敬, 得所謂麻衣者而託之. 以爲若是, 則凡出於邵氏之流者莫敢議己, 而不自知其說之陋, 不足以自附於陳邵之間也. 夫麻衣, 方外之士, 其學固不純於聖賢之意. 然其爲希夷所敬如此, 則其爲說亦必有奇絶過人者, 豈其若是之庸瑣哉?

그 책이 이 '마의'라는 인물에 이름을 가탁한 까닭은 다음과 같다. 근래 상수를 말하는 이들은 반드시 소옹을 종주로 삼는데, 소옹의 학문은 진단에게서 나왔다. 이 때문에 또 진단이 공경한 이를 구하여 '마의'라고 불리는 이를 얻어 그에게 가탁한 것이다. 이처럼 생각하면 무릇 소옹 유파에서 나온 이들이 감히 자신의 논의를 주장하지 못하고 스스로 그 설의 비루함을 알지 못한 것이니, 자신을 진단과 소옹 틈새에 의탁하기에 부족하다. 마의는 방외(方外)의 선비로 그 학문이 진실로 성현의 뜻에 비해 순수하지 못하다. 그렇지만 그는 진단이 이처럼 공경한 사람이었다. 그런즉 그의 설이 또한 반드시 보통 사람을 뛰어넘는 기이함이 있을 것인데, 어찌 그 설이 이처럼 어리석고

---

29. 『정역심법』 제11장 주석, "由是, 六子, 非聖賢比, 特衆人與萬物而已. 然由破體煉之, 純體乃成."

30. 『정역심법』 제21장 주석, "以是知人間萬事, 悉是假合陰陽一氣, 但有虛幻, 無有定實也."

하찮겠는가?

且五代國初時人文字言語質厚沈實, 與今不同. 此書所謂'落處'·'活法'·'心地'等語, 皆出近年, 且復不成文理. 計其僞作不過四五十年間事耳. 然予前所見本有張敬夫題字, 猶摘其所謂"當於羲皇心地上馳騁, 莫於周孔脚跡下盤旋"者. 而與之辨是亦徒費於辭矣. 此直無理, 不足深議, 但當摘其謬妄之實而掊擊之耳.

淳熙丁酉冬十一月五日書.

또 오대(五代)와 송나라 초기 사람들의 문자와 언어는 질박하고 침착하여 지금과 달랐다. 이 책에서 말하는 '낙처(落處)'·'활법(活法)'·'심지(心地)' 등의 단어는 모두 근래에 나온 것이고, 게다가 문리에도 맞지 않는다. 이 위작을 만든 것은 불과 사오십 년 사이의 일이라고 생각한다. 내가 이전에 보았던 판본에는 장식의 제자(題字)가 있는데, 여기서는 오히려 "마땅히 복희의 마음자리로 나아가야 하며, 주공이나 공자의 발자국 아래서 배회하지 말라"[31]라는 (『정역심법』의) 구절을 따다 썼다. 그와 더불어 논변하는 것은 또한 단지 말을 낭비하는 일이다. 이는 바로 이치가 없어 깊이 의논하기에 부족하니, 단지 그 그릇되고 허망한 핵심만을 마땅히 지적하여 배격할 뿐이다.

(남송 효종) 순희 정유년(1177) 겨울 11월 5일 쓰다.

---

31. 원문은 『정역심법』, 제41장 주석, "學易者, 當於羲皇心地中馳騁, 無於周孔言語下拘攣."이고, 장식이 인용한 글은 "學者當於羲皇心地上馳騁, 無於周孔脚足下盤旋."이다. 원문과 장식·주희의 인용문은 모두 글자 차이가 조금 있다.

6. 주희의『마의역설』재발문[麻衣易說再跋後]³²

予旣爲此說, 後二年, 假守南康. 始至, 有前湘陰主簿戴師愈者來謁, 老且憊, 使其婿自掖而前. 坐語未久, 卽及『麻衣易說』. 其言暗澀, 殊無倫次. 問其師傳所自, 則曰得之隱者. 問隱者誰氏, 則曰彼不欲世人知其姓名, 不敢言也.

내가『마의역설』후서를 쓰고 나서 2년 뒤에 잠시 남강 군수를 지냈다. 처음 여기에 이르렀을 때 이전의 상음(湘陰) 주부(主簿) 대사유(戴師愈)라는 사람이 찾아와 보자고 했는데, 몸이 노쇠하고 또 쭈그러들어 그 사위가 자신을 부축하게 해서 왔다. 앉아서 이야기한 지 얼마 되지 않아 곧『마의역설』을 얘기했다. 그 말이 분명치 않고 더듬으며 전혀 차례나 조리가 없었다. 그에게 전해 준 스승의 유래를 묻자 은자에게 얻었다고 했다. 은자가 누구인지 물어보자, 그 은자는 세상 사람들에게 자신의 성명을 알리고 싶어 하지 않기 때문에 감히 말할 수 없다고 했다.

旣復問之邦人, 則皆曰書獨出戴氏, 莫有知其所自來者. 予省前語, 雖益疑之, 然亦不記前已見其姓名也. 後至其家, 因復扣之, 則曰"學易而不知此, 則不明卦畫之妙而其用差矣." 予問"所差謂

32.『회암선생주문공문집(晦庵先生朱文公文集)』제81권에 수록

何?"則曰, "坎兌皆水而卦畫不同, 若煮藥者不察而誤用之, 則失其性矣." 予了其妄, 因不復問. 而見其几間有所著雜書一編, 取而讀之, 則其詞語氣象宛然『麻衣易』也. 其間雜論細事, 亦多有不得其說, 而公爲附託以欺人者. 予以是始疑前時所料三五十年以來人者, 卽是此老.

얼마 뒤에 다시 지방 사람들에게 물어보니 모두 『마의역설』이 단지 대사유에게서 나왔다고 하고 그 책이 어디에서 유래했는지 알지 못했다. 나는 이전의 말들을 살펴보고 비록 더욱더 의심스러웠지만, 또한 이전에 이미 보았던 그 성명을 기억하진 못했다. 그 뒤 그의 집에 이르렀을 때 다시 물어보니, 그는 "역을 배워도 이를 알지 못하면 괘획의 오묘함에 밝지 못해서 그 쓰임이 어긋난다."라고 했다. 내가 "어긋난다는 것은 무엇을 말합니까?"라고 물으니, "감괘와 태괘는 모두 물이지만 괘획이 다르니, 만일 약을 다리는 사람이 살피지 않고 이를 잘못 사용하면 그 본성을 잃게 된다."라고 했다. 나는 그 망령됨을 깨닫고 이 때문에 다시는 질문하지 않았다. 그리고 그의 안석 사이에 잡서 한 편을 저술한 것이 있어 이를 얻어 읽어보았는데, 그 문장 표현의 기상이 마치 『마의역설』 같았다. 책 속에서 자질구레한 사항들을 잡다하게 논하고 있었는데, 이 또한 대부분 합당한 설을 얻지 못하고, 공공연히 부회하고 가탁하여 사람들을 속이는 것이었다. 나는 비로소 예전에 3~5십 년 이래 사람으로 생각했던 『마의역설』 위작자가 바로 이 노인이라고 의심하기 시작했다.

旣歸, 亟取觀之, 則最後跋語固其所爲, 而一書四人之文, 體制規模乃出一手. 然後始益深信所疑之不妄. 然是時戴病已昏, 不久卽死, 遂不復可窮詰. 獨得其『易圖』數卷閱之, 又皆鄙陋瑣碎, 穿穴無稽, 如小兒嬉戲之爲者. 欲以其事馳報敬夫, 則敬夫亦已下世. 因以書語呂伯恭曰, "吾病廢有年, 乃復爲吏. 然不爲他郡而獨來此, 豈天固疾此書之妄, 而欲使我親究其實耶!" 時當塗守李壽翁侍郎雅好此書, 伯恭因以予言告之. 李丞以書來日, "卽如君言, 斯人而能爲此書, 亦吾所願見也. 幸爲津致, 使其一來." 予適以所見聞報之. 而李已得謝西歸, 遂不復出, 不知竟以予言爲如何也.

돌아오고 나서 곧장 꺼내 살펴보니, 책 마지막의 발어는 본디 그가 쓴 것인데, 책 속의 네 명의 글이[33] 체제와 규모가 바로 한 사람 손에서 나온 것이었다. 그 뒤에 비로소 내가 의심한 바가 망령되지 않았음을 더욱 믿게 되었다. 하지만 이때 대사유의 병세는 이미 깊어 얼마 되지 않아 사망하여 마침내 다시는 추궁할 수 없었다. 단지 그의 『역도』몇 권을 얻어 열람해보니 역시 모두 비루하고 자질구레하여 깊이 연구해서 헤아릴만한 것이 없음이 마치 어린아이가 장난으로 만든 것 같았다. 이 사실을 장식에게 급히 알리고 싶었지만, 장식 역시 이미 세상을 떠났다. 이 때문에 여조겸에게 편지를 보내어 말했다. "내가 병으로 몸을 제대로 쓰지 못한지 여러 해인데 다시 관리가 되었소. 그런데 다른 군도 아니고 유독 여기에 온 것은 아마도 하늘이 진실로 이 책의 망령됨을 미워하여 나에게 직접 그 사실을 규명하게 하고자 함일 것이오!" 당시에 당도(當塗) 태수 이춘(李椿)[34] 시랑이 이 책을 매우 좋아했다.

33. 주희가 이춘(李椿)에게 보낸 「답이수옹」에 따르면 네 명은 진(陳)·이(李)·대(戴)·왕(汪)씨다. 『회암집(晦庵集)』제37권, 「답이수옹(答李壽翁)」, "但今考其書, 則自麻衣本文及陳·李·戴·汪題四家之文如出一手, 此亦其同出戴氏之一驗." 다만 이 글들이 서문 혹은 발문만을 뜻하는 것인지 주석까지 포함하는 것이지는 명확하지 않다. 진씨·이씨·대씨·왕씨 네 사람의 제문("陳·李·戴·汪題四家之文")은 『문공역설(文公易說)』권十七, "진이대주제사가지문(陳李戴註題四家之文)"과 같이 문헌에 따라 '진(陳)·이(李)·대(戴)씨의 주석과 제문'으로 되어 있는 경우도 있다.

34. 이춘(李椿, 1111~1183): 자는 수옹(壽翁)이며 송나라 명주(洺州) 영년(永年) 사람이다. 이수옹은 『주역』을 연구한 사람으로 마의도자의 『정역심법』을 좋아했던

이 때문에 여조겸이 나의 말을 그에게 알려주었다. 이춘이 곧장 편지를 보내 말하였다. "당신의 말과 같다면 이 사람이 능히 이러한 책을 쓴 것을 나 역시 보기를 원하는 바이오. 다행히 나루터에 이르렀으니 그 가운데 하나를 가져오게 해 주시오." 내가 우연히 보고 들은 바를 그에게 알려주었다. 이춘은 이미 벼슬을 그만두고 서쪽으로 돌아가 마침내 다시는 나오지 않으니, 내 말을 어떻게 생각하는지 끝내 알 수 없다.

淳熙丁未初夏四日, 病中間閱舊書, 念壽翁 · 敬夫 · 伯恭皆不可復見. 因并記此曲折, 以附其後, 使覽者知予之論所以不同於二君子者, 非苟然也.

순희 정미년(1187) 초여름 4일, 병환 중에 잠시 옛책을 열람하다가 이춘, 장식, 여조겸을 모두 다시 볼 수 없음을 생각한다. 이 때문에 아울러 이러한 곡절을 기록하여 그 뒤에 덧붙인다. 이는 열람하는 사람이 나의 논의가 이춘, 장식 두 군자와 같지 않은 까닭을 알게 하려는 것이지 구차해서 그런 것이 아니다.

🌿 해설

장식의 글은 『정역심법』을 읽고 쓴 후서 혹은 발문 형태의 글이다. 여기서 그는 주공과 공자의 '사(辭)' 전통을 벗어나 복희의 마음자리

것으로 보인다. 『회암집(晦庵集)』의 제37권에 주희가 이춘에게 보낸 편지인 「답이수옹(答李壽翁)」이, 제82권에 이춘의 유묵에 대한 발문인 「발이수옹유묵(跋李壽翁遺墨)」이 수록되어 있다.

에 곧장 나아가라는『정역심법』의 시각을 비판하면서 '사'를 통해 복희의 마음자리를 알 수 있고 이를 통해 역의 근본원리를 살필 수 있다고 말한다. 이는 유학자로서 오경의 하나인『주역』의 '사'를 강조하는 시각을 드러낸 것이다. 하지만 장식은 비판적 입장을 보이면서도『정역심법』이 진실로 마의도자의 책이란 것을 인정하고, 그 내용 역시 유학자들이 말할 수 있는 것이라고 본다. 참고로 이 글은 주희가 1184년에 편찬한 장식의 유고집『남헌집(南軒集)』에는 수록되어 있지 않다. 이는 장식과 달리『정역심법』을 대사유의 위작으로 보았던 주희의 입장이 반영되었을 가능성이 있다.

『정역심법』과 관련된 주희의『서마의심역후』는 순희 4년(정유, 1177년, 48세) 11월, 그리고『재발마의역설후』는 순희 14년(정미, 1187년, 58세) 초여름에 쓴 글이다.

주희는 정유년(1177)에 쓴『서마의심역후』와 정미년(1187)에 쓴『재발마의역설후』에서『정역심법』이 진단 스승의 글로 여기기에는 비루하고, 이 책에 쓰인 일부 용어는 남송 초의 것으로 문리에 맞지 않으며, 해당 지방 사람들이『정역심법』을 대사유로부터 나왔다고 여기고 있고, 대사유의 글이『정역심법』과 매우 유사하다는 내용을 바탕으로『정역심법』이 대사유의 위작임을 주장한다.[35] 그리고 여조겸을 통해 자신의 시각을 역학에 밝으면서『정역심법』을 좋아하던 이춘에

35.『정역심법』을 대사유의 위작으로 보는 주희의 위작설과 관련한 상세한 분석과 비판은『해제』참고.

게 전달했다. 마지막에서 주희는 구차한 변명을 위해 재발문을 지은 것이 아니라, 장식과 이춘을 생각하면서 자신의 시각이 그들과 다른 이유를 밝히기 위해 지었다고 말하고 있다.

주희가 재발문에서 언급하고 있는 이춘은 역학에 밝은 유학자로서 『정역심법』을 매우 좋아했던 인물로 보인다. 이춘과 관련하여 『회암집(晦庵集)』제37권에 주희가 이춘에게 보낸 편지인 『답이수옹(答李壽翁)』이, 제82권에 이춘의 유묵에 대한 발문인 『발이수옹유묵(跋李壽翁遺墨)』이 수록되어 있다. 여기서 주희가 경자년(庚子, 1180) 가을에 이춘에게 보낸 편지인 『답이수옹』에는 재발문과 유사한 내용이 수록되어 있다. 이외 『회암집』제71권, 『우독만기(偶讀謾記)』와 『주자어류(朱子語類)』제67권, 『역3(易三)』, 제169~174조목에도 관련된 내용이 수록되어 있다. 『발이수옹유묵』을 살펴보면, 이춘은 역학을 심도 있게 공부한 유학자로서 주희가 상당히 예우한 인물임을 알 수 있다. 그런데 그는 『정역심법』을 좋아하여 건도(乾道, 1165~1173) 연간에 당도(當塗)에서 이 책을 간행한 바 있다.[36] 이 때문에 주희는 여조겸을 통해 이춘에게 대사유를 만난 정황을 설명하고 『정역심법』이 대사유의 위작이라는 시각을 밝힌 것으로 보인다.

---

36. 호일계(胡一桂)의 『주역계몽익전』에 관련 기록이 보인다. 『易學啓蒙翼傳・中篇』, 「宋・麻衣道正易心法」 "四十二章, 章四句, 句四言, 題希夷先生受幷消息. 李壽翁, 刊於當塗, 乾道間."

6. 진단의 「용도」 서문[龍圖序]

　　진단은 역학과 관련하여 『역용도』를 저술했다고 전해진다.[37] 『역용도』
는 『정역심법』과 함께 진단의 역학사상을 살필 수 있는 중요한 자료이
지만 현재는 일실되어 그 전모를 알 수 없다. 다만 『역용도』의 서문인
「용도서」가 남송 때 여조겸(呂祖謙)이 편찬한 『송문감(宋文鑑)』[38](卷
第八十五), 원나라 때 장리(張理)의 『역상도설(易象圖說)』(內篇, 卷
上), 호일계(胡一桂)의 『주역계몽익전(易學啓蒙翼傳)』(中篇), 명나라
때 주복준(周復俊)의 『전촉예문지(全蜀藝文志)』(卷三十一) 등 송·
원·명 시기 문헌에 상당수 수록되어 있다. 『역용도』의 역학 사상은
이러한 문헌에 수록된 「용도서」를 통해 그 내용 일부를 살필 수 있다.
　　본 번역서에서는 황제의 명에 의해 편찬된 북송 시기 시문선집인 『송
문감』(『사부총간』본) 수록본을 저본으로 삼고, 『역상도설』·『주역계몽

---

37. 송나라 정초(鄭樵)의 『通志』 제63권, 「藝文略第一·經類第一」에 "『龍圖』, 一卷",
　　『中興書目』에 "易龍圖, 一卷, 本朝處士陳摶撰", 우무(尤袤)의 『遂初堂書目』, 「周易
　　類」에서 "易龍圖" 등이 기록되어 있다.
38. 『송문감』은 남송의 여조겸(1137~1181)이 편찬한 북송 시대 시문선집으로 북송
　　시대의 문학을 알 수 있는 중요한 자료이다. 효종(孝宗)의 칙명에 따라 1177년에
　　착수하여 1179년에 완성하고, 『황조문감(皇朝文鑑)』이라는 이름을 하사받았다.

익전」·『전촉예문지』 수록본(모두 『사고전서』본)을 대조본으로 삼았다. 「용도서」 판본에 따라 주석(이하【 】로 표시) 유무의 차이가 있는데, 이 주석이 누구의 것인지는 명확하지 않다. 저본에는 주석이 있고, 대조본의 경우 『주역계몽익전』 수록본(이하 '익전본')에는 첫 번째 주석만 빠져있고 나머지는 대체로 저본과 동일하다. 『역상도설』 수록본(이하 '역상본')은 저본과 같은 주석은 없으며 일부 내용에 '본주(本注)'가 달려있다. 『전촉예문지』 수록본(이하 '전촉본')에는 주석이 없다.

「용도」 서문[龍圖序]

진단(陳摶)

且夫龍馬始負圖, 出於羲皇之代, 在太古之先也. 今存已合之位, 或^{39}疑之, 況更陳其未合之數耶^{40}? 然則何以知之?

무릇 용마가 처음 짊어지고 나온 그림은 복희 시대에 나온 것으로 매우 오래전에 있었다. 지금 존재하는 '이미 합해진 자리[已合之位]'도 의심스러운 것이 있는데, 하물며 그것이 '아직 합해지기 이전의 수[未合之數]'를 펼친 것에서랴! 그렇다면 어떻게 그것을 알 수 있는가?

---

39. 或: 역상본에는 '尚'으로 되어있다.
40. 耶: 역상본에는 '邪'로 되어있다.

答曰, 於仲尼[41]三陳九卦之義, 探其旨, 所以知之也.【九卦, 謂履謙復恒損益困井巽之九卦也.】[42] 況夫天之垂象, 的如貫珠, 少有差, 則不成次序矣. 故自一至於盈萬, 皆累 [43]累然, 如係[44]之於[45]縷也. 且若[46]龍圖本[47]合, 則聖人不得見其象, 所以天意先未合而[48]形其象, 聖人觀象而明其用. 是龍圖者, 天散而示之, 伏羲合而用之, 仲尼黙而形之.

대답한다. 공자께서 세 번에 걸쳐 아홉 괘의 뜻을 펼쳐 그 뜻을 탐구하였기 때문에 알 수 있다.【아홉 괘란 리괘, 겸괘, 복괘, 항괘, 손괘, 익괘, 곤괘, 정괘, 손괘 등 아홉 괘를 말한다.】 더구나 하늘이 상(象)을 드리움은 구슬을 꿴 것처럼 분명하니, 약간의 차이라도 있었으면 순서를 이룰 수 없었을 것이다. 그래서 하나에서 만 가지에 이르기까지 모두 거듭 이어진 상태가 실 가닥에 매어놓은 것 같다. 만일「용도」가 본래 합해진 상태였다면 성인은 그 상을 보지 못했을 것이다. 그래서 하늘은 먼저 합하지 않고 그 상을 드러내어 성

---

41. 仲尼: 역상본에는 '夫子'로 되어있다.

42. 익전본의 주석은 대체로 저본과 동일한데, 이 주석만 빠져있다.

43. 累: 역상본에는 빠져있다.

44. 係: 익전본 · 전촉본에는 '絲'로 되어있다.

45. 於: 익전본에는 빠져있다.

46. 若: 익전본 · 전촉본에는 '夫'로 되어있다.

47. 本: 역상본에는 '便'으로 되어있다.

48. 而: 저본에는 '其'로 되어있지만, 역상본 · 익전본 · 전촉본 모두 '而'로 되어있다. 맥락상 '而'가 합당하기에, 대조본을 따랐다.

인이 상을 살펴 그 작용을 밝히게 하도록 한 것이다. 이 「용도」는
하늘이 흩트려 보여주었고, 복희가 이를 합하여 사용했으며, 공자
가 그것을 묵묵히 드러낸 것이다.

始龍圖之未合也, 惟五十五數. 上二十五, 天數也. 中貫
三五九, 外包之十五, 盡天三天五天九并十五[49]之用[50].
後形一六無位【上位去一, 下位去六】, 又顯二十四之爲
用也. 玆所謂"天垂象"矣. 下三十, 地數也. 亦分五位【五
位[51], 言四方中央也】, 皆明五之用也.【上位形五, 下位形
六】十分而爲六【五位六五三十數也】, 形坤[52]之象焉.【坤
用六也.】

(첫 번째 '미합지수' 상태)[53] 처음에 용도가 아직 합해지지 않은 때
에는 55수만 있었다. (그림에서) 위는 25로서 하늘의 수[天數]이다.
(천수 그림은) 가운데로는 3·5·9를 꿰고 바깥으로는 15를 감싸서,
천3·천5·천9와 15의 작용을 온전히 하고 있다. 뒤이어 1·6은 자리
가 없음을 나타내는데【위의 자리에서는 1을 제거하고, 아래 자리에
서는 6을 제거한다】, 또한 24기가 작용함을 드러낸 것이다. 이것이

---

49. 十五: 익전본·전촉본에는 '五十'으로 되어있다.

50. 用: 역상본에는 '位'로 되어있다.

51. 五位: 익전본에는 빠져있다.

52. 坤: 역상본·익전본·전촉본에는 '地'로 되어있다.

53. 괄호의 내용은 「용도서」의 내용을 이해하기 위해 편의상 역자가 삽입한 것이다.
이하 모두 동일하다.

이른바 "하늘이 상을 드리운다"[54]라는 것이다. 아래는 30으로 땅의 수[地數]이다. 이 역시 다섯 자리로 구분되는데【다섯 자리는 동서남북 사방과 중앙을 말한다】, 모두 5의 작용을 밝힌 것이다.【위의 (다섯) 자리에서는 5를 드러내었고, 아래 (다섯) 자리에서는 6을 드러내었다】 (지수인) 30[55]이 나뉘어 6이 되는데【다섯 자리에 6이 다섯 개로 30수이다】, 이는 땅인 곤괘의 상을 드러낸 것이다.【곤괘는 6을 쓴다.】

六分而幾[56]四象【成七九八六之四象[57]】, 地六不配.【謂中央六也. 一分在南邊六, 幾少陽七. 二分在東邊六, 幾少陰八. 三分在西邊六, 幾老陽九. 惟在北邊六, 便成老陰數, 更無外數添也[58].】 在上則一不用[59], 形二十四. 在下則六不用, 亦形二十四.【上位中心, 去其一, 見二十四. 下位中心, 去其六, 亦見二十四. 以一歲三百六旬, 周於二十四氣也, 故陰陽進退, 皆用二十四.】

---

54. 『周易』, 「繫辭上傳」, "是故天生神物, 聖人則之. 天地變化, 聖人效之. 天垂象, 見吉凶, 聖人象之. 河出圖, 洛出書, 聖人則之."에 보인다.

55. 저본과 대조본 원문은 '十'이다. 하지만 이 구절의 주석과 문맥을 고려할 때 땅의 수인 '30'이 되어야 마땅하다. '三'이 탈락된 것으로 추정된다. 번역에서는 '30'으로 풀이하였다.

56. 幾: 역상본에는 '成'으로 되어있다.

57. 四象: 익전본에는 '象也'로 되어있다.

58. 也: 익전본에는 이 뒤에 "所謂不配也"가 있다.

59. 用: 역상본에는 '配'로 되어있다.

(두 번째 '이합지위' 상태) (지수의 가운데) 6이 나뉘어 사상 【7·9·8·6의 사상】을 이루는데[60], (북쪽의) 지6은 배합되지 않는다.【(나뉘는 6은) 중앙의 6을 말한다. 1은 남쪽 6의 자리로 분포되어 소양 7을 이룬다. 2는 동쪽 6의 자리로 분포되어 소음 8을 이룬다. 3은 서쪽 6의 자리로 분포되어 노양 9를 이룬다. 오직 북쪽 자리의 6은 곧장 노음의 수를 이루기에 다시 그 밖의 수를 첨가함이 없다. (이것이 "배합되지 않는다"라는 말이다.)[61]】 위(의 천수)에서는 1을 사용하지 않는데, 이는 24를 드러낸 것이다. 아래(의 지수 30)에서는 6을 사용하지 않는데, 이 역시 24를 드러낸 것이다.【위 (천수) 자리의 중심에서 1을 제거하니, 24를 드러낸 것이다. 아래 (지수) 자리의 중심에서 6을 제거하니, 이 역시 24를 드러낸 것이다. 한 해 360일 동안 24절기를 두루 돌기 때문에 음양이 나아가고 물러남은 모두 24를 사용한다.】

後旣合也, 天一居上爲道之宗, 地六居下爲氣[62]之本.【一六上下覆載之中, 運[63]四十九之數, 爲造化之用也.】天[64]三幹[65], 地二地四爲之用.【此更明九六之用, 謂

---

60. '幾'는 역상본과 주석 내용에 따라 '成'으로 풀이하였다.

61. 이는 익전본에 추가된 내용으로, '地六不配'에 대해 해설한 것이다.

62. 氣: 역상본에는 '器'로 되어있다.

63. 運: 역상본에는 '進'으로 되어있다.

64. 天: 역상본에는 빠져있다.

65. 幹: 역상본·익전본·전촉본에는 '斡'으로 되어있다.

天三統地二地[66]四, 幾九爲乾元之用也. 九斡[67]五行, 幾
數四十, 是謂"大衍之數五十, 其用四十有九"也.】[68] 三
若在陽則避孤陰, 在陰則避寡陽.【成八卦者, 三位也, 謂
一三五之三位. 二與四只兩位. 兩位則不成卦體, 是無中
正不爲用也. 二與四在陽, 則爲孤陰, 四二是也. 在陰則
爲寡陽, 七九是也. 三皆不處之, 若避之也.】[69]

(마지막 상태) 뒤이어서는 이미 합한 때로, 천1이 위에 자리하여 도
의 조종이 되고, 지6이 아래에 자리하여 기의 근본이 된다.【1과 6
이 오르고 내려가 (하늘은) 덮어주고 (땅은) 실어주는 과정을 통해
49의 수가 운행되어 조화의 작용을 이룬다.】천3은 주관하고, 지2·
지4는 그 쓰임이 된다.【이는 9·6의 작용을 다시 밝힌 것으로, 천3
이 지2·지4를 총괄하여 9를 이루어 건원의 작용이 됨을 말한 것
이다. 9가 오행을 주관하여 40수를 이루는데, 이것이 바로 "대연의
수는 50으로 사용되는 것은 49이다"[70]라는 말이다.】[71] 세 수가 만

---

66. 地: 익전본에는 '定'으로 되어있다.

67. 九斡: 익전본에는 '凡斡'으로 되어있다.

68. 역상본에는 여기에 다음의 주석이 달려있다. "本注, 參一三乂天數合九, 乾元用
九也. 兩二四地數合六, 坤元用六也."

69. 역상본에는 여기에 다음의 주석이 달려있다. "本注, 成八卦者, 三位也. 上則
一三五爲三位, 二四無中正不能成卦爲孤陰. 下則六八十爲三位, 七九無中正不能
成卦爲寡陽. 三皆不處若避之也."

70. 『周易』「繫辭上傳」, "大衍之數五十, 其用四十有九."에 보인다.

71. 역상본 주석 번역은 이렇다. "본주는 다음과 같다. 삼은 1·3·5 천수로 합하여 9
가 되니, 건원은 9를 쓴다. 양은 2·4 지수로 합하여 6이 되니, 곤원은 6을 쓴다."

일 양에 있으면 고음(孤陰)을 피하고, 음에 있으면 과양(寡陽)을 피한다.【8괘를 이루는 것은 세 자리이니, (생수에서) 1·3·5 세 자리를 말한다. 2·4는 단지 두 자리이다. 두 자리로는 (3효의) 괘체를 이루지 못하니, (3효의 중효인) 중정(中正)이 없어 쓰임이 되지 못하기 때문이다. 2와 4가 양에 있으면 고음이 되니, 4와 2가 이것이다. 음에 있으면 과양이 되니, 7과 9가 이것이다. 3은 모두 취하지 않으니 그것을 피하는 것이다.】[72]

大矣哉! 龍圖之變, 歧分萬塗[73]. 今略述其梗槪焉.[74]

크도다, 용도의 변화여! 갈래가 온갖 길로 나뉘는구나. 지금 그 대강만을 간략히 서술했다.

🕊️ 해설

진단의 『역용도』는 일실되어 그 전모를 알 수 없다. 하지만 「용도서」를 통해 내용 일부를 살필 수 있다. 「용도서」에서 진단은 「용도」와 관

---

72. 역상본 주석 번역은 다음과 같다. "본주는 다음과 같다. 8괘를 이루는 것은 세 자리다. (천지지수) 위에서는 1·3·5가 세 자리가 되고, 2·4는 중정하지 않아 괘를 이룰 수 없어 고음이 된다. 아래에서는 6·8·10이 세 자리가 되고, 7·9는 중정하지 않아 괘를 이룰 수 없어 과양이 된다. 셋은 모두 처하지 않고 마치 피하는 것 같다."

73. 塗: 역상본, 익전본에는 '途'로 되어있다.

74. 焉: 전촉본에는 이 뒤에 "西蜀崇龕陳摶序"가 있다.

련하여 크게 세 단계의 그림이 있음을 말한다. 먼저 하늘이 수를 합하지 않고 그 상을 드러낸 것으로, 천지의 수가 아직 합해지기 이전의 수인 '미합지수(未合之數)' 도상이다. 다음으로 복희가 하늘이 드러낸 상을 보고 만든 것으로, 천지의 수의 자리가 이미 합해진 '이합지위(已合之位)' 도상이다. 마지막 단계는 공자가 복희의 그림을 묵묵히 드러낸 「용도」이다. 진단은 9개 괘의 덕을 세 번에 걸쳐 서술한 '삼진구괘(三陳九卦)'설을 통해 「용도」가 세 단계를 통해 이루어졌음을 알 수 있다고 본다. '삼진구괘'설은 『주역』, 「계사전」에서 성인이 역을 지은 것이 우환에 대처하기 위한 것임을 밝히면서 리(履)ㆍ겸(謙)ㆍ복(復)ㆍ항(恒)ㆍ손(損)ㆍ익(益)ㆍ곤(困)ㆍ정(井)ㆍ손(巽) 9개의 괘의 덕성을 세 번에 걸쳐서 진술한 것을 말한다.[75]

　남송 시기 『육경도(六經圖)』(『사고전서』본), 『주역도(周易圖)』(『도장』본), 『대역상수구심도(大易象數鉤深圖)』(『사고전서』본), 원나라 때 장리(張理)[76]의 『역상도설』 등에 진단이 말한 '삼진구괘(三陳九卦)'

---

75. 『周易』, 「繫辭下傳」, 7章, "易之興也, 其於中古乎! 作易者, 其有憂患乎! 是故, 履, 德之基也. 謙, 德之柄也. 復, 德之本也. 恒, 德之固也. 損, 德之修也. 益, 德之裕也. 困, 德之辨也. 井, 德之地也. 巽, 德之制也. 履, 和而至, 謙, 尊而光, 復, 小而辨於物, 恒, 雜而不厭, 損, 先難而後易, 益, 長裕而不設, 困, 窮而通, 井, 居其所而遷, 巽, 稱而隱. 履以和行, 謙以制禮, 復以自知, 恒以一德, 損以遠害, 益以興利, 困以寡怨, 井以辨義, 巽以行權."

76. 장리(張理, ?~?): 자는 중순(仲純)이며, 원나라 청강(淸江, 지금의 江西 淸江) 사람이다. 역학관련 저술인 『역상도설(易象圖說)』을 지었다. 『역상도설』은 명대

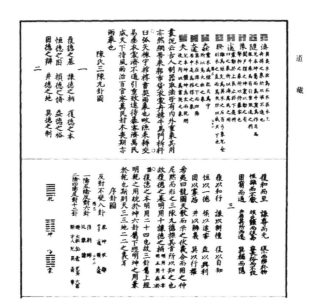

道藏

陳氏三陳九卦圖

『주역도』,「진씨삼진구괘도」

欽定四庫全書

仲尼默示三陳九卦

其梗槩焉

復德之基　次八
謙德之柄　次九
復德之本　次十
恆德之固　次十一
損德之修　次十二
困德之辨　井德之地
巽德之制

『역상도설』,「중니묵시삼진구괘」

설 내용을 수록하고 있어, 이 설이 진단의 『역용도』 역학 사상의 하나로 여겨졌음을 보여준다.

진단은 삼진구괘설을 통해 「용도」가 형성된 세 단계를 말했는데, 『역용도』가 이미 일실되었기에 그가 말한 도상이 어떤 그림인지는 명확하지 않다. 그런데 원나라 때 장리는 『역상도설』에서 진단의 「용도서」와 관련하여 「중니묵시삼진구괘(仲尼黙示三陳九卦)」 외에 「용도천지미합지수(龍圖天地未合之數)」, 「용노천지이합지위(龍圖天地已合之位)」, 「용도천지생성지수(龍圖天地生成之數)」, 「낙서천지교오지수(洛書天地交午之數)」, 「낙서종횡십오지상(洛書縱橫十五之象)」 등의 도상과 도설을 수록하여 관련 내용을 제시하고 있다.

장리가 수록한 그림들이 진단이 전한 「용도」인지 여부는 확실치 않다. 다만 장리가 진단의 「용도서」를 인용하고 그 뒤에 관련된 도상과 도설을 수록하고 있어, 그가 진단 역학사상을 중시하여 『역용도』 관련 내용을 수록하였음을 알 수 있다. 더불어 위 그림에서 '용도' 용어가 붙은 「용도천지미합지수」, 「용도천지이합지위」, 「용도천지생성지수」

『정통도장』(『洞眞部 · 靈圖類』)과 청대 『사고전서』(子部, 術數類)에 수록되어 있다. 『정통도장』과 『사고전서』 모두 『역상도설내편(易象圖說內篇)』 3권과 『역상도설외편(易象圖說外篇)』 3권으로 되어있다. 작자에 대해 『정통도장』에는 "청강후학장리중순술(淸江後學張理仲純述)", 『사고전서』에는 "원장리찬(元張理撰)"라고 쓰여있으며, 서문(『정통도장』: 『역상도설내편』의 「역상도설서(易象圖說序)」, 『사고전서』: 「역상도설원서(易象圖說原序)」)에 "원지정이십사년(元至正二十四年, 1346년)"이라고 기록되어 있다.

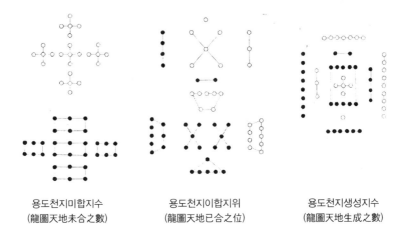

용도천지미합지수
(龍圖天地未合之數)

용도천지이합지위
(龍圖天地已合之位)

용도천지생성지수
(龍圖天地生成之數)

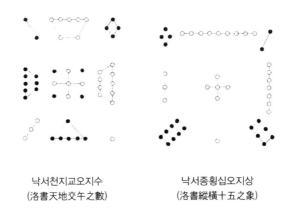

낙서천지교오지수
(洛書天地交午之數)

낙서종횡십오지상
(洛書縱橫十五之象)

내용은「용도서」에 서술된 내용과 대체로 일치하기에, 그것이 진단 역학 사상을 계승한 것으로 볼 수 있다. 이에 장리의 도상을 바탕으로 「용도」와 관련된 진단의 역학사상을 간략히 해설하면 다음과 같다.[77]

「용도서」에서 "하늘이 흩트려 보인[天散而示之]", "아직 합해지기 이전의 수[未合之數]"의 단계의 그림은 장리가 제시한「용도천지미합지수」의 도상에 해당한다. 아직 합하지 않은 상태의 용도의 수 55[始龍圖之未合也, 惟五十五數]는「계사전」에서 말한 천1·지2부터 천9·지10까지의 천지지수(天地之數)를 지칭한다.「계사전」에서는 천수는 1·3·5·7·9이고 지수는 2·4·6·8·10로서, 천수와 지수 다섯이 각각 합하면 천수는 25, 지수는 30이 되고 총 천지지수의 합은 55가 되는데, 이 수가 바로 "변화를 이루고 귀신을 행하게 하는 것"이라고 말한다.[78]

「용도천지미합지수」도상은 천지의 수가 아직 합하지 않은 채[天地未合] 상하에 천수 25와 지수 30이 각각 놓여 있는 그림으로,「용도서」에서 "처음에 용도가 아직 합해지지 않은 때에는 55수만 있었다"라는 상태를 보여준다. 천수는 양수로서 백색의 점으로 표현되고, 지

---

77. 본 글 외에「용도서」에 대한 분석은 주백곤, 이원국(李遠國) 등의 연구를 참조할 수 있다. 주백곤,『역학철학사』3, 소명출판, 2012, 34~43쪽. 李遠國,「陳摶易學思想探微」,『道家文化研究』第11輯, 陳鼓應 主編, 三聯書店, 1997, 159~171쪽.
78.『周易』,「繫辭上傳」9章, "天一地二, 天三地四, 天五地六, 天七地八, 天九地十. 天數五, 地數五, 五位相得, 而各有合. 天數二十有五, 地數三十. 凡天地之數, 五十有五, 此所以成變化而行鬼神也."

수는 음수로서 흑색의 점으로 표현되는데, 천수의 합 25는 하늘을 상징하는 상단에 지수의 합 30은 땅을 상징하는 하단에 배치된다. 천지의 수는 오행의 방위에 골고루 배치되는데, 천수는 다섯 개의 백색 점이 하나의 세트를 이루어 다섯 방위에 놓고, 지수는 여섯 개의 흑색점이 하나의 세트를 이루어 다섯 방위에 놓는다.

천수 그림에서 하나의 세트는 5개 점인데, 중심이 3개 점으로 되어 있다. 그리고 5개 점의 세트가 상-중-하, 좌-중-우로 배열된 그림을 살피면 가운데 점은 3-3-3으로 총 9개의 점을 이루고, 5개점의 1개 세트가 3개로 이루어져 총 15개 점으로 되어있다. 이것이 "(천수 그림은) 가운데로는 3·5·9를 꿰고 바깥으로는 15를 감싸서, 천3·천5·천9와 15의 작용을 온전히 하고 있다"라는 내용이다. 지수 그림은 하나의 세트가 6개 점으로 지수 30을 다섯 방위에 나열하고 있다. 6개 점을 하나의 세트로 지수 30을 배열한 것은 "땅인 곤괘의 상을 드러낸 것"이고, 천수와 마찬가지로 다섯 방위에 배열된 것은 "모두 5의 작용을 밝힌 것"이다.

다음으로 「용도서」의 '이미 합해진 자리[己合之位]'에 해당하는 내용은 "복희가 합하여 사용"한 단계로서 하늘이 드리운 천수와 지수를 합한[己合] 상태이다. 이는 위쪽의 다섯 방위에 있던 천수와 아래 쪽의 다섯 방위에 있던 지수가 각각 결합하여 오행의 생수와 성수를 이룬 것이다. 즉 천수와 지수가 서로 결합하여 오행의 생수(生數)와 성수(成數)로서 각각 위쪽(천1·지2·천3·지4·천5)과 아래쪽(지6·천7·지8·천9·지10)에 자리를 잡은 상태이다.

「용도서」의 '이미 합해진 자리[己合之位]'는 장리가 제시한 「용도천지이합지위」에 해당한다. 이는 「용도천지미합지수」의 천수와 지수가 변화한 것이다. 이 도상의 상단의 천수 그림에서 가운데를 제외하고 동서남북의 5개 점에서 각각 1·2·3·4를 제외하여 「용도천지이합지위」 상단의 그림을 이룬다. 그리고 하단의 지수 그림에서 가운데 6개 점이 북쪽(6)을 제외한 동쪽(6)·남쪽(6)·서쪽(6)으로 각각 1·2·3점이 분포되어 동·남·서·북에 7·8·9·6이 자리하고, 천수에서 제외된 1·2·3·4의 합 10수가 가운데 자리한다. 여기서 가운데 6이 북쪽의 지6을 제외하고 동쪽·남쪽·서쪽으로 분포되는 것이 「용도서」의 "(지수의 가운데) 6이 나뉘어 사상[7·9·8·6의 사상]을 이루는데, (북쪽의) 지6은 배합되지 않는다."라는 내용이다.

「용도서」 내용에 따르면, '천지미합지수'나 '천지이합지위'와 같은 그림은 단순히 천지의 수가 합해지기 이전과 이후만을 표현한 것이 아니다. 이러한 배열에는 각각 상징적인 역학적 의미가 부여되어 있다. 예를 들어 「용도천지미합지수」의 경우, 천수 25에서 하나는 쓰이지 않고 나머지 24가 쓰이는데 이는 "하늘이 드리운 상"으로서 24절기를 나타낸다. 지수 30에서 다섯 방위에 6이 놓이는 것은 곤괘의 용육(用六)을 표현한다. 그리고 「용도천지이합지위」에서 아래에는 오행의 성수가 동·서·남·북으로 배열되어 있는데, 이는 각각 소음·노양·소양·노음의 8·9·7·6 사상(四象)을 나타낸다.

마지막으로 「용도서」에서는 "중니께서 묵묵히 형으로 나타낸" 단계의 상태를 말한다. 이는 천지생성의 수가 온전히 하나의 도상으로 결합된 상태로, 장리가 제시한 「용도천지생성지수」에 해당한다. 「용도천지생성지수」는 「용도천지이합지위」에서 위쪽의 오행 생수 그림이 아래로 180도 움직여 오행 성수 그림과 합쳐진 그림이다. 이 경우 북쪽 방위를 예로 들면, 천수 1과 지수 6이 한 조가 되어 북쪽에 자리하게 되는데, 1은 위에 6은 아래에 위치한다. 이것이 「용도서」의 "1이 위에 자리하여 도의 조종이 되고, 지6이 아래에 자리하여 기의 근본이 된다."라는 내용에 해당한다.

이전 도상과 마찬가지로 「용도천지생성지수」의 수의 배치 역시 상징적인 의미가 부여되어 있다. 이 그림에서 오행 생수 가운데 천수 1·3·5는 합이 9로서 건원(乾元)의 용구(用九)가 되어 지수의 근간이 되고, 지수 2·4는 합이 6으로서 곤원(坤元)의 용육이 되어 천수의 작용이 됨을 표현한다. 또 천수와 지수의 각각의 위치는 음양의 수가 중정(中正)을 이룬 상태를 표현한다. 즉 역학에서 8괘는 세 효로 이루어져 있기에 생수에서는 천수 1·3·5, 성수에서는 지수 6·8·10 세 수가 중정하다. 그래서 천수 1·3·5는 양수로서 고음(孤陰)에 해당하는 지수 2·4와 자리를 함께하지 않고, 지수 6·8·10은 음수로서 과양(寡陽)에 해당하는 천수 7·9와 자리를 함께 하지 않는다.

진단은 천수와 지수가 합하기 이전의 단계(「용도천지미합지수」), 천지지수가 결합하여 오행의 생수와 성수가 이루어진 단계(「용도천지이합지위」), 그리고 천지의 오행생성수가 하나로 결합하여 천지생성수가 완성된 단계(「용도천지생성지수」) 등 세 단계의 논리적 과정을 통해 흑백 점의 「용도」를 그려내었다. 역학사의 흐름에서 보자면, 「용도천지생성지수』는 오행생성수를 오행 방위에 배열한 것으로 한대(漢代) 정현의 오행생성설을 바탕으로 하고 있다.[79] 진단은 흑백 점을 통해 정현의 오행생성설을 그림으로 표현하여 이를 「용도」(실질적으로 '오행생성도')로 제시했다고 할 수 있다.

진단이 제시한 「용도」 및 그가 「용도」에 부여한 의미는 자의적인 측면이 크다. 하지만 다른 한편으로 자의적 해석은 역학에 대한 새로운 철학적 시각을 제시한 것으로, 이는 경전의 의미를 새롭게 해석하는 송대 역학과 이학의 학적 특징이기도 하다. 진단은 『역용도』를 통해 역학을 천지자연의 역학, 복희의 역학, 그리고 공자의 역학 세 단계로 구분하고 이러한 변화과정을 거쳐 성인이 본받아 괘를 지었다는 전설상의 「용도」 그림을 도출해 내었다. 진단의 『역용도』는 한당시기 역학과 다른 송대 도서학의 새로운 학술적 풍토를 열었다는 점에서 역학 사상사에서 중요한 의미를 지닌다.

---

79. 정현은 「계사전」의 '오위상득이각유합(五位相得而各有合)'의 구절을 수 · 화 · 목 · 금 · 토 오행과 천지지수(천수 1 · 3 · 5 · 7 · 9, 지수 2 · 4 · 6 · 8 · 10)의 결합으로 해석한다. 그리고 '대연지수(大衍之數)'를 설명하는 과정에서 천지지수를 오행에 분배하고 동서남북중 오방의 방위에 분배하는데, 이는 1년 사계절의 기후의 변화를 나타낸다. 정현의 이러한 관점은 후대에 오행생성설이라 불린다.

3부

『정역심법』 해제

1. 『정역심법』 해제[1]

　『마의도자정역심법』(이하 '정역심법'으로 약칭)은 마의도자가 경문을 짓고 진단이 주석을 단 역학서이다. 마의도자는 생몰 연대와 고향 등이 명확히 밝혀지지 않은 은자 계열의 승려이다. 송원시기 문헌에서 마의도자는 역학에 밝은 인물로 한당 시기의 유학자들이 밝히지 않았던 역학을 진단에게 전했다고 말해진다.

　중국 사상사 혹은 역학사에서 진단은 북송 도서학을 정초한 인물로 중시된다. 송대 도서학은 북송대에 유행하여 "학술계의 거대한 사조"가 되었는데,[2]

　북송 주돈이의 「태극도」, 소옹의 「선천도」, 그리고 「하도」·「낙서」 등의 역학 도상이 진단으로부터 유래했다고 여겨지기에 진단 역학에 대한 탐구는 사상사와 역학사에서 중요한 주제 가운데 하나이다. 진단 역학에 대한 탐구는 일반적으로 『정역심법』, 「용도서(龍圖序)」, 그리

---

1. 본 해제는 이대승, 「마의도자의 『정역심법』 진위 탐구」, 『유학연구』 59, 2022의 연구를 바탕으로, 해제 형식에 맞춰 기존 연구내용을 재구성하고 일부 내용은 추가 보완·수정하여 작성하였다.
2. 주백곤 지음, 김학권 외 옮김, 『역학철학사』 3, 소명출판, 2012, 22쪽.

고 청대 황종염(黃宗炎)이 제시한「무극도(無極圖)」등을 통해 이루어졌다. 그런데 최근 문헌 비판 연구에 의해「무극도」는 송대 이후 도교도들에 의해 만들어진 것으로 밝혀졌기에, 진단의 역학을 살필 수 있는 현존하는 문헌은『정역심법』과「용도서」라 할 수 있다.[3]

『정역심법』에 대해 송나라 지반(志磐)이 1269년에 저술한『불조통기(佛祖統紀)』에서는 마의도자가 이 책을 진단에게 전수하고, 진단이 처음으로 여기에 주석을 달았다고 말한다.[4]「용도서」는 진단이 저술했다고 말해지는『역용도(易龍圖)』의 서문이다.『역용도』는 전문은 일실되었지만, 그 서문인[5] 이「용도서」는 진단 역학 사상의 일부를 보여주지만, 전문이 아닌 서문인 만큼 그 내용은 제한적이다. 이에 반해『정역심법』은 전문이 전해지고 있어,[6] 이를 통해 진단 역학의 면모를 살필 수 있다.

---

3. 「무극도」관련 논의는 이대승, 「「태극도」연구의 새로운 탐색-'구「태극도」'의 존재와 의의를 중심으로」,『유학연구』55, 2021, 242~244쪽 참조.

4. 『佛祖統紀』제43권, 『法運通塞志』第十七之十, "宋・太祖, "處士陳摶受易於麻衣道者, 得所述正易心法四十二章. 理極天人, 歷詆先儒之失, 摶始爲之註.""

5. 「용도서」는 여조겸(呂祖謙, 1137~1181)이 편찬한『송문감(宋文鑑)』을 비롯한 여러 문헌에 수록되어 현재 전해진다.「용도서」는 여조겸의『宋文鑑』(卷第八十五) 외에 원나라 때 張理의『易象圖說』(內篇, 卷上), 胡一桂의『易學啓蒙翼傳』(中篇), 명나라 때 周復俊의『全蜀藝文志』(卷三十一) 등에 실려 있다.

6. 현재『정역심법』은 명나라 때 출간된『范氏奇書』본과『津逮秘書』본이 전해지고, 청나라 때 간행된『古今圖書集成』,『四庫全書存目叢書』등에 수록되어 있다. 현대에는『叢書集成新編』,『道藏精華』,『藏外道書』등에 수록되어 있다.

현존하는 『정역심법』에는 본문(마의도자 경문, 진단 해설) 외에 북송 이잠(李潛)과 남송 정준(程準)의 서문, 그리고 남송 대사유(戴師愈)의 발문이 수록되어 있다.[7] 그런데 일찍이 남송의 유학자 주희는 『정역심법』이 남송 대사유의 위작이라는 설을 제기하였다. 리학(理學)을 정초한 주희에 의해 『정역심법』 위작설이 제기되었기에, 대사유 위작설은 이후 지식인 사회에 상당한 영향을 끼쳤다. 일례로 송대 문헌 목록과 해제를 수록한 문헌학의 중요 저술인 송대 진진손(陳振孫)의 『직재서록해제(直齋書錄解題)』에서는 『정역심법』을 마의도자가 짓고 진단이 받았다는 설을 수록하면서 주희의 위작설에 따라 이 책을 후대의 가탁으로 보고 있다.[8]

『정역심법』이 주희의 말처럼 후대의 위작이라면 이 책은 진단의 역

---

7. 북송 李潛은 누구인지 명확하지 않다. 스스로 서문에서 廬峰 隱者라고 말하고 있는데, 은자이기에 역사 속에 드러나지 않은 인물로 추정된다. 이잠 서문은 북송 崇寧 三年(1104) 3월 9일에 쓰였다. 程准은 남송 시기 시인으로 자는 平叔이고 休寧(지금의 안휘성에 속함) 사람이다. 정치가, 사상가, 역학가인 程大昌(1123~1195)의 맏아들로 문장으로 명성이 있었다. 문집은 없으며 시 작품으로 「明遠樓」, 「留題頂山止方」, 「水調歌頭」 등이 있다. 서문은 淳熙 己亥(1179) 三月 丙寅일에 정준이 新婺州 浦江縣 主簿일 때 쓰였다. 발문에서 玉溪 孔文이라고 밝힌 戴師愈는 생몰 연대와 행적을 알 수 없다. 주희는 자신이 남강 군수를 지냈을 때 湘陰 主簿였던 대사유를 만났다고 하였다. 발문은 乾道 元年(1165) 겨울 11월 7일에 쓰였다. 『正易心法』, 「序」와 「跋」 참조.

8. 『直齋書錄解題』卷一, 「易類」, 『正易心法』一卷, "舊稱麻衣道者授希夷先生, 崇寧間廬山隱者李潛得之, 凡四十二章. 蓋依託也. 朱先生云, 南康戴主簿師愈撰."

학을 담은 문헌이라 볼 수 없기에, 그 진위 고찰은 진단의 역학사상을 고찰하는 데 있어 선행해야 할 중요한 문제이다. 이 때문에 진단의 역학을 다루거나, 『정역심법』을 통해 진단 역학을 다룬 연구에서 이 책의 진위 여부가 논해졌다. 다만 『정역심법』이 다뤄질 때 주로 진단 역학과의 연관선상에서 논해지고, 그 진위 여부를 논함에 있어 경문을 쓴 마의도자에 대한 내용은 부족하거나, 위작설을 제시한 주희의 주장에 대한 검토와 분석은 없거나 소략한 편이다.[9] 『정역심법』 진위 여부 논의를 위해서는 경문을 지은 마의도자와 그의 역학에 대한 고찰이 필요하며, 더불어 주희에 의해 위작설이 제기되고 또 큰 영향을 끼쳤기에 주희의 위작설에 대한 면밀한 검토와 분석이 필수적이다.

본 해제에서는 먼저 송원 시기 역사 기록을 통해 마의도자와 진단의 생애와 행적을 검토하고, 이를 통해 마의도자의 사상적 특징과 진

---

9. 『정역심법』 진위와 관련된 연구는 주로 중국에서 다뤄졌다. 대표적으로 李遠國, 「正易心法考辨」, 『社會科學研究』 1984年 第6期., 李遠國, 「陳搏易學思想探微」, 『道家文化研究』 第十一輯, 三聯書店, 1997의 연구가 있다. 국내에서는 이봉호, 「진단과 소옹의 역학의 관련성」, 『道教文化研究』 第25輯, 한국도교문화학회, 2006에서 관련 내용이 일부 다뤄졌다. 이 가운데 이원국(1984)의 연구가 진위 여부를 비교적 집중적으로 다루었다. 이 연구에서는 『정역심법』 주석을 작성한 진단의 위상, 이 책에 대한 장식의 시각, '심법' 용례의 시기 분석 등을 통한 주희 위작설 반박, 『정역심법』의 진단의 역학과 소옹의 연관성 등을 개괄적으로 제시하고 있다. 다만 이 연구는 초창기 연구로서 마의도자에 대한 내용은 다루지 않았고, 주희의 위작설 가운데 비교적 일부만을 논박하고 있다.

단과의 관계를 살핀다. 다음으로 한당 시기 역학과 다른 『정역심법』의 역학 특징을 검토한다. 그리고 『정역심법』에 대한 장식과 주희의 평가를 검토하고, 주희에 의해 제기된 위작설의 타당성 여부를 가름한다. 마지막으로 이상의 내용을 종합하여 동아시아 지성사 혹은 사상사에서 『정역심법』이 지닌 의미를 제시한다.

1. 마의도자

『정역심법』의 경문을 쓴 이는 오대말 북송 초에 활약했던 마의도자(麻衣道者)이다. 마의도자는 생몰 연대가 명확지 않은 은자적 인물이지만, 그 행적과 관련된 일부는 송(宋)·원(元) 시기의 여러 사료에 기록되어 있다. 사료에 따르면, 마의도자는 세속을 떠나 은거하던 승려로서 주로 오대 시기와 북송 시기에 활약하였고, '마의도인', '마의도사', '마의화상', '백각도자(白閣道者)' 등으로 불렸다. 그는 방술과 역학에 뛰어나고 유불도 삼교융합의 사유를 지닌 인물로 추정된다. 송나라 정화(政和) 계사(癸巳, 1113)년에 장병문(章炳文)이 지은 『수신비람(搜神秘覽)』에서는 마의도자에 대해 다음과 같이 말한다.

마의도자는 그 성명이 무엇인지, 누구의 자식인지, 그리고 고향과 사는 마을이 어디인지 알지 못한다. 항상 마를 엮어 만든 것을 옷으로 삼고 쑥대머리를 하며 얼굴에는 때가 끼어 지저분했다. 하지만 안색은 마치 어린아이 같았고 그의 두 눈망울은 검푸른색을 띄었다. 대체로 정주(定州), 진정(眞定), 보색(保塞) 등지에 거주했다. 사람들이 그를 알아보아도 오랫동안 입을 열지 않고 묵묵히 침묵할 따름이었다. 술을 보면 기뻐하며 손뼉을 치지만 이 또한 탐닉하는 데 이르지는 않았다. 사람들이 그 수명의 장단을 묻거나 점을 쳐 미래를 물으면, 모두 종이 위에 글을 쓰거나 그림을 그렸다. 그 말은 세속의 일을 가져와 본성을 밝히며, 대개 사람들이 선을 행하고 악을 막는 일로 경계할 뿐이었다.[10]

위 내용에 따르면 마의도자는 항상 마로 만든 옷을 입고 다녔기에 '마의(麻衣)'라 불렸다. 여기서 '마의'는 마의도자가 역사에 널리 드러나지 않은 은자적 인물임을 보여준다. 중국 학자 궈웨이(國威)에 따르면, 중국문화에서 삼베로 만든 옷인 '마의'는 사회문화적 기호로서 은자의 이미지를 함축한다. 중국문화에서 마의도자 이전에도 '마의'로 유명한 인물이 적지 않았는데, 이들이 일상복으로 입은 '마의'는 은자 신분을 대표하는 이미지를 지닌다. 이는 은자들이 안빈낙도의 사상을 가지면서 산림에서 직접 농사를 짓고 자족하는 생활을 영위함에 있어 삼베로 짠 '마의'가 자연스럽게 일상복으로 활용되었기 때문

---

10. 『搜神秘覽』「卷中」, '麻衣道者', "麻衣道者, 不知其姓名 · 誰氏之子 · 鄕里州縣. 常以麻辮爲衣, 蓬髮, 面積垢穢, 然顏如童稚, 雙瞳凝碧, 多在定州眞定保塞. 人識之, 積久, 未嘗啟口, 惟緘默而已. 見酒卽喜抃, 亦不至軌濫. 人問其甲子脩短, 及卜前因未來, 皆書畫於紙. 其言爲接引世俗, 明了本性, 大抵戒人歸於爲善杜惡而已."

이다. 승려인 마의도자는 그 이전에 마의를 입은 은자와는 사회적 지위나 문화적 기반이 다르지만, 그들과 마찬가지로 주류 사회에서 벗어나 있는 은자적 인물에 해당한다.[11] 이러한 은자적 특성 때문에 마의도자의 성명이나 생몰 연대, 그리고 고향은 명확히 알려지지 않았던 것으로 추정된다.

마의도자가 활동했던 지역은 현재의 중국의 하북성(河北省), 섬서성(陝西省), 산서성(山西省) 일대였던 것으로 보인다.『수신비람』에서는 마의도자가 현재 하북성에 속한 정주(定州), 진정(眞定), 보색(保塞) 등지에서 활동했다고 말하고 있지만, 명나라 때 승려 명하(明河)가 저술한『보속고승전』권23「마의화상전」에서는 "마의화상은 어디 사람인지 알 수 없다. 오대 말기 무렵에 활동하며, 항상 마의를 입고서 택로(澤潞: 지금의 산서성 일대의 지역)와 관섬(關陝: 지금의 섬서성 일대의 지역) 사이를 왕래하였다."[12]라며 그가 섬서성과 산서성 등지에서 활동했다고 한다. 이외『고금도서집성』의 "화산(華山)의 석실은 마의선생이 도를 닦은 곳이다. 이후 진단 또한 이곳에서 은거했다."[13]라는 기록과 후술할 진단과 전약수(錢若水)[14] 관련 기록은 섬서

---

11. 國成,「麻衣道者考論」,『五臺山硏究』總第101期, 2009.04, 31~32쪽 참조.
12.『補續高僧傳』卷23,「麻衣和尙傳」, "麻衣和尙者, 不知何許人也. 當五季之際, 方服而衣麻, 往來澤潞關陝間."
13.『古今圖書集成』,「相術部·神相全編」,「神異賦」, "華山石室乃麻衣先生修道之地也. 後希夷亦隱於此."
14. 錢若水(960~1003)는 자는 澹成 혹은 長卿이며 송나라 하남 新安 사람이다. 태

성에 자리한 화산(華山)이 마의도자가 주로 수행하던 장소였음을 보여준다.

송원 시기 문헌에 기록된 마의도자는 대체로 관상을 보고 운명을 예측하는 방술 혹은 술수에 밝았던 인물로 그려진다. "사람들이 그 수명의 장단을 묻거나 점을 쳐 미래를 물으면, 모두 종이 위에 글을 쓰거나 그림을 그렸다"라는 인용문의 내용은 마의도자가 술수에 밝았음을 보여준다. 하지만 인용문에 보이듯이 사람들의 관상을 보고 운명을 점친 것은 이를 통해 사람들이 본성을 깨우치게 하고 선을 행하고 악을 막는 일을 경계하기 위해서였다. 그래서 마의도자는 사람들을 일깨우기 위해 불교와 관련된 송(訟)을 자주 찬술하기도 했는데,[15] 이러한 내용은 그가 불교 승려임을 잘 보여준다.

송원 시기 문헌에서 마의도자의 방술적 능력을 보여주면서 진단과의 관계를 드러나는 것으로 전약수 관련 일화가 널리 전해진다. 일례로 『불조통기』에서는 다음과 같이 말한다.

　　진단이 화산에 머무를 때 과거에 급제하지 않은 전약수가 진단을 보

종 雍熙 2년(985)에 진사가 되었고, 이후 知制誥, 翰林學士, 知審官院, 右諫議大夫, 同知樞密院事 등을 역임했다. 『태종실록』을 편찬하고 『태조실록』을 重修했다. 시호는 宣靖이다.

15. 『搜神秘覽』「卷中」'麻衣道者', "常有贊頌, 得其一日, 這見有情, 忘我諸佛大恩, 增長地獄, 時時轉多. 不忍見, 不忍見. 三轉淨行, 不及愚夫五欲樂. 不忍見, 不忍見."

러 갔다. 진단이 그를 맞이하며 산속의 암자에 들어오게 하니, 노승이 불을 피우고 있는 것을 보았다. 전약수가 그에게 인사했지만, 승려는 눈만 뜨고 있을 뿐이었다. 오래 앉아있다가 진단이 물었다. "어떻습니까?" 승려가 말했다. "선골의 법상은 없다." 전약수가 물러나자 진단이 그에게 주의를 주며 말했다. "3일 후에 다시 찾아오시오." 약속한 날에 전약수가 오자, 진단이 말했다. "처음에 내가 당신을 보았을 때 맑고 순수함을 신기하게 살펴보고 선도를 배울 수 있다고 여겼소. 그래서 노승에게 (관상을 보고 선도를 배울 수 있는지 여부를) 결정해 주길 부탁했소. 노승은 당신에게 선골이 없다고 했소. 하지만 당신이 고귀한 고관이 될 수 있고, 위급한 조류 속에서 용감하게 물러날 수 있다고 했소." 전약수가 "승려는 누구십니까?" 하고 물으니, 진단이 "나의 스승 마의도자이시오"라고 했다. (『상산야록』○『동미지』에서 말한다. "승려는 백각도자(白閣道者)로 (불교 선종) 종실의 후예다.)"[16]

---

16. 『佛祖統紀』제43권, 『法運通塞志』第十七之十, 「宋‧太祖」 "陳摶居華山, 錢若水 未第去謁之. 摶邀入山齋, 見老僧擁衲附火. 若水揖之, 僧開目而已. 坐久摶問, '何 如.' 僧曰, '無仙骨法.' 若水退摶戒之曰, '三日後可復來.' 如期而往, 摶曰, '始吾見 子神觀清粹, 謂可以學仙. 故請決於老僧. 僧言, 他無仙骨, 但可作貴公卿, 於急流 中勇退耳.' 問'僧何人.' 摶曰, '吾師麻衣道者也.'(湘山野錄○洞微志中云. 僧是白 閣道者宗裔.)" '宗裔'는 보통 종실의 후예를 뜻한다. 마의도자는 승려로서 『정역심 법』에서 선종의 용어인 '활법' '심지' 등을 사용하고 있는데, 일부 불교 문헌에 '禪 師宗裔'(『建中靖國續燈錄』), '禪之宗裔'(『佛祖綱目』, 『增集續傳燈錄』) 등의 용례가 보인다. 이를 감안하여 '宗裔'를 '(불교 선종) 종실의 후예'로 번역했다.

전약수가 화산에서 진단을 만날 당시 진단은 용모가 맑고 순수한 전약수의 용모를 신기하게 여기고 그가 선도를 배워 신선이 될 수 있는 운명이 있다고 여겼다. 하지만 진단은 관상을 보는 것이 아직 정밀하지 못해 마의도자에게 판별을 부탁했고, 마의도자는 전약수를 보고 그가 신선이 될 골상은 없지만 고관대작은 될 수 있다고 보았다. 실제 전약수는 태종 옹희(雍熙) 2년(985) 진사가 된 후 한림학사(翰林學士), 지심관원(知審官院), 우간의대부(右諫議大夫), 동지추밀원사(同知樞密院事) 등을 역임했다.

위 인용문은 마의도자가 관상을 보고 미래를 예측하는 방술에 뛰어났음을 보여주는 동시에, 마의도자가 승려이지만 신선을 추구하는 도교에도 밝았던 인물이었음을 보여준다. 남송 시기 왕상지(王象之)는 『여지기승(輿地紀勝)』제158권, 「보주(普州)」, '선석신(仙釋神)' 조에서 진단에 대한 내용을 다루고 있다. 여기서 왕상지는 숭감 사람 소향(小香) 왕선생(王先生)이란 인물이 진단과 마의도자를 만나 벽곡 수련을 하여 청성산(靑城山)에서 시해선이 된 일화를 간략히 말하고 있다.[17] 또 남송 시기 도교 내단가인 이간이(李簡易)는 『옥계자단경지요(玉谿子丹經指要)』머리말에 수록된 「혼원선파지도(混元仙派之圖)」에서 도교 연단가 계통을 도표로 제시하고 있다. 그는 이 도표에서 마

---

17. 『輿地紀勝』卷158, 「普州」, '仙釋神', "小香王先生, 崇龕人. (常)[嘗]遊天池, (過)[遇]陳希夷及麻衣道者, 乃辟穀修煉, 後尸解于青城山衣." 王象之 著, 趙一生 點校, 『輿地紀勝』第10冊, 浙江古籍出版社, 2012, 3405쪽.

의도자 다음에 진단을 놓음으로써 양자를 사승 관계에 놓여 있는 도교 연단가로 제시하고 있다.[18] 이 기록들이 사실인지는 알 수 없지만, 사실 여부를 떠나 마의도자가 도교 수양법에도 밝았던 인물이었음을 보여준다고 할 수 있다.

앞서 서술한 마의도자가 위진 시기 이전의 역학가들에게서 보이지 않았던「하도」·「낙서」와 관련된 역학을 진단에게 전수했다는『불조통기』의 내용이 있는데, 이는 마의도자가 유교 경학인 역학에 빼어난 인물임을 보여준다. 그리고 관상술과 예언술과 같은 방술에 능하고 진단과 함께 도교 연단가로 제시되었다는 내용들은 마의도자가 불교 승려이지만 도교 사상에도 밝았던 인물임을 보여준다. 이러한 내용은 마의도자가 유불도 삼교융합의 사유를 지닌 인물이었음을 보여준다.

미래 예언 등의 방술과 관련한 마의도자 행적은 전약수 외에 송나라 태조와 관련된 일화가 일부 전해진다. 그 가운데『불조통기』제43권에서는 주나라가 망하고 송나라가 세워질 것을 예언한 일화가 수록되어 있다. 이에 따르면, 오대 시기 주(周)나라 세종이 불상을 폐하고 가슴에 종기가 나 사망하자 조광윤(趙匡胤, 훗날 송 태조)과 조경(趙炅, 훗날 송 태종)이 마의화상을 찾아가 그와 관련된 사항을 질의하고, 천하가 언제 안정될 것인가를 물어본다. 이에 대해 마의도자는 "붉은 기운[赤氣]이 이미 조짐을 보였으니, 진신(辰申) 사이에 마땅히

18.『道藏』第4册, 文物出版社 · 上海書店 · 天津古籍出版社, 1988, 404쪽.

참된 주인이 출현하여 흥할 것이고, 불법 또한 크게 흥할 것이다."라며, 주나라가 망하고 새로운 나라가 세워질 것이라고 예언하였다. 이 문장 뒤에 태조가 경신(庚申)년 정월 갑진(甲辰)일에 임금의 자리에 올랐다는 주석이 덧붙여져 있다.[19]

이처럼 마의도자는 관상법에 능통하고 미래를 예측하는 방술·술수 능력이 매우 뛰어난 인물이었다. 『정역심법』에 수록된 남송 대사유의 발문에는 당시 전해지던 마의도자의 행적이 압축적으로 기술되어 있는데, 대사유는 이러한 신이(神異)한 일화를 통해 『정역심법』에서 마의도자가 논한 역학이 평범한 것이 아님을 강조하고 있다.[20]

이상과 같이 송원 시기 문헌에서 마의도자는 진단이 경외한 유불도 삼교합일 사상을 지닌 승려로서 역학과 방술·술수에 빼어난 인물로 그려진다. 마의도자의 성명, 생몰 연대, 고향 등은 명확하지 않지만, 최근 연구에서는 마의도자의 성명은 무엇이고 그가 누구인지 밝히려는 시도가 이루어진 바 있다.[21]

---

19. 『佛祖統紀』 제43권, 『法運通塞志』 第十七之十, 「宋·太祖」, "周世宗之廢佛像也(世宗自持鑿破鎮州大悲像胸), 疽發於胸而殂. 時太祖太宗目見之, 嘗訪神僧麻衣和上曰, 今毀佛法大非社稷之福. 麻衣曰, 豈不聞三武之禍乎? 又問, 天下何時定乎? 曰赤氣已兆, 辰申間當有真主出興, 佛法亦大興矣.(其後太祖受禪於庚申年正月甲辰. 其應在於此也.)"

20. 『正易心法』, 「戴師愈跋文」 발문 참조.. 文山遯叟蕭天石 主編, 『道藏精華』 第九集之五, 自由出版社, 112~113쪽.

21. 대표적으로 아래에 서술할 國威의 연구를 들 수 있다. 이외 최근 출판된 『陳摶

귀웨이(國威)의 「마의도자논고(麻衣道者考論)」에서는 명나라 때 간행된 『산서통지(山西通志)』의 기록에 의거하여,[22] 마의도자가 지금의 산서성 진중시(晉中市)에 해당하는 유차(楡次) 사람으로 속세의 성은 '복(卜)'이고, 수공화상(秀公和尚)을 스승으로 삼고 천성(天聖, 1023~1031) 초년에 자암사(紫岩寺)에서 세상을 떠난 마의화상 '법제(法濟)'(법호)일 가능성을 제시했다.[23] 이 연구는 그간 탐구되지 않았던 마의도자란 인물을 드러내었다는 점에서 큰 의미가 있다. 다만 마의도자의 출생지에 대해 서로 다른 내용을 서술한 『산서통지』의 기록 가운데 하나만을 취사선택하고, 자암사의 마의화상을 『정역심법』을 저술한 마의도자와 동일 인물로 단정한 점은 다소 논의의 여지가

集』에서는 진단의 스승인 마의도자를 다루는 과정에서 개략적으로 마의도자의 이름을 '宗裒'로 서술하고 있다. 『진단집』은 그 근거로 宋楊億의 『武夷新集』에 기록된 전약수 묘지명의 "栢閣僧宗裒者, 有人倫之鑑, 獨識公於儔輩."을 제시하고 있다. 하지만 필자가 검토한 『武夷新集』 판본에는 '宗裒'가 아니라 『불조통기』와 마찬가지로 '종실의 후예'를 뜻하는 '宗裔'로 서술되어 있고, 관련 내용을 다룬 다른 문헌들 또한 '宗裔'로 되어 있다. 『陳摶集』의 '宗裒'설은 내용이 단편적이고 글자 오류 가능성이 있기에 신뢰하기 어렵다. 陳摶 撰, 太極生 輯, 『陳摶集』, 華夏出版社, 2019.7 重印, 30~31쪽 참조.

22. 『山西通志』, 卷一五九, 「仙釋」, '太原府', "法濟, 楡次人, 俗姓卜. 初禮五台秀公和尚爲師, 號麻衣和尚. 天聖初, 臥化縣之紫岩寺." 참고로 『山西通志』는 李維禎(1547~1626)이 엮은 山西省 地方誌로, 이유정 사후 明 崇禎 2년(1629)에 판각됐다.

23. 國威, 「麻衣道者考論」, 『五臺山研究』 總第101期, 2009.04, 32쪽.

있다. 이는 추가 검증이 필요한 사항이라고 할 수 있다.[24]

결론적으로 오대말과 북송초에 활동한 마의도자는 방술과 역학에 깊은 조예를 지닌 승려이자 진단의 스승으로서 유불도 삼교융합의 사유를 지닌 인물이다. 마의도자의 저술로는 『정역심법』, 『화주림(火珠林)』, 『마의상법(麻衣相法)』 등이 거론되는데, 이 가운데 현재 분명하게 마의도자의 것으로 인정되는 저술은 『정역심법』이다.[25]

❧ 2. 진단

마의도자에 비해 진단은 세상에 널리 알려진 저명한 인물이다. 진단에 대한 내용은 송대 소백온(邵伯溫)의 『소씨문견록(邵氏聞見錄)』,

---

24. 『山西通志』 卷一五九, 「仙釋」에는 마의도자와 관련하여 '潞安府', '太原府' 두 곳에 기록되어 있다. 전자에서는 "후주(後周)의 마의승은 면상 사람[周麻衣僧, 綿上人]"이라고 기술한 반면, 후자에서는 법제인 마의화상은 유차(榆次) 사람이라고 기록하고 있다. 國威는 후자의 기록에 성씨, 출생지, 사승관계 등이 기록되어 신뢰할만 하다고 여기고 이 기록을 채택하고 있으며, 마의화상과 마의도자가 북송초 산서성에서 활동했다는 점에서 양자를 동일 인물이라고 추정하고 있다. 하지만 두 기록 가운데 하나만을 취사선택해도 되는가의 여부, 그리고 송대에 널리 알려진 마의도자의 행적 관련 내용이 서술되어 있지 않은 자암사의 마의화상을 마의도자로 단정할 수 있는가 여부는 좀 더 논의가 필요하다고 할 수 있다.

25. 『화주림』은 점술과 관련된 저술로서 마의도자의 저술인지는 아직까지 명확히 밝혀지지 않았다. 『마의상법』은 관상법을 다룬 저술로서 후대인이 마의도자의 이름을 가탁한 것이다.

위태(魏泰)의 『동헌필록(東軒筆錄)』, 육유(陸遊)의 『노학엄필기(老學庵筆記)』, 원나라 때 편찬된 역사서 『송사(宋史)』와 원나라 때 도사 조도일(趙道一)의 『역세진선체도통감(歷世眞仙體道通鑑)』과 장로(張輅)의 『태화희이지(太華希夷志)』 등 다수의 송원 시기 문헌에 수록되어 있다. 정사 기록인 『송사』, 「은일전(隱逸傳)」의 '진단(陳摶)'조를 중심으로 삼고, 기타 문헌을 보조로 삼아 그의 생애와 행적 그리고 저술에 대해 개괄하면 다음과 같다.

(1) 생애와 행적

진단의 자는 도남(圖南), 자호는 부요자(扶搖子)다. 이름인 '단(摶)', 자인 '도남(圖南)', 자호는 '부요자(扶搖子)' 등은 모두 『장자』, 「소요유」에 등장하는 용어다.[26] 이는 기본적으로 진단이 도교와 긴밀한 연관성을 지닌 인물임을 보여준다. 부요자 외 진단의 호로는 명종(明宗)이 하사한 '청허처사(淸虛處士)', 주 세종(周世宗)이 하사한 '백운선생(白雲先生)', 태종(太宗)이 하사한 '희이선생(希夷先生)' 등이 있다.

송원 시기 문헌에서는 장성한 이후 진단의 행적과 그가 선화할 때의 상황이 비교적 명확히 기록되어 있다. 이에 비해 출생 시기, 출생지, 그리고 어린시절의 행적은 다소 불명확한 편이다. 먼저 진단의 탄

---

26. 『莊子』, 「逍遙遊」, "諧之言曰, 鵬之徙於南冥也, 水擊三千里, 摶扶搖而上者九萬里, 去以六月息者也. … 故九萬里, 則風斯在下矣, 而後乃今培風, 背負靑天, 而莫之夭閼者, 而後乃今將圖南."

생 시기는 명확히 기록되어 있지 않다. 하지만 진단이 세상을 떠난 시기와 그 당시 나이를 통해 탄생 연도를 유추할 수 있다. 『송사』, 「은일전」을 비롯한 송원대 문헌에서는 진단이 단공(端拱) 2년(989) 7월 22일에 화산 연화봉(蓮花峰) 아래 장초곡(張超谷)에서 선화했다며 그 사망 시기를 명확히 기록하고 있다.[27] 그리고 송대 장방평(張方平)의 『악전집(樂全集)』, 원나라 때 장로의 『태화희이지』와 조도일의 『역세진선체도통감』 등에서는 진단이 선화한 때의 나이가 118세였다고 기록하고 있다.[28] 이를 통해 유추해보면, 진단은 당(唐) 함통(咸通) 12년(871)에 태어났다.

다음으로 출생지와 어린 시절 행적과 관련하여, 『송사』, 「은일전」에서는 "진단의 자는 도남(圖南)이고, 박주(亳州) 진원(眞源) 사람"으로 어릴적 "4~5세에 와수(渦水) 가에서 놀았는데, 푸른 옷을 입은 여인의 젖을 먹고 이로부터 날로 총명해졌다."라고 말하고 있다.[29] 진

---

27. 『宋史』 제457권, 「列傳·隱逸上」, '陳摶', "端拱初, 忽謂弟子賈德升曰, "汝可於 張超谷鑿石為室. 吾將憩焉." 二年秋七月, 石室成. 摶手書數百言為表, 其略曰, "臣摶大數有終. 聖朝難戀, 已於今月二十二日化形於蓮花峰下張超谷中." 如期而 卒, 經七日支體猶溫, 有五色雲蔽寒洞口, 彌月不散."

28. 『樂全集』 卷三十三, 「華山重修雲臺觀記」, "委化之年, 盖百一十有八歲." 『太華希 夷志』, 「卷下」 "至期以燭, 及夕命滅之, 令弟子各休息. 既曙, 則以左手支頤而終, 壽一百一十八歲." 『曆世眞仙體道通鑒』 卷四十七, "至期, 以左手支頤而終. 逮七 日, 容色不變, 其肢體尚溫. 有五色雲蔽其谷口, 彌月不散. 享年一百一十八歲."

29. 『宋史』 제457권, 「列傳·隱逸上」, '陳摶', "陳摶, 字圖南, 亳州眞源人. 始四五歲, 戲渦水岸側, 有青衣媼乳之, 自是聰悟日益."

단의 고향에 대해『송사』에서는 지금의 안휘성 박주에 해당하는 '박주 진원'을 제시하고 있지만, 송대 이종악(李宗諤, 964~1012)의『제로도경(諸路圖經)』에서는 지금의 사천성 동남현(潼南縣)에 해당하는 '보주(普州) 숭감(崇龕)'을, 송대 도악(陶嶽, ?~1022)의『오대사보(五代史補)』에서는 '섬서(陝西)'를 제시하고 있다. 이외 문헌에 따라 지금의 하남성 낙양 낙수 서쪽에 해당하는 '서락(西洛)', 지금의 충청시 봉절(奉節)에 해당하는 '기주부(夔州府)' 등을 제시하기도 한다. 하지만 송대 사마광(司馬光)의『자치통감(資治通鑑)』, 소백온(邵伯溫, 1057~1134)의『역학변혹(易學辨惑)』, 원대 장로의『태화희이지』, 조도일의『역세진선체도통감』등 송원 시기 상당수 문헌에서『송사』와 같이 '박주 진원'을 고향으로 제시하고 있다.[30]

진단은 성장하면서 다방면의 경서를 읽고 외웠다.『송사』에서는 진단이 성장해서 경사백가(經史百家)의 설을 두루 읽고, 한 번 보면 모두 외우고 잊는 일이 없었으며 시(詩) 짓기로 명성이 자못 있었다고 말한다.[31]『역세진선체도통감』에서도 그가 성장해서 경사(經史)를 한번 보면 암송했다고 말하고, 나아가 15세에는 시, 예(禮), 서(書), 수(數) 그리고 의술에 이르기까지 탐구하지 않은 것이 없다고

---

30. 진단 출생지와 관련하여 孔又專,『陳摶道教思想研究』(巴蜀書社, 2009), 10~13쪽, 陳摶 撰, 太極生 輯,『陳摶集』, 華夏出版社, 2019, 21~22쪽 참조.
31.『宋史』제457권,「列傳·隱逸上」, '陳摶', "及長, 讀經史百家之言, 一見成誦, 悉無遺忘, 頗以詩名."

말한다.[32]

진단은 경사백가의 다양한 책들을 암송하고 탐구하면서 당시 일반적인 지식인들과 마찬가지로 과거 시험을 준비했던 것으로 보인다. 하지만 그는 결국 일반 지식인의 삶에서 도교 도사의 길로 전향하게 된다. 진단이 삶의 방향을 전환하게 된 계기에 대해『송사』에서는 "장흥 연간(930~933)에 진사에 급제하지 못하자 마침내 봉록과 벼슬을 구하지 않고 산수를 즐거움으로 삼았다."[33]라며 과거 낙방을 이유로 제시한다. 하지만 다른 문헌들에서는 도를 배우기 위함, 오대 시기의 혼란에 대한 염증, 부모의 상 등을 이유로 제시한다.[34] 일례로『역세진선체도통감』에서는 진단이 부모의 상(喪)을 당한 이후 성명(姓名)을 남기는 학문을 버리고 산수를 유람하면서 불사약을 만들며 생사를

---

32. 『曆世眞仙體道通鑒』,「陳摶」, "及長, 經史一覽無遺(一云自束髮, 不爲兒戱), 年十五詩禮書數至方藥之書莫不通究."『道藏』第5冊, 文物出版社 · 上海書店 · 天津古籍出版社, 1988, 367쪽.

33. 『宋史』 제457권,「列傳 · 隱逸上」, '陳摶', "後唐長興中, 舉進士不第, 遂不求祿仕, 以山水爲樂."

34. 『祥符舊圖經』에서는 장성하여 부모에게 인사하고 도를 배우러 떠났다고 하고, 『東軒筆錄』에서는 오대시기의 혼란에 염증을 느껴 무당산에 들어가 신선술을 배웠다고 말하며, 『青瑣高議』에서는 부모가 상을 당하자 성명을 남기는 학문을 버리고 은거했다고 말한다. 이와 관련하여 栗艶,『陳摶及其後學研究』, 社會科學文獻出版社, 2019, 19~21쪽 참조. 『청쇄고의』의 시각은 예시로 든 『역세진선체도통감』의 시각과 동일하다.

출입하는 도교의 길로 전향했다고 말한다.[35]

　진단이 생을 전환한 이유에 대한 여러 문헌의 기록은 단편적이기에 특정 시각만을 신뢰하기는 어렵다. 일례로 '과거 낙방'을 이유로 제시한 『송사』에서는 진단이 무당산에서 20여 년 지냈고, 두 번째로 태종을 만났던 태평 흥국 9년(984)에 화산에 거처한 지 40여 년 되었다는 내용을 기록하고 있다.[36] 이 기록과 함께 진단이 989년에 118세로 선화했음을 고려하면, 진단은 944년(73세) 무렵에 화산에 은거하고, 924년(53세) 무렵에 무당산에 은거한 것이 된다. 이를 고려하면, 장흥 연간에 진단은 이미 육십 여세로 무당산에 입산해 있던 시기이기에 이 당시 과거 낙방으로 삶의 방향을 전환했다고 보기 어렵다.[37] 생의 전환은 어느 하나의 기록을 따르기보다는 여러 시각을 종합하여, 청장년 시기에 세상에 큰 뜻을 품고 과거에 응시했지만 낙방하고,

---

35. 『宋史』 제457권, 「列傳·隱逸上」 '陳摶', "親喪, 先生曰 : 吾向所學, 足以記姓名而己, 吾將棄此, 遊泰山之巔, 長松之下, 與安期·黃石輩論出世法, 合不死藥, 安能與世俗羈脂韋汩沒, 出入生死輪迴間哉? 乃盡其家業, 散以遺人, 惟擁一石鐺而去."

36. 상동, "武當山九室巖可以隱居, 摶往棲焉. 因服氣闢穀歷二十餘年.", "太平興國中來朝, 太宗待之甚厚. 九年復來朝. … 摶居華山已四十餘年."

37. 『陳摶及其後學研究』에서는 『太宗實錄』, 『續資治通鑑長編』, 『新雕皇朝類苑』 등의 기록에 근거하여 진단이 871년에 탄생, 927년에 무당산 은거(53세), 944년에 화산 은거(73세), 984년에 태종 친견(113세), 989년에 사망(118세)했음을 말한다. 그리고 진단의 나이와 시대 정황을 고려할 때 『송사』의 기록을 신뢰하기 어렵다는 시각을 제시하고 있다. 앞의 책(『陳摶及其後學研究』), 20~21쪽 참조.

50대 이후 부모가 돌아가자 오대 말의 혼란한 시기에 염증을 느껴 세상에 대한 뜻을 접고 도를 탐구하는 은일의 삶으로 돌아섰다고 추정하는 편이 합리적이다.

진단은 은일의 삶으로 전향한 후 오랫동안 무당산과 화산에 거처를 정하고 도교 수행에 매진한다. 그리고 이 시기에 진단은 손군방(孫君仿), 장피처사(獐皮處士), 하창일(何昌一), 이기(李琪), 여동빈(呂洞賓), 마의도자, 담초(譚峭) 등과 같이 세상을 벗어난 은자와 도사, 불자 등 다양한 인물들과 교유한다. 진단이 무당산과 화산에서 거처하면서 도교수행을 한 것과 관련하여『송사』에서는 다음과 같이 말한다.

일찍이 손군방과 장피처사 두 사람을 우연히 만났는데, 이들은 고상한 사람이라고 스스로 말했다. 그들이 진단에게 "무당산 구실암(九室巖)이 은거할 만하다"라고 하여, 진단은 그곳에 가서 살았다. 복기와 벽곡 수련을 행하면서 20여 년을 지냈지만, 매일 몇 잔의 술만 마셨다. 화산 운대관(雲臺觀)으로 거처를 옮기고, 또 소화석실(少華石室)에 머물렀다. 매번 침실에 들면 수백여 일 동안 일어나지 않았다.[38]

38.『宋史』제457권,「列傳 · 隱逸上」, '陳摶', "後唐長興中, 舉進士不第, 遂不求祿仕, 以山水爲樂. 自言嘗遇孫君仿 · 獐皮處士二人者, 高尙之人也. 語摶曰, 武當山九室巖可以隱居, 摶往棲焉. 因服氣闢穀歷二十餘年, 但日飮酒數杯. 移居華山雲臺觀, 又止少華石室. 每寢處, 多百餘日不起."

진단은 무당산 구실암을 거처로 삼은 후 여기서 복기, 벽곡, 수공(睡功) 등의 도교 신선술을 배우고 이십여 년간 수행했는데, 이 시기에 하창일에게서 수공의 일종인 쇄비술(鎖鼻術)을 배워 깊이 익혔던 것으로 보인다. 이와 관련하여 북송 문동(文同)의『단연집(丹淵集)』에서는 후진(後晉) 천복(天福) 연간(936~944)에 촉(蜀, 사천)으로 유람 와서 공주(邛州) 천사관(天師觀)의 하창일에게서 쇄비술을 익혔다고 하고,[39] 북송 위태(魏泰)의『동헌필록(東軒筆錄)』에서는 진단이 무당산에 거처할 때 신선술을 배워 벽곡을 하고 한번 자면 삼년을 잤다고 말하고 있다.[40]

진단은 무당산에서 20여 년 수행 후 화산 운대관으로 거처를 옮긴다. 그는 화산에서 수행하면서 많은 이들과 교유했다. 이 가운데 은자이기 그리고 중국 팔선 가운데 한 명인 여동빈과의 교유에 대해,『송사』에서는 "화음(華陰: 화산 북쪽에 위치한 곳) 은자 이기는 스스로 당나라 개원 연간에 중랑관을 지냈다고 하니, 이미 백세가 넘은 사람으로서 보기 드문 자이다. 관서(關西: 지금의 섬서성)의 은자 여동빈은 검술이 빼어나다. 나이는 백 여세이지만 동안이고, 발걸음은 가볍

39.『丹淵集』拾遺卷下,「書邛州天慶觀希夷先生詩後」, "希夷先生陳搏, 字圖南, 後晉天福中來遊蜀. 聞是州天師觀都威儀何昌一有道術, 善鎖鼻息飛精, 漠然一就枕, 輒越月始寤. 遂留此學, 卒能行之, 後歸關中, 所修益高, 蛻老而嬰, 動如神人."
40.『東軒筆錄』卷一, "陳搏, 字圖南, 有經世之才. 生唐末, 厭五代之亂, 入武當山, 學神仙導養之術, 能闢谷, 或一睡三年."

고 빨라 순식간에 수백 리를 가기에 세상 사람들은 그를 신선으로 여긴다. 모두 수차례 진단의 거처에 왔기에 사람들이 모두 이를 기이하게 여겼다."[41]라고 기록하고 있다.

마의도자와의 교유 역시 진단이 화산에 거처할 때 이루어졌다. 화산은 진단뿐 아니라 마의도자도 수행한 장소로, 『고금도서집성』에서는 "화산의 석실은 마의선생이 도를 닦은 곳이다. 이후 진단 또한 이곳에서 은거했다."[42]라고 말하고 있다. 따라서 진단이 마의도자를 만나 스승으로 예우하던 시기는 바로 화산에서 수행하던 때로, 과거를 보지 않았던 전약수가 진단을 찾아갔던 일화는 진단이 화산에 머무르며 수행할 때 있었던 일임을 알 수 있다.

진단은 어려서는 경서를 읽고 암송하면서 큰 뜻을 품고 세상에 나아가려 했지만, 혼란한 사회 상황과 부모의 상 등으로 세상을 벗어나 은일하면서 도를 추구하는 수행자의 삶으로 돌아섰다. 일찍이 거울을 보며 "신선이 아니면 황제가 되겠다"라고 다짐했다는 『태화희이지』의 기록은,[43] 사실 여부를 떠나 진단이 혼란이 빈번한 오대 시기에 살면서 세상을 다스리고자 하는 큰 뜻을 지녔음을 보여준다. 이 때문에 그

---

41. 『宋史』 제457권, 「列傳·隱逸上」, '陳摶', "華陰隱士李琪, 自言唐開元中郎官, 已數百歲人罕見者. 關西逸人呂洞賓有劍術. 百餘歲而童顔, 步履輕疾, 頃刻數百里, 世以爲神仙. 皆數來摶齋中, 人咸異之."

42. 『古今圖書集成』, 『相術部·神相全編』, 「神異賦」, "華山石室乃麻衣先生修道之地也. 後希夷亦隱於此."

43. 『太華希夷誌』, 「卷上」, "先生攬鏡自照曰, 非仙而卽帝, 其自任此."

는 도교 도사가 된 이후 산속에 은거하면서 은자와 불자 등과 교유하는 동시에, 세상의 정치변화에 관심을 가지고 유자들과 교유하고 황제들의 부름에 응하는 전통 지식인으로서의 모습 역시 보인다.

진단이 황제들과 교유한 일화들은 송원 시기 문헌에 상당수 수록되어 있다. 진단은 오대 시기에 후주 세종과 교유했다. 『송사』에 따르면, 주나라 세종이 황백술(黃白術)을 좋아하여 진단의 명성을 듣고 현덕(顯德) 3년(956)에 화주(華州) 화주(華州)는 고대 행정구역 명칭으로 경내에 경내(境內)이 위치하기에 얻어진 이름이다.

관리에게 명하여 그를 궁궐에 이르게 했다. 궁에 머무는 기간에 세종이 황백술에 대해 묻자, 진단은 "폐하께서는 사해의 주인으로 마땅히 좋은 정치를 행하는 것을 유념해야 합니다. 어찌 황백의 일에 마음을 두십니까?"라고 말했다고 전해진다.[44]

북송 시기에는 태조와 태종이 진단을 예우했는데, 황제로 즉위하기 전에 진단은 이미 이들과 교류했다고 알려진다. 진단이 나귀를 타고 화음(華陰) 지역을 유람하다가 송 태조가 제위에 올랐다는 소식을 듣고 크게 웃으면서 "천하가 이제 안정되었구나"라고 말하고 화산에 은거하며 나오지 않았다는 일화는 비교적 널리 알려져 있다.[45] 진단은

---

44. 『宋史』 제457권, 「列傳·隱逸上」, '陳摶', "周世宗好黃白術, 有以摶名聞者, 顯德三年, 命華州送至闕下. 留止禁中月餘, 從容問其術. 摶對曰, 陛下為四海之主, 當以致治為念. 奈何留意黃白之事乎?"

45. 『歷世眞仙體道通鑒』, 「陳摶」, "一日, 乘驢遊華陰, 聞宋太祖登極, 大笑曰, 天下自

송 태종과 깊이 교류했던 것으로 보인다. 그는 태종과 두 차례 만남을 가졌는데, 첫 번째 만남은 태평흥국 초년(977)에 태종이 진단을 초청하여 이루어졌다. 태종은 진단을 궁궐로 초청하여 어시(御詩)를 하사하며 손님을 맞는 예절에 따라 진단을 만났다. 당시 태종은 진단을 오랫동안 궁궐에 머물게 하고서 그와 여러 차례 어울렸다.[46]

산으로 돌아가려 할 때 태종이 연회를 베풀면서 치국의 방법을 묻자 진단은 '원근경중(遠近輕重)' 네 글자를 써 주었다고 전해진다. 이 일화와 관련하여 『태화희이지』에서는 다음과 같이 말하고 있다.

조회를 청한 후 선생이 안으로 입회하고서 한사코 산으로 돌아갈 것을 청하였다. 황제가 세상을 구제하고 백성을 편안하게 할 방법을 간절히 구하자 선생이 어쩔 수 없이 종이를 찾아 '원근경중(遠近輕重)' 네 글자를 적었다. 황제가 그 뜻을 깨우치지 못하자 선생이 이에 대해 다음과 같이 해설했다. "'원'은 멀리 현명한 선비를 불러들이는 것이고, '근'은 가까이 아첨하는 신하를 물리치는 것입니다. '경'은 온 백성의 세금을 가볍게 하는 것이고, '중'은 삼군에게 상을 두텁게 내리는 것입니다." 황제가 이를 듣고 나서 매우 기뻐하였다. 황제가 진단이 궁에 더이상 머물지 않는다는 것을 알고 편전(便殿)에서 연회를 열고 중신(重

此定矣. 遂隱華山, 不復出."

46. 진단과 송 태조·태종과의 관계에 대한 상세한 사항은 孔又專, 『陳摶道教思想研究』, 巴蜀書社, 2009, 15~17쪽을 참조할 수 있다.

臣)들과 한림원에 조서를 내려 연회에 참석해서 시부를 짓게 하여 진단의 행실을 드높였다.[47]

위 내용은 진단이 비록 세속을 벗어나 산림에 은거하며 수행하는 도사이지만, 치국의 방도를 논하는 유학자와 같이 고명한 정치적 식견과 소양 역시 갖춘 지식인이었음을 보여주는 대표적인 일화이다.

진단의 두 번째 방문은 태평흥국 9년(984)에 이루어진다. 『송사』, 「은일전」에는 두 번째 방문 당시의 내용이 비교적 상세히 기록되어 있다. 이에 따르면, 진단이 태종의 초청에 응하여 다시 궁궐에 이르자 황제는 진단을 더욱 예로써 대하고 존중한다. 그리고 재상 송기(宋琪) 등에게 "진단은 단지 자신을 잘 다스리면서 세상의 권세나 이익에 간여치 않는 이른바 방외의 선비요. 진단이 화산에 거처한 지 이미 40여 년으로 그의 나이는 거의 백 세에 가깝소. 오대를 이어 거치면서 혼란을 벗어나 다행히 천하가 태평해졌다고 스스로 말하오. 그러니 조정에 불러 만나보고 그와 함께 이야기를 나눈다면 매우 들을 만할 것이오."라고 말하며, 신하들을 진단에게 보내 중서성(中書省)

---

47. 『太華希夷誌』, 「卷上」, "請朝, 先生入內, 堅辭還山. 帝懇求濟世安民之術, 先生不免索紙筆書四字, '遠近輕重.' 帝不諭其意, 先生解之曰. 遠者, 遠招賢士, 近者, 近去佞臣. 輕者, 輕賦萬民, 重者, 重賞三軍. 帝聽罷大悅. 上知其不可留, 卽賜宴便殿, 詔宰臣兩禁赴宴賦詩, 以寵其行."

에 이르게 했다.[48] 이후 송기 등의 신하와 진단의 대화가 이어지는데, 『송사』에서는 다음과 같이 말한다.

송기 등이 조용히 진단에게 물었다. "선생께서는 아득하고 고요한 수양의 도를 체득하셨는데, 다른 사람을 가르칠 수 있으신지요?" 진단이 대답했다. "저는 산야(山野)의 사람으로 지금 시기에 쓸모가 없고, 또한 신선·황백의 일이나 토납·양생의 이치 역시 알지 못하니, 전할만한 방술은 있지 않습니다. 가령 대낮에 하늘로 승천하는 것이 또한 세상에 무슨 이로움이 있겠습니까? 지금 성상(聖上)께서는 용안이 매우 뛰어나고 천인(天人)의 모습을 지니시며, 고금에 두루 통달하시고 치란(治亂)을 깊이 궁구하셨으니, 참으로 도를 지닌 어질고 성스러운 주인이십니다. 올바른 임금과 신하가 마음을 합하고 덕을 함께하면 지극한 다스림의 시기가 흥성할 것이니, 수련을 부지런히 행하더라도 이를 넘어서지 못할 것입니다." 송기 등은 선하다고 칭찬하고 그 말을 임금에게 고하였다.[49]

---

48. 『宋史』 제457권, 「列傳·隱逸上」, '陳摶', "太平興國中來朝, 太宗待之甚厚. 九年復來朝, 上益加禮重, 謂宰相宋琪等曰, 摶獨善其身, 不干勢利, 所謂方外之士也. 摶居華山已四十餘年, 度其年近百歲, 自言經承五代離亂, 幸天下太平, 故來朝覲, 與之語, 甚可聽. 因遣中使送至中書."

49. 상동, "琪等從容問曰, 先生得玄默修養之道, 可以教人乎? 對曰, 摶山野之人, 於時無用, 亦不知神仙黃白之事, 吐納養生之理, 非有方術可傳. 假令白日冲天, 亦何益於世? 今聖上龍顏秀異, 有天人之表, 博達古今, 深究治亂, 眞有道仁聖之主也.

두 번째 방문에서 진단은 위정자들이 관심을 두고 실행해야 할 사항을 지적한다. 위정자들은 도교도들이 추구하는 황백술이나 신선술에 관심을 둘 것이 아니라, 임금과 신하가 서로 마음을 합하고 덕을 함께하여 올바른 다스림을 행하는 것에 관심을 두어야 한다는 것이다. 지극한 다스림을 통해 세상을 흥성하게 한다면, 이는 도교 수련을 행하는 것보다 더 뛰어난 것이다. 여기서 진단은 위정자들이 행해야 할 것은 개인적인 도교 수행이 아니라 만인을 위해 올바른 정치를 행하는 것임을 명확히 지적한 것이다. 이러한 내용은 진단의 빼어난 정치적 식견을 보여주는 것이라 할 수 있다.

태종은 진단의 말을 전해 듣고 진단을 더욱 중시하면서 조서를 내려 그에게 희이선생(希夷先生)이란 호와 자색 옷 한 벌을 하사하고, 그가 화산에서 거처하던 운대관(雲臺觀)을 중수하게 했다. 이후 진단은 태종과 여러 차례 시부(詩賦)를 나누며 교유하고서, 수개월이 지난 후에 화산으로 돌아간다.[50] 그리고 진단은 태평흥국 9년(984) 방문으로부터 4년 후인 단공(端拱) 초년(988)에 제자 가덕승(賈德升)에게 "그대는 장초곡(張超谷)에서 돌을 깎아 석실을 만들라. 내 장차 여기서 쉴 것이다."라며, 자신이 장초곡에서 선화할 것을 예언한다.[51]

正君臣協心同德, 興化致治之秋, 勤行修煉, 無出於此. 琪等稱善, 以其語白上."

50. 상동, "上益重之, 下詔賜號希夷先生, 仍賜紫衣一襲, 留摶闕下, 令有司增葺所止雲臺觀. 上屢與之屬和詩賦, 數月放還山."

51. 상동, "端拱初, 忽謂弟子賈德升曰, 汝可於張超谷鑿石為室. 吾將憩焉."

진단의 죽음과 관련하여 『송사』에서는 말한다.

> 단공 2년(989) 가을 7월 석실이 완성되었다. 진단은 손수 수 백자의
> 말로 표(表)를 만들었는데, 그 대략은 다음과 같다. "신 진단의 운명이
> 끝나가고 있습니다. 성상(聖上)의 조정과 헤어짐이 아쉽지만, 이달 22
> 일 연화봉(蓮花峰) 아래 장초곡에서 형체를 변화하고자 합니다." 진단
> 은 예정대로 세상을 떠났는데, 칠 일이 지나도 여전히 몸에 온기가 남
> 아 있었고, 골짜기 입구를 덮은 오색구름이 한 달이 지나도록 사라지
> 지 않았다.[52]

진단은 자신의 운명이 끝날 것을 알고 자신을 예우했던 태종에게
이를 알리고 화산 연화봉 아래 장초곡에서 118세의 나이로 선화했
다.[53] 세상을 떠난 후에도 일주일간 온기가 남아 있고 오색구름이 사

---

52. 상동, "二年秋七月, 石室成. 搏手書數百言為表, 其略曰, 臣摶大數有終. 聖朝難
戀, 已於今月二十二日化形於蓮花峰下張超谷中. 如期而卒, 經七日支體猶溫, 有
五色雲蔽塞洞口, 彌月不散."

53. 『악전집』, 『태화희이지』, 『역세진선체도통감』 등에서 진단이 선화할 때의 나이를
118세로 기록하고 있다. 『樂全集』 卷三十三, 「華山重修雲臺觀記」, "委化之年, 盖
百一十有八歲." 『太華希夷志』, 「卷下」, "至期以燭, 及夕命滅之, 令弟子各休息. 既
曙, 則以左手支頤而終, 壽一百一十八歲." 『歷世眞仙體道通鑑』 卷四十七, "至期,
以左手支頤而終. 逮七日, 容色不變, 其肢體尚溫. 有五色雲蔽其谷口, 彌月不散.
享年一百一十八歲."

라지지 않았다는 내용은 빼어난 도교 도사로서 진단의 신이한 행적을 드러내는 것이라 할 수 있을 것이다.

(2) 진단의 저술

진단은 어려서부터 다양한 경서를 읽고 여러 인물과 교유하였기에 그 학술은 깊고 넓으며 저술은 다양하다. 일반적으로 그의 사상은 유불도 삼교융합적 측면을 지니며 노장, 내단, 역학 세 방면에 뛰어났다고 평가된다. 그의 저술은 도교 수양 관련 저술을 비롯하여 역학과 관상법 관련 저술, 그리고 시문집에 이르기까지 다양하다. 하지만 극히 일부를 제외한 대부분의 저술이 일실되었다. 저술과 관련하여『송사』,「은일전」에서는 다음과 같이 말한다.

> 진단은 역(易)을 읽기를 좋아하여 손에서 책을 놓지 못했고, 늘 스스로 부요자(扶搖子)라 칭했다.『지현편(指玄篇)』81장을 저술하여 수양과 환단의 일을 말하였다. 재상 왕부(王溥)도 81장을 저술하여『지현편』의 뜻을 풀었다. 진단에게는 또『삼봉우언(三峰寓言)』,『고양집(高陽集)』,『조담집(釣潭集)』등 육백여 수의 시(詩)가 있다.[54]

54.『宋史』제457권,「列傳 · 隱逸上」, '陳摶', "端拱初, 忽謂弟子賈德升曰, "汝可於張超谷鑿石為室. 吾將憩焉." 二年秋七月, 石室成. 摶手書數百言為表, 其略曰, "臣摶大數有終. 聖朝難戀. 已於今月二十二日化形於蓮花峰下張超谷中." 如期而卒, 經七日支體猶溫. 有五色雲蔽塞洞口, 彌月不散. 摶好讀易, 手不釋卷. 常自號扶搖子. 著『指玄篇』八十一章, 言導養及還丹之事. 宰相王溥亦著八十一章以箋其指.

「은일전」에서는 진단의 저술로 『지현편』, 『삼봉우언』, 『고양집』, 『조담집』 등을 기록하고 있는데, 이 저술들은 현재 모두 일실되었다. 이 문헌들 가운데 도교 수양법 혹은 연단법과 관련된 진단의 대표 저술은 『지현편』이다. 총 81장으로 구성된 『지현편』은 『구실지현편(九室指玄篇)』으로도 불리는데, 『숭문총목(崇文總目)』, 정초의 『통지(通志)』 등에도 기록되어 있다. 전문은 현재 일실되었지만, 『지현편』의 일부 내용이 유염(俞琰)의 『주역참동계발휘(周易參同契發揮)』와 『역외별전(易外別傳)』 등에 산견되어 있다.[55]

『지현편』 외에 도교 수양론과 관련한 진단의 저술로 『입실환단시(入室還丹詩)』, 「음진군환단가주(陰眞君還丹歌注)」 등이 언급된다. 『역세진선체도통감』과 『태화희이지』에서는 진단이 『입실환단시』 50여 수를 짓고, 또 『조담집』을 지었는데, 이는 모두 오묘한 도의 이치와 지극히 참된 진리를 포괄하고 있다고 말하고 있다.[56] 명나라 『정통도장』, 『동진부(洞眞部)・옥결류(玉訣類)』에는 「음진군환단가주」가 수록되어 있는데, 표제에 "희이 진단 주석"[57]이라고 기록되어 있다. 다만 최근 연구에서는 「음진군환단가주」의 연단법이 진단의 연단사상과 다르다

 搏又有『三峰寓言』及『高陽集』・『釣潭集』, 詩六百餘首."

55. 章偉文, 『宋元道敎易學初探』, 巴蜀書社, 2005, 203~204쪽. 陳搏 撰, 太極生 輯, 『陳搏集』, 華夏出版社, 2019.7 重印, 27쪽.

56. 『曆世眞仙體道通鑒』, 卷四十七과 『太華希夷志』, 「卷下」에 다음의 동일한 구절이 기록되어 있다. "入室還丹詩五十首, 又作釣潭集萬餘字, 皆羅縷道妙, 包括至眞."

57. 『陰眞君還丹歌注』, "希夷陳搏注.", 『道藏』 제2책, 제878쪽.

는 점을 근거로 이를 후대인의 가탁으로 보고 있다.[58]

진단은 도가·도교수양론뿐 아니라 역학에도 매우 빼어났다. 역과 관련된 대표적인 저작은『역용도(易龍圖)』이다.『용도』라 불리기도 하는데, 정초의『통지』,『중흥서목』,『수초당서목(遂初堂書目)』등 다양한 문헌에 기록되어 있는데,[59] 현재 본문은 일실되고 서문인「용도서」만 전해진다.[60]「용도서」외에 진단 역학을 살필 수 있는 문헌은『정역심법』이다.『정역심법』에서 진단은 마의도자의 경문에 주석을 단 저술로, 송나라 지반의『불조통기』, 진현미의『주역참동계해』등에서『정역심법』이 마의도자가 짓고 진단이 주석을 달았음을 기록하고 있다.[61]

진단은 이외 수양론과 관련된『적송자계(赤松子誡)』(『적송자팔계록(赤松子八誡錄)』이라고도 한다), 역학과 관련된『직해주역(直解周

---

58. 章偉文,『宋元道教易學初探』, 巴蜀書社, 2005, 204~209쪽. 陳摶 撰, 太極生輯,『陳摶集』, 華夏出版社, 2019.7 重印, 29쪽.

59. 정초(鄭樵, 1104~1162)의『通志』권63,「藝文略第一·經類第一」, '易·圖'에서 "『龍圖』, 一卷"이라고 기록하고 있다.『中興書目』에서는 "易龍圖, 一卷, 本朝處士陳摶撰"라고 기록하고 있다. 우무(尤袤, 1127~1194)의『遂初堂書目』,「周易類」에서는 "易龍圖"라고 기록하고 있다.

60.「용도서」는 여조겸의『宋文鑑』(卷第八十五) 외에 원나라 때 張理의『易象圖說』(内篇, 卷上), 胡一桂의『易學啓蒙翼傳』(中篇), 명나라 때 周復俊의『全蜀藝文志』(卷三十一) 등에 실려 있다.

61.『佛祖統紀』권43, "處士陳摶, 受易於麻衣道者. 得所述正易心法四十二章, 理極天人, 歷詆先儒之失, 摶始爲之注."『周易參同契解』,「又敍」, "猶麻衣之易, 實陳希夷記錄麻衣之言, 非世儒可道."

易)』, 관상서 『인륜풍감(人倫風鑒)』(『귀감(龜鑒)』이라고도 한다) 등을 저술했다고 전해진다.[62]

🕊 3. 마의도자와 진단의 역학

앞서 살폈듯이, 마의도자는 유불도 삼교합일 사상을 지닌 승려로서 방술·술수에 빼어나고 역학에 뛰어났다. 그의 역학은 진단에게 영향을 끼쳤는데, 마의도자 역학의 전수와 관련하여 『불조통기』에서는 다음과 같이 말하고 있다.

처사 진단은 마의도자에게 역을 전수받고 그가 저술한 『정역심법』 42장을 얻었다. (『정역심법』에서는) 하늘과 사람에 대한 역의 이치를 지극히 궁구하며 이전 유학자들의 잘못을 두루 비판했는데, 진단이 처음으로 이 책에 주석을 달았다. 「하도」·「낙서」의 비결을 전수받는 데 이르러서는 역도(易道)의 깊은 뜻을 밝혔다. 이는 정강성, 경방, 왕필, 한강백과 같은 한(漢)·진(晉) 시기의 뭇 유학자들이 모두 알지 못한 것이었다. 그 비결에서는 "9를 머리에 이고 1을 밟으며, 왼쪽은 3 오른쪽은 7이다. 2와 4는 어깨가 되고, 6과 8은 무릎이 된다. 가로나 세

---

62. 陳搏 撰, 太極生 輯, 『陳搏集』(華夏出版社, 2019), 25~29쪽 참조.

로로 (합하면) 모두 15이며, 5가 그 곳의 가운데 거한다."라고 말한다. 이 그림은 가로 혹은 세로, 거꾸로 혹은 똑바로 (어느 방향으로든) 서로 합하여 사귀는데, 어떻게 헤아려도 모두 15를 얻는다. 진단이 처음으로 충방에게 전했고, 충방은 이개에게, 이개는 허견에게, 허견은 범악창에게, 범악창은 유목에게 전했다. 유목이 처음으로 『역수구은도(易數鉤隱圖)』에서 이에 대해 서술했다.[63]

인용문에 따르면, 마의도자는 자신의 역학사상을 기술한 『정역심법』을 진단에게 전수했다. 더불어 『정역심법』과 함께 「하도」·「낙서」와 관련된 비결 역시 전수하였는데, 이는 위진 시기 이전의 역학가들에게서 보이지 않았던 역학이다.

인용문에서 중앙은 5가 되고 가로 세로를 모두 더하면 15가 되는 도상은 전통적으로 「구궁도(九宮圖)」로 말해진 도상으로 현재는 「낙서」로 일컬어지는 것이다. 마의도자가 『정역심법』과 함께 진단에게 전수한 내용은 「하도」·「낙서」와 관련된 역학으로, 『불조통기』에서는 역도(易道)를 오묘하게 통달한 마의도자가 "처음으로 「하도」의 신비를

---

63. 『佛祖統紀』 제43권, 『法運通塞志』 第十七之十, 「宋·太祖」, "處士陳摶受易於麻衣道者, 得所述正易心法四十二章. 理極天人, 歷詆先儒之失, 摶始爲之註. 及受河圖洛書之訣, 發易道之祕. 漢晉諸儒如鄭康成京房王弼韓康伯, 皆所未知也. 其訣曰, 戴九履一, 左三右七. 二四爲肩, 六八爲膝. 縱橫皆十五, 而五居其室. 此圖縱橫倒正回合交錯, 隨意數之, 皆得十五. 劉牧謂非人智所能僞爲. 始摶以傳种放. 放傳李漑. 漑傳許堅. 堅傳范諤昌. 諤昌傳劉牧. 始爲鉤隱圖以述之."

밝히고 진단에게 전수"하고, "진단이 비로소 비결을 저술하여 세상에 전했는데, 세상 사람들은 단지 진단의 말이라고 서술하고 그 뜻이 「계사전」과 『역위(易緯)』에서 나왔음을 알지 못했다"라고 말한다. 그리고 "지금 저술된 비결은 위로는 『역위』의 구궁도 15수의 글과 합치"하고 『역위』의 내용은 「계사전」의 내용과 부합한다고 지적하고 있다.[64]

지반이 인용문에서 진단이 마의도자의 역학을 깊이 탐구하여 드러내었다고 말한 「하도」·「낙서」 관련 역학은 바로 진단의 「용도」 역학이다. 「용도」와 관련된 역학서인 진단의 『역용도』는 일실되고 현재 그 서문인 「용도서」가 전해지는데, 이 서문을 통해 진단의 「용도」 관련 역학이 현재 전해지는 「하도」·「낙서」와 관련된 역학임을 알 수 있다. 진단은 『역용도』에서 「하도」·「낙서」와 관련된 상수역학의 원형적 사유를 제시했다고 한다.[65]

『불조통기』를 저술한 지반은 진단에게 전수한 「하도」·「낙서」가 충방(种放), 이개(李漑), 허견(許堅), 범악창(范諤昌)을 거쳐 유목(劉牧)

---

64. 『佛祖統紀』 제43권, 『法運通塞志』 第十七之十, 「宋·太祖」, , "五季之際, 有方服而衣麻者, 妙達易道. 始發河圖之祕, 以授希夷, 希夷始著訣傳世, 然世人徒能述希夷之言, 而不知其義本出於繫辭易緯. 今以著訣, 上合易緯九宮十五之文, 又以易緯, 仰參繫辭參伍以變之說, 無不脗合繫緯之文."
65. 「용도서」에 대한 내용과 분석은 주백곤, 이원국의 연구를 참조할 수 있다. 주백곤 지음, 김학권 옮김, 『역학철학사』 3, 소명출판, 2012, 34~43쪽. 李遠國, 「陳摶易學思想探微」, 『道家文化研究』 第11輯, 陳鼓應 主編, 三聯書店, 1997, 159~171쪽.

에게 전해졌다고 보는데, 이는 송나라 때 저명한 역학가였던 주진(朱震, 1072~1138)이 「한상역전표(漢上易傳表)」에서 제시했던 「하도」·「낙서」의 전승 내용과 동일하다.[66] 역학사에서는 주진의 시각에 따라 「하도」·「낙서」가 진단의 「용도」로부터 유래했다고 여기는데,[67] 지반에 따르면 「용도」와 관련된 진단 역학의 시원적 사유가 마의도자로부터 전해진 것이다. 문헌의 부재로 「용도」와 관련된 마의도자의 역학이 어떤 것인지, 지반의 말이 어느 정도 사실인지는 알 수 없다. 하지만 진단이 『정역심법』 주석에서 「용도」 관련 사항을 언급하고 있는 점으로 볼 때,[68] 마의도자의 역학이 진단의 「용도」 역학에 일정한 영향을 끼쳤다고 할 수 있다. 지반에 따르면, 이러한 역학은 한당 시기 역학가들이 알지 못했던 것이다.

---

66. 주진(朱震, 1072~1138)은 소흥(紹興) 4년(1134)에 『周易集傳』 9권, 『周易圖』 3권, 『周易叢說』 1권을 완성하고 이후 이 책들을 선사(繕寫)하여 고종에게 진상했다. 그는 「漢上易傳表」에서 漢代부터 北宋까지 「선천도」, 「하도」·「낙서」 그리고 「태극도」와 관련된 역학의 전승 상황을 제시했다. 『漢上易傳』, 「漢上易傳表」 참조.

67. 주진이 제시한 북송 도서학 전승 및 「하도」·「낙서」 관련 사항은 주백곤, 앞의 책(『역학철학사』 3), 12~23쪽, 이대승, 「송대 도서학과 주자 역학」, 한국학중앙연구원 박사학위논문, 2019, 1~10쪽 참조.

68. 『정역심법』 제23장에서 마의도자는 역이 전해지는 과정에서 履卦와 小畜卦 그리고 八體의 뜻이 가장 많이 해쳤다고 말한다. 진단은 이 경문을 설명하는 과정에서 「용도」와 관련된 내용을 언급하고 있다. 『正易心法』 第二十三章, 경문 "古今傳易, 舛訛爲多. 履畜八體, 最爲害義.", 주석 "皆龍圖大衍定數, 則履在小畜上, 爲第九卦也明矣."

『정역심법』역시 경문과 주석을 살펴볼 때 기존 역학 해석 경향과 차이를 보인다. 책 제목 '정역심법'의 '정역'은 바로 복희가 그린 괘획을 가리킨다.[69] '심법'은 불교 용어로서 마음으로 전하는 법, 혹은 마음으로 복희가 만든 괘획의 의미를 깨닫는 것 등을 지칭한다고 할 수 있다. 『정역심법』에서는 『주역』 경문이나 「십익」이 아닌, 복희가 그린 괘획 즉 '정역'을 깊이 탐구할 것을 강조하는데, 이는 송대 이전의 역학과 차이를 보인다.

송대 이전의 역학은 크게 한대 상수역학과 진당대(晉唐代) 의리역학으로 대별된다. 한대 상수역학은 서한의 맹희와 경방, 그리고 동한의 우번으로 대표된다. 맹희와 경방은 8괘나 64괘를 1년 사시, 12달, 24절기, 365일에 배당하고 이로써 절기의 변화를 해석하는 괘기설(卦氣說)을 발전시켰고, 우번은 건곤괘의 변화로부터 6괘를 도출하고 또 12소식괘의 변화로부터 나머지 괘들을 도출하는 괘변설(卦變說)을 발전시켰다. 한대 역학은 상수로 역을 해석하는 과정에서 지나치게 번잡한 형태를 지니게 되었기에, 이후 왕필과 한강백 등에 의해 비판받는다. 이에 위진 이후 역학의 흐름은 의리역학으로 대체된다. 당대의 역학은 공영달의 『주역정의』와 이정조의 『주역집해』로 대표된다. 그 중 왕필과 한강백의 역학을 근본으로 삼으면서 경문의 의리를 밝히는 것을 중시한 『주역정의』의 의리역학이 관방의 정통 역

---

69. 『正易心法』, "正易者, 正謂卦畫"

학이 되었다.[70]

『정역심법』에서는 이같이『주역』경문의 의리 탐구를 중시하는 기존의 역학을 비판한다.『정역심법』에서는 역학에 대한 탐구는『주역』경전에 대한 해석이나 그 의미 탐구가 아닌, 일상생활 속에서 복희가 8괘를 지은 원리 즉 역도(易道) 그 자체를 이해하는 것으로부터 비롯해야 한다고 본다. 마의도자는『정역심법』첫 장에서 "복희의 역도는 만상을 포괄한다. 모름지기 핵심처[落處]를 알아야 바야흐로 실제 쓰임이 있다."[71]라며, 역학의 핵심처를 깨달아야 한다고 역설한다. 이에 대해 진단은 다음과 같이 해설한다.

핵심처[落處]란 괘획의 실제적인 뜻이 있는 곳을 알고 맹목적으로 고인들의 말을 암송하지 않아야 함을 말한다. 가령 진괘는 건괘의 초효를 얻었으니, 그래서 우레는 하늘 아래로부터 발하는 것이다. 감괘는 건괘의 중효를 얻었으니, 그래서 달은 하늘 가운데에서부터 운행한다. 간괘는 건괘의 상효를 얻었으니, 그래서 산은 하늘 위에서부터 떨어진 것이다. …… 인사 또한 그러하다. 역도는 천지만물의 일상생활 속에서 드러나니, 이러한 정황을 바탕으로 모두 실제 쓰임을 얻는다면 복희가 획

---

70. 漢代부터 唐代까지의 역학 흐름에 대한 개괄은 주백곤 외 지음, 김학권 옮김,『주역산책』, 예문서원, 2008, 113~120쪽 참조.
71.『正易心法』, 1장, "羲皇易道, 包括萬象. 須知落處, 方可實用."

을 그은 것이 종이 위의 공부를 위해서가 아님을 알 수 있을 것이다.[72]

진단은 역의 실제적인 뜻을 이해하기 위해서는 천지만물이 운행되는 일상생활 속에서 역도를 탐구해야 함을 역설한다. 가령 진괘(☳)는 곤괘(☷)가 건괘(☰)의 초효를 얻은 것인데, 이는 일상생활에서 우레가 하늘 아래에서 치는 원리를 상징적으로 보여준다. 이처럼 역이란 천지만물의 변화를 논한 것이기에 종이로 된 『주역』경전을 맹목적으로 암송하는 방식이 아닌, 일상생활에서 일어나는 자연현상을 통해 이해해야 한다. 복희가 그린 역은 "때를 따르고 사물에 응하면 일상생활 속에서 알 수 있는" 것으로, 모두 "자연스러운 이치이다." 역학의 이치로 보면, 움직이고 머물고 앉고 눕는 일상생활의 움직임 모두가 역(易)이다.[73]

이 때문에 역학을 제대로 이해하기 위해서는 『주역』경문에 대한 탐

---

72. 상동, 1장 주석, "落處, 謂知卦畫實義所在, 不盲誦古人語也. 如震得乾初爻, 故雷自天下而發. 坎得中爻, 故月自天之中而運. 艮得上爻, 故山自天上而墜也. … 人事亦然. 易道見於天地萬物日用之間, 能以此消息, 皆得實用, 方知義皇畫卦, 不作紙上功夫也."

73. 상동, 24장 주석, "義皇畫卦, 非謂出私意. 撰寫一『易』道於方冊上, 以誨人也. 特以順時應物, 則以見於日用之間耳. 以粗跡言之, 如以錢博, 六純字, 乾也. 六純背, 坤也. 差互, 六子也. 若反則未勝, 至純則乾坤成矣. 又如優人呈伎, 壯者任其難, 六子也. 老者斂其利, 乾坤也. 此皆理之自然. 即此理以察其餘, 則是行止坐臥纖悉舉天下皆『易』. 無可揀擇者. 但百姓昏昏, 日用之而罔覺矣."

구가 아닌, 복희가 처음 그린 8괘 혹은 64괘의 상(象)에 대한 이해가 필요하다. 복희는 "처음에 8괘를 그리고, (이를) 거듭해서 64괘를 만들었을 뿐 문자를 (따로) 세우지 않았고," 단지 8괘와 64괘를 통해 "천하 사람들로 하여금 고요히 그 상을 살피게 했을 뿐"이다.[74] 진단은 복희가 8괘와 64괘를 통해 세운 "상과 같을 수 있다면 길흉은 상응"하지만, "그 상을 어긴다면 길흉은 반대로 일어난다"고 여긴다. 그리고 이렇게 복희가 세운 상을 이해하고 이러한 상과 같게 행동하는 것, 이것이야말로 복희가 "말로 하지 않은 가르침[不言之教]"이라고 본다.[75]

『정역심법』에서는 역학의 원리를 깨닫기 위해서는 복희가 제시한 괘획을 이해해야 함을 강조한다. 주공과 공자가 제시한 말은 복희의 괘획을 설명하기 위해서일 뿐이다. 그래서 마의도자는 "(복희의) 역의 도가 전해지지 않자 주공과 공자가 나타났다. 주공과 공자의 설만이 홀로 유행하자 역의 도가 다시 어두워졌다"[76]라며, 역학의 도는 "마땅히 활법을 알아 스스로 깨달아야 한다"[77]라고 강조한다. 이에 대해 진단은 더욱 분명한 어조로 다음과 같이 해설한다.

---

74. 상동, 3장 주석, "羲皇始畫八卦, 重爲六十四, 不立文字, 使天下之人嘿觀其象而已."

75. 상동, 3장 주석, "能如象焉, 則吉凶應. 違其象, 則吉凶反. 此羲皇氏作不言之教也. 鄭康成略知此說."

76. 『正易心法』 제4장 경문 "易道不傳, 乃有周孔. 周孔孤行, 易道復晦."

77. 『正易心法』 제41장 경문 "易道彌滿, 九流可入. 當知活法, 要須自悟."

상고시대에는 괘획이 분명하여 역의 도가 행해졌지만, 후세에는 괘획이 분명하지 못해 역의 도가 전해지지 않았다. 성인이 이에 어쩔 수 없이 '말[辭]'[78]을 하였는데, 학자가 지식이 얕아 한결같이 그 '말'에만 집착하여 역은 이것일 뿐이라고 여기었다. 그런데 주공과 공자의 '말'만 마침내 홀로 유행하게 된 이래로 (학자들은) 다시금 괘획에 은미한 뜻이 있음을 알지 못하고 단지 팔자설만 지었으니, 이것을 일러 나무상자를 사고 옥은 돌려준다고 하는 것이다. 한나라 이래로 모두 그러하였으니, 역의 도가 어찌 어둡지 않겠는가![79]

역을 배우는 자는 마땅히 복희의 마음자리로 나아가야 하며, 주공이나 공자의 말에 얽매이지 말라.[80]

『정역심법』에서는 역학을 "복희씨의 정역"과 "주공과 공자가 역을 밝히기 위해 지은 '말[辭]'" 두 가지로 구분한다. 복희의 가르침은 고

---

78. 『주역』에서 '사(辭)'는 일반적으로 문왕이 지었다고 말해지는 괘사, 주공이 지었다고 말해지는 효사를 지칭한다. 하지만 『정역심법』에서 '사'는 괘사·효사뿐 아니라 전통시기에 공자가 지었다고 여겨졌던 '십익(十翼)'까지를 포함한다. 이 때문에 '辭'를 '말'로 번역했다.

79. 『正易心法』제4장 주석 "上古卦畵明, 易道行, 後世卦畵不明, 易道不傳. 聖人於是不得已而有辭, 學者淺識, 一著其辭, 便謂易止於是. 而周孔遂自孤行, 更知有卦畵微旨, 只作八字說, 此謂之買櫝還珠. 由漢以來皆然, 易道胡爲而不晦也!"

80. 『正易心法』제41장 경문 "易道彌滿, 九流可入. 當知活法, 要須自悟." 주석 "學易者, 當於羲皇心地中馳騁, 無於周孔言語下拘攣."

대에는 밝았기에 말[辭]이 필요 없었다. 그런데 후대로 내려가 그 도가 전해지지 않아 어쩔 수 없이 문왕과 주공, 그리고 공자와 같은 성인들이 세상 사람들을 위해 말을 두었을 뿐이다. 복희의 "괘획은 모두 천지만물의 이치를 눈앞에다 본떠 놓은 것"[81]이기에, 역을 탐구할 때는 『주역』 경문에 대한 탐구가 아닌, 복희가 8괘를 지은 원리 즉 역도(易道) 그 자체를 이해하는 것으로부터 비롯해야 한다.

역의 깊은 의미를 탐구하기 위해서는 '말[辭]'이 아닌 '정역'으로 나아가야 한다. 그런데 세상에서 역을 배우는 이들은 역의 근본인 복희의 괘획을 탐구하지 않고 이를 해설하기 위해 쓰인 것에만 침잠한다. 그래서 마의도자는 『정역심법』 마지막 장에서 "세속에서 배우고 해석하는 자들은 예전에 들은 것만 침잠한다. 그 처음의 근본을 잃어버려 역의 도가 얕아지고 좁아졌다."[82]라고 지적한다. 그리고 진단은 마의도자의 말을 해설하며 다음과 같이 한탄한다.

복희씨의 정역(正易)은 『춘추』에 비견되고, 주공과 공자가 역을 밝힌 것은 전(傳)에 비견된다. 좌씨는 본래 『춘추』를 위해 전을 지었는데, 세상에서는 그 문사만을 완미하여 좌씨의 전만 홀로 유행하는 데 이르게 되고 『춘추』의 은미한 뜻은 사라지게 되었다. 역에 사(辭)가 있는 것은 본래 복희를 위해 드러내 펼친 것이다. 학자들이 사를 빌어 그 획상(畫象)

---

81. 『正易心法』 제7장 주석 "卦畫, 皆所以寫天地萬物之理於目前."
82. 『正易心法』 제42장, 경문, "世俗學解, 浸漬舊聞. 失其本始, 易道淺狹."

을 밝히는 것을 알지 못하고, 마침내 그 사에만 빠져 고금의 훈고와 주석을 덧붙이고 그릇됨과 오류를 계승하여, 복희의 애초의 뜻이 세상에 행해지지 못하게 하였으니, 역도가 이에 얕아지고 좁아졌도다. 아![83]

이상과 같이 "복희의 마음자리"로서 역의 원리를 강조하는 마의도자와 진단의 입장은 당대(唐代)까지의 유학의 경전해석학 전통과 차이가 있다. 경전해석학 전통에서는 주공이나 공자의 뜻을 이해하기 위해 경전에 대한 훈고학적 작업이 중시된다. 역의 원리에 대한 강조는 주석학적 전통을 강조하던 역학 전통을 비판한 것이다. 이는 주공, 문왕, 그리고 공자가 저술했다고 여겨진 『주역』의 언어와 그 의미에 대한 천착이 아닌, 역을 발생시킨 복희의 괘획 자체에 대한 탐구로 역학 탐구의 방향성을 전환시킨 것으로, 『주역』의 원리를 중시하는 송대 역학의 시발점이라 평가할 수 있다.

---

83. 상동, 42장 주석, "義皇氏正易, 『春秋』比也. 周孔明易, 作傳比也. 左氏本爲『春秋』作傳, 而世乃玩其文辭, 致左氏孤行, 而『春秋』之微旨泯矣. 易之有辭, 本爲義皇發揚. 學者不知借辭以明其畫象, 遂溺其辭, 加以古今訓註而襲謬承誤, 使義皇初意不行於世, 而易道於此淺狹矣. 嗚乎!"

4. 남송 시기 『정역심법』 평가와 위작설

『정역심법』은 진단 이후 어떻게 전승되고 또 유행되었는지 확실치 않다. 다만 진단이 도교 도사인 만큼 책을 대중에게 널리 유포하지 않고, 합당한 인물에게 은밀하게 도를 전승하는 도교 전승 방식에 따라 책을 전했을 것으로 추정된다. 북송 시기 여봉(廬峰)의 은자 이잠이 서문에서 이 책을 여산의 이인(異人)에게 얻었다고 말한 것이 이를 잘 보여준다.[84]

이잠은 서문에서 이 책을 "훌쩍 복희씨의 마음자리로 내달리니, 진실로 세속 밖의 참된 신선의 책"이라고 평가했다.[85] 이잠의 평가는 『정역심법』이 일반적인 유학 전통의 경전 해석과 다름을 명확히 지적한 것이다. 유학 전통의 경전 해석 방식과 큰 차이를 보이고 또 은자 계통에서 전승되는 점을 고려하면, 『정역심법』은 북송 시기에 일부 인물들에게만 전해졌을 것으로 추정된다.

『정역심법』은 남송 시기에 유학자들에 의해 점차 간행·유포되고 평가되면서 남송 지식인 사회에 널리 알려진다. 이 책이 남송 지식인 사회에 널리 알려지는 데 가장 큰 영향을 끼친 인물은 남송 도학 집단을 대표하는 장식과 주희일 것이다. 장식과 주희 모두 『정역심법』를 평가하는 글을 남겼는데, 장식은 『정역심법』을 마의도자가 지은 책으

---

84. 『正易心法』, 「序」, "麻衣道者羲皇氏正易心法, 頃得之廬山一異人."
85. 상동, "翩然於羲皇心地馳騁, 實物外眞僊之書也."

로 보고 긍정적으로 평가한 반면, 주희는 이 책을 대사유의 위작으로 주장하며 부정적으로 평가한다. 송대 유학에서 장식과 주희가 차지하는 위상을 고려할 때, 이들의 평가는 남송 유학자들의 시각을 대표하는 것으로서 살펴 볼 필요가 있다. 나아가 주희의 주장은『정역심법』의 위작설을 제시한 것이기에 상세히 검토해야 한다.

(1) 장식의 평가

『정역심법』에서는『주역』경문에 대한 해석이 아닌 괘획에 담긴 역의 원리 탐구를 중시한다. 이는 주공과 문왕, 그리고 공자가 서술한 경문을 중시하는 유교의 경학 해석과 차이를 지닌다. 성인이 제시한 경전을 중시하는 유학자의 입장에서는 주공과 문왕 그리고 공자를 가로질러 곧장 '복희의 마음자리'로 나아가라고 요구하는『정역심법』의 시각은 일면 수용하기 어려운 것일 수 있다. 하지만 경전의 본래 의미 혹은 이치를 중시하는 해석 경향은 경전 문자를 중시하던 한대 훈고학과 달리 의리를 중시하는 송학과 일면 맞닿아 있다. 이 점에서『정역심법』은 유학자들에 의해 논할만한 저술로 여겨질 수 있는데,『정역심법』의 역학 탐구 시각을 비판하면서도 이 저술을 긍정적으로 여긴 대표적 유학자는 주희와 함께 활동했던 남송의 장식(張栻, 1133~1180)이다.

주희가 순희 4년(1177년) 11월에『정역심법』후서를 쓰기 이전에, 일찍이 장식은『정역심법』을 읽고 후서 혹은 발문 형태의 글을 남긴 바 있다.[86] 이 글은 주희가 1184년에 편찬한 장식의 유고집 『남헌집 (南軒集)』에는 수록되어 있지 않고, 송말원초 마단림의 『문헌통고』에 수록되어 있는데,[87] 그 내용은 다음과 같다.

아! 이는 참으로 마의도자의 책이로다. 그 학설은 단지 복희의 괘획에 근원을 두고, 건곤의 자연스러운 이치로 미루어가고 괘맥이 유동하는 바를 고찰하며, 반대와 대대 및 변함과 복귀함에 대해 논했으니, 심오 하도다! 아마도 스스로 터득한 것일진저! 은자 진단은 진실로 마의도 자의 학문을 전수받았다. 두 공의 높은 식견은 속세를 벗어나 모두 장 대히 가서 오지 않는 염원이 있으니, 아마도 열자와 장자의 무리일 것 이다! 비록 그렇다 할지라도 대체로 우리 성문의 법으로 하기에는 아 닌 듯하다. …… 진단이 마의도자의 학설에 대해 서술하여 말했다. "배 우는 자는 마땅히 복희의 마음자리로 나아가야 하며, 주공이나 공자의 발자국 아래서 배회하지 말라." 나는 역을 배우는 이는 모름지기 주공 과 공자의 발자국에서 살펴 구한 연후에 복희의 마음자리를 알 수 있 고, 이를 미루어 감으로써 역의 대강을 볼 수 있다고 생각한다. 그러나

---

86. 「서마의심역후(書麻衣心易後)」에서 주희는 『정역심법』에 대한 장식의 시각을 거 론하며 비판하고 있다. 이를 통해 장식의 후서 혹은 발문이 주희의 후서 이전에 쓰였음을 알 수 있다.
87. 필자는 이 글이 주희가 1184년에 편찬한 장식의 유고집 『南軒集』에 수록되어 있 지 않은 데에는 장식과 달리 『정역심법』을 대사유의 위작으로 보았던 주희의 입장 이 반영되었을 가능성이 크다고 본다.

이 책이 전하는 내용은 진실로 문장의 의미에 구애되거나 사사로운 뜻을 천착한 것이 아니니, (우리 성문의 법에) 함께 참여한 사람들이 말할 수 있는 것이다.[88]

인용문에서 장식은 주공과 공자의 '사(辭)' 전통을 벗어나 복희의 마음자리에 곧장 나아가라는『정역심법』의 시각을 비판하면서,『주역』의 언어 문장을 통해 복희의 마음자리를 알 수 있고 이를 통해 역의 근본 원리를 살필 수 있다고 말한다. 이는 유학자로서 오경의 하나인『주역』경문을 강조하는 시각을 드러낸 것이다. 장식은 비판적 입장을 지니면서도『정역심법』이 진실로 마의도자와 진단의 역학이 담긴 저술로서 그 내용은 유학자들이 논할 수 있는 것으로 본다. 이는 역학에 대한『정역심법』의 시각을 일정 부분 긍정한 것이다.

장식이『정역심법』의 시각을 긍정한 것은 이 책이 "문장의 의미에 구애되거나 사사로운 뜻을 천착"하지 않았기 때문이다. 장식은 비록『주역』경문을 통해 역의 원리를 살필 수 있다고 여기지만,『정역심

88.『文獻通考』제176권,『經籍考三』,『『麻衣道者正易心法』一卷』, "嗚呼! 此眞麻衣道者之書也. 其說獨本於羲皇之畫, 推乾坤之自然, 考卦脈之流動, 論反對變復之際, 深矣! 其自得者歟! 希夷隱君, 實傳其學. 二公高視塵外, 皆有長往不來之願, 抑列禦寇莊周之徒歟! 雖然, 槪以吾聖門之法, 則未也. … 希夷述其說曰, "學者當於羲皇心地上馳騁, 無於周孔脚足下盤旋." 予則以爲學易者, 須於周孔脚足尋求, 然後羲皇心地上可得而識, 推此可槪見矣. 然其書之傳, 固非牽於文義, 鑿於私意者, 所可同年而語也."

법』의 주장이 문장의 의미에 구애되거나 사사로운 뜻을 천착하는 역학 탐구 경향에서 벗어나 역의 원리와 의미 탐구를 강조한다는 점에서 유자들이 함께 얘기할 수 있는 책으로 여긴 것이다. 장식의 시각은 『정역심법』의 역학 탐구 시각을 비판하면서도 이를 토론할 수 있는 저술로서 긍정적으로 본 유학자의 입장을 대표적으로 보여준다.

장식의 평가는 남송 시기에 『정역심법』이 유학자들에게 긍정적으로 읽혔음을 보여주는 대표적인 사례다. 도학 집단에서 장식이 지닌 위상을 고려하면, 그의 시각은 호상학파를 비롯한 다른 도학 집단의 유학자들에게 영향을 끼쳤을 것이다. 장식 외에 『정역심법』을 긍정적으로 본 유학자로서 남송의 이춘(李椿)과 정준(程準) 등을 들 수 있다.

이춘은 역학에 밝은 유학자로서 주희가 서신을 주고받으며 예우한 인물이다.[89] 그는 『정역심법』을 매우 좋아했는데, 건도(乾道, 1165~1173) 연간에는 당도(當塗)에서 이 책을 간행까지 하였다.[90]

---

89. 이춘에 관련한 내용은 『晦庵集』 제37권에 주희가 이춘에게 보낸 편지인 「答李壽翁」, 제82권에 이춘의 유묵에 대한 발문인 「跋李壽翁遺墨」을 통해 살필 수 있다. 특히 「발이수옹유묵」을 살펴보면, 이춘은 역학을 심도 있게 공부한 유학자로서 주희가 상당히 예우한 인물임을 알 수 있다.

90. 『朱子語類』에서 이춘이 이 책을 매우 좋아하여 太平州에서 開板했고, 또 周子中이란 인물이 舒州에서 開板했다는 내용이 있다. 이외 馮椅의 『厚齋易學』과 胡一桂의 『易學啓蒙翼傳』 등에서 이춘이 當塗에서 『정역심법』을 간행했다고 말하고 있다. 『朱子語類』, 卷六十七, 「易三」, "麻衣易, 南康戴主簿撰. 麻衣五代時人, 五代時文字多繁絮. 此易說, 只是今人文字, 南軒跋不曾辯得, 其書甚謬. 李壽翁甚

정준은 남송 시기 역학가 정대창(程大昌)의 맏아들로 문장으로 명성
이 있던 인물이다. 그는 신무주 포강현 주부로 있던 기해년(1179)에
이 책에 서문을 썼다.[91] 이 서문에 따르면, 고계 태수 이공(李公)이 사
람들에게 배포하기 위해 정준에게 『정역심법』 정본을 만들어 줄 것을
부탁했다. 이를 위해 정준은 『정역심법』을 아침저녁으로 마주했는데,
당시 이 책이 마치 "상서로운 빛이 누추한 내 집에서 찬란히 빛나는
것 같았으니, 참으로 신령스러운 것"이었다고 평가하고 있다.[92]

　장식과 이춘, 그리고 정준 등의 사례는 남송의 유학자들에게 『정역
심법』이 긍정적으로 읽혔음을 보여준다. 이와 달리 주희가 위작설을

喜之, 開板於太平州, 周子中又開板於舒州."『厚齋易學』, 卷五十,「附錄二」, '正心
易法', "麻衣道者正易心法, 四十二章, 章四句, 句四言. 題希夷先生受. 李壽翁刊
于當塗.",『易學啓蒙翼傳‧中篇』,「宋‧麻衣道正易心法」, "四十二章, 章四句, 句
四言, 題希夷先生受并消息. 李壽翁, 刊於當塗, 乾道間."

91.　정준은 남송 시기 시인으로 자는 平叔이고 休寧(지금의 안휘성에 속함) 사람이
　　다. 정치가, 사상가, 역학가인 程大昌(1123~1195)의 맏아들로 문장으로 명성이
　　있었다. 문집은 없으며 시 작품으로 「明遠樓」, 「留題頂山止方」, 「水調歌頭」 등이
　　있다. 서문은 남송 순희 기해년(1179) 3월 병인(丙寅)일에 정준이 新婺州 浦江縣
　　主簿일 때 쓰였다. 이 서문은 주희의 「書麻衣心易後」(1177) 이후 2년 뒤에 쓰인
　　것으로, 주희가 위작설을 제기하던 때에도 이 책이 유학자들에게 긍정적으로 읽
　　혔음을 보여준다. 나아가 고계 태수 이공으로부터 책을 얻었다는 정준의 말은 『정
　　역심법』이 대사유가 아닌 다른 인물들에게도 전해졌음을 보여준다.

92.　『正易心法』,「序」, "姑溪太守李公, 出『麻衣說』『關子明傳』, 曰, "吾得二書, 不敢私
　　諸己, 今用廣於人. 或字畫之訛, 子其爲我正之準." 竊幸管窺, 不敢辭, 昕夕聽對,
　　若祥光爛然, 發乎蓽屋之下, 信夫神物也."

제기하기 이전까지 이 책을 비판하거나 부정하는 글은 그리 보이지 않는다. 이를 고려하면『정역심법』은 주희 당대까지 일반적으로 마의도자와 진단 역학이 담긴 저술로 인정되고 그 내용 역시 일정 정도 수용되고 있었다고 할 수 있다. 하지만 남송의 대사유가 마의도자를 가탁하여 저술한 위작이라는 주장이 주희로부터 제기된 이후 그의 위작설은 지식인 사회에 큰 영향을 끼친다. 주희의 위작설 이후 풍의(馮椅)의『후재역학(厚齋易學)』, 진진손의『직재서록해제』의 서술과 같이 유교 지식인들은『정역심법』을 위작이라고 여기게 된다.[93]

(2) 주희의 『정역심법』 위작설

『정역심법』에 대한 주희의 언급은『회암집』과『주자어류』에 수록되어 있다. 그 가운데『정역심법』위작설 관련 사항은 주희가 순희 4년(정유, 1177년, 48세) 11월에 작성한『정역심법』후서(「서마의심역후(書麻衣心易後)」), 순희 14년(정미, 1187년, 58세) 초여름에 작성한

---

93. 풍의와 진진손은 마의도자가 짓고 진단이 전수받았다는 내용을 기록하는 한편,
    『정역심법』이 후대의 가탁이라고 보고 있다. 참고로 풍의는 남송의 저명한 교육가
    이자 이학자로 역학에 뛰어났다. 순희 연간에 주희에게 수학했다.『厚齋易學』, 卷
    五十,「附錄二」, '正心易法', "麻衣道者正心易法, 四十二章, 章四句, 句四言, 題希
    夷先生受并消息. … 必廬山隱士有粗知易者, 撰為此書, 又自解釋託之圖南, 以傳
    會其說耳."『直齋書錄解題』卷一,「易類」,『正易心法』一卷, "舊稱麻衣道者授希
    夷先生, 崇寧間廬山隱者李潜得之, 凡四十二章. 蓋依託也. 朱先生云, 南康戴主
    簿師愈撰."

재발문(「재발마의역설후(再跋麻衣易說後)」)에 상세히 수록되어 있다.

주희는 「서마의심역후」에서 당시 자신이 『마의심역』을 대략 살펴보았을 때 이 책의 "말과 뜻이 근래의 것으로 1~2백 년 전 문자의 부류가 아니라는 의심이 들었"는데, 제자 황군(黃君)이 전해준 책을 얻어 상세히 읽어본 후 자신의 의심이 틀리지 않았음을 더욱 믿게 되었다며,[94] 다음과 같이 말한다.

> (『마의심역』은) 요컨대 필시 근래 술수가의 말단 유파가 길에서 듣고 말하면서 도가 · 불가 · 의가 · 점술가 등의 여러 설의 비루한 내용을 주워 모아 이 책을 완성했을 것이다. 그 책이 이 '마의'라는 인물에 이름을 가탁한 까닭은 다음과 같다. 근래 상수를 말하는 이들은 반드시 소옹을 종주로 삼는데, 소옹의 학문은 진단에게서 나왔다. 이 때문에 또 진단이 공경한 이를 구하여 '마의'라고 불리는 이를 얻어 그에게 가탁한 것이다. …… 마의는 방외(方外)의 선비로 그 학문이 진실로 성현의 뜻에 비해 순수하지 못하다. 그렇지만 그는 진단이 이처럼 공경한 사람이었다. 그런즉 그의 설이 또한 반드시 보통 사람을 뛰어넘는 기이함이 있을 것인데, 어찌 그 설이 이처럼 어리석고 하찮겠는가? 또 오대(五代)와 송나라 초기 사람들의 문자와 언어는 질박하고 침착하여 지금과 달랐다. 이 책에서 말하는 '낙처(落處)' · '활법(活法)' · '심지(心地)' 등의

---

94. 『晦庵集』 제81권, 「書麻衣心易後」, "『麻衣心易』頃歲嘗略見之, 固已疑其詞意凡近, 不類一二百年前文字. 今得黃君所傳細讀之, 益信所疑之不謬也."

단어는 모두 근래에 나온 것이고, 게다가 문리에도 맞지 않는다. 이 위작을 만든 것은 불과 사오십 년 사이의 일이라고 생각한다.[95]

인용문에서 주희는 크게 두 가지 내용을 바탕으로『정역심법』을 위작으로 본다. 첫째는『정역심법』이 진단에게 존경받는 인물의 글로 보기에 그 설이 하찮다는 점이다. 진단은 주진에 의해 「태극도」, 「선천도」, 「하도」·「낙서」의 원류로서 남송 시기에 널리 알려진 인물이다. 그런데 주희가 보기에『정역심법』은 진단의 스승이라 여겨지는 마의도자의 글이라 여기기에는 너무 비루하기에, 당시 술수가의 부류가 도가·불가·의가·점술가의 여러 설을 취합하여 만들었을 것으로 여긴다. 둘째는『정역심법』의 언어와 내용이 오대나 북송 시기의 것이 아닌 비교적 최근의 것이라는 점이다. 주희는 '낙처'·'활법'·'심지' 등 단어는 비교적 최근인 남송 시기의 것이고, 그 내용들이 문리에도 맞지 않기에『정역심법』은 40~50년 전인 남송 초에 나온 것으로 본다.[96]

---

95. 상동, "要必近年術數末流道聽塗說, 撮拾老佛醫卜諸說之陋者以成其書. 而其所以託名於此人者, 則以近世言象數者必宗邵氏, 而邵氏之學出於希夷. 於是又求希夷之所敬, 得所謂麻衣者而託之. …… 夫麻衣, 方外之士, 其學固不純於聖賢之意. 然其爲希夷所敬如此, 則其爲說亦必有奇絕過人者, 豈其若是之庸瑣哉? 且五代國初時人文字言語質厚沈實, 與今不同. 此書所謂落處·'活法'·'心地'等語, 皆出近年, 且復不成文理. 計其僞作不過四五十年間事耳."

96. 후서가 쓰인 순희 4년(1177)에서 40~50년 전은 1127년에서 1137년 사이다. 남송이 1127년에 시작되기에 이 시기는 남송 초기라 할 수 있다.

주희는 『정역심법』을 후대의 위작으로 비판한 이후 이전에 보았던 『정역심법』 판본에 있었던 장식의 제문을 거론한다. 그는 장식과 더불어 『정역심법』에 대해 논변하는 것은 "말을 낭비하는 일"로서, 이는 " 이치가 없어 깊이 의논하기에 부족하니, 단지 그 그릇되고 허망한 핵심만을 마땅히 지적하여 배격할 뿐"이라며 『정역심법』을 긍정하는 장식의 시각을 우회적으로 비판한다.[97]

후서를 쓰고 난 2년 후 주희는 남강(南康) 군수를 지내게 된다. 이 시기에 주희는 이전에 상음 주부(湘陰主簿)를 지냈던 대사유와 만나게 되는데, 그는 주희에게 『마의역설』에 대해 이야기한다.[98] 주희는 이 만남 이후에 『정역심법』이 대사유의 위작이라고 확신하며 「재발마의역설후」에서 다음과 같이 말한다.

> 대사유는 말이 분명치 않고 더듬으며 전혀 차례나 조리가 없었다. 그에게 전해 준 스승의 유래를 묻자 은자에게 얻었다고 했다. 은자가 누구인지 물어보자, 그 은자는 세상 사람들에게 자신의 성명을 알리고 싶어 하지 않기 때문에 감히 말할 수 없다고 했다. 얼마 뒤에 다시 지

---

97. 상동, "然予前所見本有張敬夫題字, 猶摘其所謂"當於羲皇心地上馳騁, 莫於周孔脚跡下盤旋"者. 而與之辨是亦徒費於辭矣. 此直無理, 不足深議, 但當摘其謬妄之實而掊擊之耳."

98. 『晦庵集』 제81권, 「再跋麻衣易說後」, "予旣爲此說, 後二年, 假守南康. 始至, 有前湘陰主簿戴師愈者來謁, 老且慶, 使其婿自披而前. 坐語未久, 卽及『麻衣易說』."

방 사람들에게 물어보니 모두『마의역설』이 단지 대사유에게서 나왔다고 하고 그 책이 어디에서 유래했는지 알지 못했다. 나는 이전의 말들을 살펴보고 비록 더욱더 의심스러웠지만, 또한 이전에 이미 보았던 그 성명을 기억하진 못했다. … 그의 안석 사이에 잡서 한 편을 저술한 것이 있어 이를 얻어 읽어보았는데, 그 문장 표현의 기상이 마치『마의역설』같았다. 책 속에서 자질구레한 사항들을 잡다하게 논하고 있었는데, 이 또한 대부분 합당한 설을 얻지 못하고, 공공연히 부회하고 가탁하여 사람들을 속이는 것이었다. 나는 비로소 예전에 삼·오십 년 이래 사람으로 생각했던『마의역설』위작자가 바로 이 노인이라고 의심하기 시작했다. 돌아오고 나서 곧장 꺼내 살펴보니, 책 마지막의 발문은 본디 그가 쓴 것인데, 책 속의 네 명의 글이 체제와 규모가 바로 한 사람 손에서 나온 것이었다. 그 뒤에 비로소 내가 의심한 바가 망령되지 않았음을 더욱 믿게 되었다.[99]

순희 14년(1187)에 쓴 위 재발문에서 주희는『정역심법』위작자로 상음 주부를 지냈던 대사유를 지목한다. 주희가「재발마의역설후」에

---

99. 상동, "其言暗澁, 殊無倫次. 問其師傳所自, 則曰得之隱者. 問隱者誰氏, 則曰彼不欲世人知其姓名, 不敢言也. 旣復問之邦人, 則皆曰書獨出戴氏, 莫有知其所自來者. 予省前語, 雖益疑之, 然亦不記前已見其姓名也. … 見其几間有所著雜書一編, 取而讀之, 則其詞語氣象宛然『麻衣易』也. 其間雜論細事, 亦多有不得其說, 而公爲附託以欺人者. 予以是始疑前時所料三五十年以來人者, 卽是此老. 旣歸, 亟取觀之, 則最後跋語固其所爲, 而一書四人之文, 體制規模乃出一手. 然後始益深信所疑之不妄."

서 위작의 배후로 대사유를 지목한 근거는 크게 두 가지다. 하나는 『정역심법』을 성명을 밝힐 수 없는 은자로부터 받았다고 한 대사유의 말은 의심스러운데, 그 지역 사람들은 그 책의 유래를 알지 못하고 모두 대사유로부터 나왔다고 여긴다는 점이다. 다른 하나는 대사유가 쓴 잡서의 문장 표현과 기상이 『정역심법』과 유사하다는 점이다. 주희가 대사유의 집에서 본 그의 잡서는 자질구레하고 잡다하며, 대부분 합당하지 않고 부회하고 가탁하여 사람들을 속이는 내용이었는데, 이것이 『정역심법』의 기풍과 유사하다고 여긴 것이다.

이 두 가지 근거로 주희는 일전에 30~50년 전 사람의 저술로 여겼던 『마의역설』 위작자가 바로 대사유라고 여긴다. 주희가 당시 본 『정역심법』에는 본문, 주석, 제문 등을 쓴 네 명의 글이 수록되어 있었다. 주희는 네 명의 글이 체제와 규모가 대사유의 발문과 동일하다고 여기고, 이 모두를 대사유가 쓴 것으로 단정한다.[100]

---

100. 인용문에서 말한 네 명은 주희가 李椿에게 보낸 「답이수동」에서는 陳·李·戴·汪씨라고 말하고 있다. 『晦庵集』 제37권, 「答李壽翁」 "但今考其書, 則自麻衣本文及陳·李·戴·汪題四家之文如出一手, 此亦其同出戴氏之一驗." 진씨는 진단, 대씨는 대사유로 추정되고, 이씨는 서문을 쓴 '이잠'일 가능성이 있지만 단정할 수 없다. '汪'의 경우 왕씨일 수도 있지만, '注'의 오류일 수 있다. 『文公易說』에서는 '陳·李·戴 씨의 주석과 제문'으로 되어있고, 현대의 『朱子全書』에서는 '折本'에 근거하여 '汪'을 '注'로 교정하였다. 이에 따르면 四家는 진씨, 이씨, 대씨와 경문을 쓴 마의도자 네 명을 지칭한다고 할 수 있다. 『文公易說』 卷十七, "陳李戴註題四家之文", 『朱子全書』 第21冊, 上海古籍出版社·安徽教育出版社, 2002, 1652·1658쪽 참조

이상 「서마의심역후」와 「재발마의역설후」에서 주희는 『정역심법』이
진단 스승의 글로 여기기에는 비루하고, 이 책에 쓰인 일부 용어는 남
송 초의 것으로 문리에 맞지 않으며, 해당 지방 사람들이 『정역심법』
을 대사유로부터 나왔다고 여기고 있고, 대사유의 글이 『정역심법』과
매우 유사하다는 내용을 바탕으로 『정역심법』이 대사유의 위작임을
주장한다. 크게 네 가지 근거를 바탕으로 한 주희의 주장은 일면 설득
력이 있는 것으로 보인다. 하지만 이를 검토해 보면 주희가 제시한 위
작설은 근거로 삼기 부족하고 반박의 여지가 크다.

먼저 주희는 『정역심법』의 내용을 볼 때 진단이 공경한 인물이 지었
을 것으로 보지 않는다. 이는 그 내용이 자질구레하고 조리가 없으며
비루하기에, 술수가의 부류가 도가·불가·의가·점술가의 여러 설
을 취합하여 만들었을 것으로 보았다. 『정역심법』을 검토하면, 이 저
술에서 활용되는 어휘는 불교와 상수역학의 용어가 많고, 그 내용은
유학의 경학과는 다소 거리가 있는데, 이는 주희에게 조리가 없고 비
루한 것으로 보일 수 있다. 이러한 시각은 주희가 도불을 이단으로 여
기고 방술·술수를 잡스러운 것으로 여기는 동시에 진단이 경외하는
인물의 사유는 그와 다를 것이라는 선입견에 바탕한 것이다.

앞서 마의도자의 생애와 행적에서 그가 유불도 삼교합일의 사유를
지니면서 역학과 함께 술수·방술에 뛰어난 인물임을 살폈다. 마의도
자의 사상 경향을 고려하면 『정역심법』에 도교, 불교, 술수·방술의
내용이 섞여 있는 것은 일면 자연스럽다. 이러한 문체와 내용을 주희
가 강하게 비판한 것과 달리, 주희와 함께 남송의 도학 집단을 이끌었

던 장식은『정역심법』의 일부 시각을 비판하면서도 이를 마의도자의 책임을 긍정하고 유학자들이 함께 말할 수 있다고 평가했다. 이를 고려하면 첫 번째 주장은『정역심법』의 문체와 내용에 대한 주희의 호불호에 따른 것으로 위작설의 객관적 증거로 삼기 어렵다.

둘째로 일부 용어가 남송 초의 것으로 문리에 맞지 않는다는 주장과 관련하여, 주희가 제시한 '낙처', '활법', '심지' 등의 용어는 불교에서 주로 사용하는 것으로 마의도자가 승려 신분임을 보여준다. 주희는 이 용어들이 그 당시에 등장한 용어로『정역심법』이 40~50년(혹은 30~50년) 사이에 만들어진 위작으로 보았다. 후서를 쓴 정유년(1177)의 50년 이전은 남송이 개창되던 1127년에 해당한다. 그런데 해당 용어의 용례를 조사해보면, 이러한 용어들이 언제 처음 사용되었는지는 확실치 않지만 당대(唐代)와 북송 시기에 이미 불교에서 사용되던 용어다.

'심지'의 경우 당나라 때 선종의 혜능(慧能), 도일(道一), 종밀(宗密) 등의 저술에 등장하며, 선종 외에도 초기 선종사를 담고 있는 당나라 두비(杜胐)의『전법보기(傳法寶紀)』에 이미 등장한다.[101] 그리고 '낙처'는 북송 시기 선사 불국 유백(佛國惟白)이 북송 건중 정국(建中靖国) 원년(1101)에 편찬한『건중정국속등록(建中靖國續燈錄)』에,[102] '활법'

---

101. 李遠國,「正易心法考辨」,『社會科學研究』1984年 第6期, 68쪽.

102.『건중정국속등록』은 석가모니에서 남악 회양(南嶽懷讓)까지의 계보와 행적, 공안, 게송 등을 정리한 저술이다.『建中靖國續燈錄』卷第二十一, "此喝長存, 若知

은 원오 극근(圓悟克勤, 1063~1135)이 당나라 이후 불교 선승(禪僧)들이 전개한 대표적 선문답을 가려 뽑아 북송 선화(宣和) 7년(1125)에 완성한 『벽암록』에 이미 쓰이고 있다.[103] 주희의 말과 달리 해당 용어들은 당대와 북송 시기에 불교에서 이미 사용되고 있던 용어임을 알 수 있다.

 문리에 맞지 않는다는 것과 관련하여, 『정역심법』에서 '낙처'는 1장, 13장, 27장, 35장, 37장에서 사용되고 있고, '활법'과 '심지'는 41장에서 사용되고 있다. 이 용어들이 쓰이는 맥락은 대개 주공, 문왕, 공자가 남긴 말이 아닌, 복희가 남긴 괘획의 핵심, 그 원리 자체를 탐구하라는 내용을 담고 있다. 불교 용어를 사용하여 성인이 남긴 경문이 아닌 '복희의 마음자리'를 구해야 한다는 내용은 주희에게 이치에 맞지 않는 것으로 보일 수 있다. 하지만 각 용어들이 사용된 문장들은 맥락과 의미가 뚜렷하고 분명하여 문리에 맞지 않는다고 보기 어렵다.[104]

 셋째로 해당 지방 사람들이 『정역심법』을 대사유로부터 나왔다는 내용과 관련하여, 그 지역 사람들이 『정역심법』을 대사유에게서만 보

落處, 一任橫行. 咄."
103. 『碧巖錄』, 「碧巖錄序」, "間有深得吾詩家活法者, 然所謂第一義." '활법'이 문헌에 기술되어 있기에, 이는 북송 선화 7년(1125) 이전에 이미 사용되고 있던 것이라고 할 수 있다.
104. 『정역심법』에서 '낙처'는 1장, 13장, 27장, 35장, 37장에서 사용되고 있고, '활법'과 '심지'는 41장에서 사용되고 있다. 『정역심법』에서 사용된 해당 용어의 분석은 李遠國, 앞의 논문(1984年 第6期), 69쪽 참조.

았고 그 유래를 알지 못한다고 말한 점은 당연하다고 할 수 있다. 앞서 살폈듯이 마의도자는 승려이면서 동시에 은자 계통의 인물이다. 그가 역을 전수한 진단은 비록 널리 알려진 인물이지만, 분명 도교의 도사이다. 도교 전통에서는 도법을 일반사람에게 공개하지 않고 합당한 사람에게 은밀하게 전수하는 전통이 있다. 진단으로부터 이 책이 전수되었다면 마땅히 은밀하게 전수하는 도교 전통을 따랐다고 볼 수 있다. 따라서 이 책이 은자로부터 대사유에게 전해졌다면 해당 지역 사람들은 그 유래를 알지 못하고 대사유로부터 나왔다고 여기는 것은 당연하다. 서문을 쓴 북송의 이잠 역시 은자로서 『정역심법』을 이인(異人)으로부터 받았다고 말하였는데, 이는 이 책이 은자 전통에서 전수되었음을 보여준다.[105]

마지막으로 대사유가 쓴 잡서의 문장 표현과 기상이 『정역심법』과 유사하다는 말 역시 주희의 평가로서 증거로 삼기 부족하다. 대사유의 잡서와 『정역심법』의 유사성은 주희의 주장과 달리 반대로도 충분히 해석 가능하다. 즉 대사유가 『정역심법』을 깊이 탐구하여 그 영향을 받

---

105. 『정역심법』은 북송 시기에는 일부 은자 전통에서 전수되다가 남송 시기에 점차 여러 경로를 통해 유통된 것으로 보인다. 주희의 「서마의심역후」(1177) 작성 시점으로부터 2년 뒤인 순희 기해년(1179)에 쓰인 정준의 서문에서는 고계 태수 이공이란 인물이 『정역심법』을 널리 배포하기 위해 정준에게 정본을 만들어 달라고 부탁하며 이 책을 전했음을 말하고 있다. 이는 『정역심법』이 남송 시기에 점차 여러 인물에게 전해졌음을 보여준다.

았기에, 자신이 잡서를 저술할 때 유사한 문체와 내용으로 저술했다고 볼 수 있다. 이는 주희의 추정으로 객관적 근거로 삼기 어렵다.

주희는 이러한 근거를 바탕으로 발문을 쓴 대사유 한 사람이『정역심법』을 가탁했다고 보았다.『정역심법』본문은 총 42장으로 이루어져 있고 각각 마의도자 경문과 진단의 주석으로 구성되어 있다. 각 경문은 모두 4자 4구의 압축적 형태로 쓰여있는데, 이는 사람들을 일깨우기 위해 불교 관련 송(訟)을 자주 찬술했던 마의도자의 문체와 일면 부합한다고 할 수 있다. 반면, 주석은 경문을 해설하는 내용으로 자유로운 문체로 쓰여있다. 그 문체와 내용을 고려하면 한 사람이 썼다고 보기 어렵다. 나아가 대사유의 발문은 앞서 살핀 마의도자의 행적과 관련된 송대의 기록을 기술한 것으로『정역심법』경문·주석과 문체와 내용 측면에서 판이하다. 경문, 주석, 발문이 모두 형식과 내용에서 차이를 보이고 있어, 이를 한 사람이 썼다고 단정할 수 없다.

주희는 대사유 위작설을 제기한 이후, 자신의 시각을 서신으로 여조겸에게 알리고, 또 역학에 밝으면서『정역심법』을 좋아하던 이춘에게도 전달한다. 더불어 주희는 자신이 이러한 재발문을 지은 것은 구차한 변명을 위해서가 아니라, 장식과 이춘을 생각하면서 자신의 시각이 그들과 다른 이유를 밝히기 위해 지었다고 말한다.[106] 이러한 언

---

106. 『晦庵集』제81권, 「再跋麻衣易說後」, "欲以其事馳報敬夫, 則敬夫亦已下世. 因以書語呂伯恭曰 "吾病廢有年, 乃復爲吏. 然不爲他郡而獨來此, 豈天固疾此書之妄, 而欲使我親究其實耶!" 時當塗守李壽翁侍郎雅好此書, 伯恭因以予言告之. 李

급은 오히려 주희의 주장과 달리 당시까지 장식이나 이춘같이 『정역심법』을 마의도자의 것으로 여기는 시각이 다수였기에 강력히 위작설을 제시했음을 보여주는 것이라 할 수 있을 것이다.

송원 시기 문헌 기록을 검토할 때 마의도자의 사적은 송대의 다양한 문헌에 기록되어 있기에 그 인물의 존재 여부를 의심할 수 없다. 『불조통기』에서 마의도자가 짓고 진단이 주석했다고 명기한 『정역심법』은 상수역학을 다룬 역학 서적이지만, 도교, 불교, 술수·방술의 내용이 혼용되어 있다. 이는 마의도자의 생애와 행적을 고려할 때 충분히 수긍할 만하다.

『정역심법』은 역의 이치를 탐구하기 위해 성인이 남긴 경문이 아닌, '복희의 마음자리'로 곧장 나아가라고 주장한다. 역학에 대한 마의도자의 통찰과 해석은 승려로서 불교의 심법의 영향을 받은 것일 수 있다. 이는 성인이 남긴 경문을 중시하는 유학자로서 쉽게 받아들이기 어려울 수 있다. 하지만 역의 이치와 원리를 중시하는 측면은 훈고를 중시한 한대 유학자들과 달리 의리를 중시한 송대 유학자들이 수용할 만한 것이기도 하다. 이 점에서 장식의 『정역심법』에 대한 시각은 송대 유학자들을 대표하는 관점으로 읽힌다. 반면 주희의 주장은 분명

巫以書來曰, "卽如君言, 斯人而能爲此書, 亦吾所願見也. 幸爲津致, 使其一來." 予適以所見聞報之. 而李已得謝西歸, 遂不復出, 不知竟以予言爲如何也. 淳熙丁未初夏四日, 病中間閱舊書, 念壽翁·敬夫·伯恭皆不可復見. 因并記此曲折, 以附其後, 使覽者知予之論所以不同於二君子者, 非苟然也."

지나친 점이 있으며, 위작설로 제시한 사항들은 근거로 삼기 어렵다.

성리학의 정초자로서 주희의 시각은 지식인들에게 큰 영향을 끼쳤다. 풍의의『후재역학』, 진진손의『직재서록해제』에서는 마의도자가 짓고 진단이 받았다는『정역심법』에 대한 기존의 설을 수록하는 동시에 이를 후대의 가탁으로 기술했다. 하지만 주자학의 영향력에도 불구하고,『불조통기』외에도『정역심법』을 마의도자의 책으로 보는 시각은 여전히 강하다. 남송의 도사 진현미(陳顯微)는『주역참동계해』에서 마의도자의 역은 진단이 실제로 기록한 것으로 세상의 유학자들이 말할 수 있는 것이 아니라고 말하고, 이 저술을 진단 혹은 후세의 위작으로 보는 것을 비판한다.[107] 원나라 때 편찬된 역사서『송사』,「예문지」에서는 송대 역학서의 하나로 마의도자의『정역심법』을 기록하고 있다.[108] 마의도자의 행적과 역학, 송원 시기『정역심법』관련 기록, 그리고 주희 위작설의 타당성 여부 등을 종합적으로 고려할 때,『정역심법』은 위작이 아닌 마의도자와 진단의 역학 사상이 담긴 문헌이라고 말할 수 있다.

107.『周易參同契解』,「又敍」, "猶麻衣之易, 實陳希夷記錄麻衣之言, 非世儒可道. 而
　　或者妄傳以為己作惑誤後人, 是猶貪天之功, 豈不獲罪於天耶?"

108.『宋史』,「志第一百五十五‧藝文一」, "麻衣道者正易心法, 一卷."

5. 『정역심법』의 사상사적 의의

마의도자는 역사에 잘 드러나지 않은 불교 승려로서 송대 유학에서 비중 있게 다룰 만한 인물은 아니다. 또 『정역심법』은 마의도자의 역학 사유를 담은 책으로서, 이 역시 송대 유학자들이 큰 관심을 가질만한 비중 있는 책은 아니라고 할 수 있다. 그런데도 남송의 대유학자인 주희가 굳이 이 책을 언급하고 나아가 대사유 위작설까지 제기한 이유는 무엇일까? 이는 『정역심법』이라는 저술 속에 '진단'이라는 인물의 주석이 놓여있기 때문이다.

중국 사상사 혹은 역학사에서 도서(圖書) 역학은 북송 시기에 유행하여 "학술계의 거대한 사조"가 되었다고 평가된다. 북송 시기에 등장한 다양한 역학 도상 가운데 특히 「태극도」, 「선천도」, 「하도」·「낙서」가 사상사에서 중요한 도상으로 여겨진다. 주돈이의 「태극도」의 유래와 관련해서는 논의가 분분하지만, 「선천도」와 「하도」·「낙서」의 경우 일반적으로 진단 유래설이 인정된다. 주희 역시 「태극도」의 경우 주돈이 창작설을 주장하면서 진단 유래설을 부정했지만, 소옹의 「선천도」의 경우 진단으로부터 유래했다는 시각을 긍정한다. 나아가 『주역본의』와 『역학계몽』으로 대표되는 주희 역학은 정이의 의리역학과 소옹의 상수역학으로부터 큰 영향을 받았다. 『역학계몽』 속의 주희 역학은 특히 소옹 선천역학의 영향이 크다. 소옹의 선천역학은 진단으로부터 유래했다고 알려져 있었기에, 선천역학을 중시하는 주희에게 진단이 주석한 『정역심법』은 반드시 탐구해야 할 책으로 여겨졌을 것이다.

　마의도자는 예언과 관상 등의 방술과 술수에 뛰어난 면모를 보이는 불교 승려이다. 그는 유불도 삼교융합의 사유를 지니며 역학에 밝았다. 하지만 그는 유가 경전을 전문적으로 탐구한 유학자가 아니다. 마의도자는 『정역심법』에서 심법과 낙처 등 불교 용어와 소박한 문체를 사용하면서 『주역』 경문의 '말' 전통을 뛰어넘어 역학 원리 자체로 향하라고 주문한다. 이는 유가의 순정한 문체로 『주역』 경문을 해설하는 일반적인 유학의 경학 해석 전통과 큰 차이를 보인다.

　『정역심법』에서 마의도자가 사용하는 용어와 문체 그리고 내용은 당대의 최고 유학자인 주희에게 하찮고 비루하게 보였을 것이다. 마의도자는 진단이 공경한 사람인 만큼, 주희는 마의도자의 학설이 일반 사람을 뛰어넘는 기이함이 있을 것으로 여겼다. 소옹 선천역학을 중시하는 주희 입장에서 소옹의 원류로 지목되는 진단, 그리고 그가 예우하던 인물의 역학이 담긴 글로 여기기에는 『정역심법』의 문체와 내용은 어리석고 하찮은 것이었다.[109] 주희에게 『정역심법』은 술수가가 도가 · 불가 · 의가 · 점술가의 여러 설의 비루한 내용을 모아 만든 것으로 보였다.[110]

　당나라 때 『주역정의』와 같은 유학자들의 『주역』 주석서에 비교해

---

109. 『晦庵集』제81권, 「書麻衣心易後」, "夫麻衣, 方外之士, 其學固不純於聖賢之意. 然其爲希夷所敬如此, 則其爲說亦必有奇絶過人者, 豈其若是之庸瑣哉?"

110. 상동, "要必近年術數末流道聽塗說, 掇拾老佛醫卜諸說之陋者以成其書."

보면, 『정역심법』의 내용은 매우 소박하며 주희의 말처럼 다소 비루하다고까지 할 수 있다. 또 『정역심법』에서는 선천역학이나 하락학 관련 내용은 직접적으로 언급되지 않고 상수역학 관련 내용이 많기에 주희의 말처럼 술수가가 만든 것처럼 보일 수 있다. 하지만 그러한 점들이 『정역심법』이 마의도자의 책이 아님을 증명하는 것은 아니다. 마의도자와 진단은 '문(文)'을 전문적으로 다루는 유학자가 아니기에, 유학자들의 문장에 비해 문투가 소박한 것은 당연하다. 또 『정역심법』에는 선천역학과 하락학의 내용이 직접적으로 보이지 않지만, 그 원형적 사유가 진단의 주석에 엿보인다.[111] 이는 선천역학과 하락학의 원류로 주목되는 진단 역학의 실제 모습을 보여주는 것이라 할 수 있다.

『정역심법』에서는 역학 원리에 대한 탐구를 강조하며 이를 중요하게 여긴다. 주지하듯이 한당 시기에 역학 해석의 주된 흐름은 주공, 문왕, 그리고 공자가 저술했다고 여겨진 『주역』의 언어와 그 의미에 대한 천착이다. 『정역심법』에서는 그러한 해석 경향을 문제 삼으며, 역이 발생한 복희의 괘획 자체에 대한 탐구로 역학 탐구의 방향을 전환시키고 있다. 역학 원리 탐구를 중시하는 사유는 한당 역학과 다른 송대 역학의 특징이다. 『정역심법』은 역학 원리에 대한 탐구를 강조하

---

111. 『정역심법』의 역학은 소옹의 선천학, 유목의 하락학의 바탕이 되는 원형적 사유가 제시되어 있다는 점은 일부 연구자들에 의해 탐구되었다. 李遠國, 앞의 논문 (「陳搏易學思想探微」, 1997), 이봉호, 앞의 논문(「진단과 소옹의 역학의 관련성」), 이대승, 앞의 박사학위논문(「송대 도서학과 주자 역학」) 등 참조.

는 송대 역학의 시발점이 된다고 할 수 있다.

『정역심법』은 이상과 같이 선천역학과 하락학의 원형적 사유를 내포하면서『주역』의 원리를 중시하는 진단 역학을 담고 있다. 송대 역학의 시발점이 되는 북송 도서학의 원형적 사유가 담겨 있다는 점에서『정역심법』은 송대 지성사와 사상사에서 중요한 의의를 지닌다.

2. 진단에서 소옹으로 이어진 역학[112]

1. 들어가는 말

이 글은 마의도자麻衣道者가 짓고, 진단(陳摶, 871~989)이 주석한 『정역심법(正易心法)』[113]에서 "선천사도(先天四圖)는 복희팔괘차서도, 복희팔괘방위도, 복희육십사괘차서도, 복희육십사괘방위도를 말한다"의 연원을 찾아보고, 소옹의 사상에서 중요한 개념인 '선천(先天)'과 '심법(心法)' 개념이 진단의 사유에서 연원했음을 확인하고자 한다. 다시 말해, 송대 이학(理學)에서 중시된 선천사도의 연원을 확인하고, 소옹의 선천역이 진단에 사상적 근거를 둔다는 설을 해명하고자 하는 것이다.

소옹의 선천역이 그 근거를 진단에 둔다는 것은 주희에게서도 확인할 수 있는 설인데, 가령 주희는 『주역본의』에서 "이상의 복희의 네 그림[선천사도]은 그 학설이 모두 소씨(소옹)에게서 나온 것이라고 했

---

112. 이 글은 이봉호, 「진단과 소옹의 역학의 관련성」(道敎文化硏究, 第25輯, 한국도교문화학회, 2006)을 수정한 것이다.
113. 마의도자와 진단, 『정역심법』에 대한 소개는 해제 논문을 참조하라.

다. 소씨는 이지재로부터 그 설을 얻었고, 이지재는 목수에게서 얻었으며, 목수는 화산의 희이선생 진단으로부터 얻은 것이니 이른바 선천의 학문이라는 것이다"[114]라고 하였다.

복희의 네 그림은 진단에서 연원하는 것이 하나의 학설로 이어져 온 것이지만, 그 구체적인 내용은 밝혀지지 않았다. 이에 필자는 복희의 네 그림의 원형들이 진단의 『정역심법』 주석에 있는지, 그리고 있다면 그 그림을 그려내는 방법들은 어떠한지를 추론해 보고자 하는 것이다. 또한 소옹에 의해 개념화된 '선천'과 '심법'이라는 개념의 연원 역시 진단의 사상에서 탐구해 보고자 한다.

일반적으로 도교 역학이라고 하면 위백양의 『주역참동계』(이하 『참동계』로 약칭)와 진단의 역학을 거론한다. 『참동계』가 연단(煉丹)의 과정을 역의 괘상으로 설명하고 있다는 점에서 도교 역학을 대표하는 책이라면, 진단의 역학은 『참동계』의 역이론을 계승·발전시켜냈다고 이해된다.[115]

특히 진단의 역학은 『참동계』의 역학을 계승·발전시켰다는 평가 외에, 한대의 끊어진 상수역학을 계승하고, 송대의 이학을 연 것으로 평가되기도 한다.[116] 전자는 진단의 역학이 『참동계』의 도식들 즉, 「수

---

114. 주희, 『周易本義』, 右伏羲四圖, 其說皆出邵氏. 蓋邵氏得之李之才挺之, 挺之得之穆修伯長, 伯長得之華山希夷先生陳摶圖南者, 所謂先天之學也.

115. 료명춘 등 지음, 심경호 옮김, 『주역철학사』, 예문서원, 1995, 서울, 379쪽.

116. 李遠國, 「陳摶易學思想探微」, 『道家文化研究』제11집, 三聯書店, 北京, 1997,

화광곽도(水火匡廓圖)」와 「삼오지정도(三五至精圖)」를 계승·발전시
켰다는 평가이고, 후자는 「하도(河圖)」, 「낙서(洛書)」, 「선천사도(先天
四圖)」, 「무극도(無極圖)」를 계승하거나 창조하여,[117] 송대 이학의 발
전에 지대한 영향을 미쳤다는 것이다. 이러한 관점에서 진단의 역학
은 도교의 역학의 한 축을 형성하는 인물이며, 송대 이학의 형성에 중
요한 역할을 한 인물로 이해할 수 있다. 본 논문은 이러한 점에 주목
하고 논의를 진행하고자 한다.

그러나 진단의 사상 전모를 파악하기에는 어려움이 있다. 이는 그
의 저서들이 산일되어 있기도 하거니와[118] 유가의 도통주의에 의해
그의 저서들에 대한 불신들이 있기 때문이다.[119] 특히 본 논문의 주된
논의의 대상인 『정역심법』의 정체성에 대해서는 주희를 비롯한 학자
들에게 줄기차게 의혹을 제기하였다. 특히 이잠(李潛)의 『정역심법』

159쪽

117. 하도와 낙서를 계승했다는 것은 진단이 하도와 낙서를 통해서 수를 드러내고,
이를 소옹이 이었다는 것인데, 이에 관해서는 『河洛眞數』(진단/소옹 찬), 『續修四
庫全書』, 上海古籍出版社에서 그 내용을 확인할 수 있다.

118. 진단의 역학 사상의 전모를 보여줄 『易龍圖』는 그 서문만 남아 『송사·예문지』
易類에 수록되어 있다고 한다. 李遠國 앞의 논문, 1997. 참조.

119. 대표적인 불신은 『정역심법』이 대사유의 위작이라는 것이다. 이는 주희에 의해
제기된 뒤로 지속적으로 제기된 문제이다. 주희는 『주희대전』권81, 「서마의심역
후」, 「재발마의역설후」에서 주희가 『정역심법』을 이해하는 태도와 대사유의 위작
이라는 입장을 확인할 수 있다. 주희는 유가의 도통주의에 입각하여 『정역심법』을
신랄하게 비판하고 있다.

발문은『정역심법』의 저자인 마의도자의 정체성과 주석을 단 진단에 관한 의문에 대한 반박하는 성격의 글이기도 하다.[120]

그런데 필자는『정역심법』에 대한 저자와 주석자에 대한 불신을 인정하지 않는다. 왜냐하면 진단의 역학이 가지는 사유의 특징인 복희를 중심에 둔 선천역과 도교의 수련역(修鍊易)을 모두 확인할 수 있을 뿐 아니라,[121] 이 책의 사유가 소옹의 사유에 그대로 전수된 흔적

---

120. 이잠이『정역심법』이 위작이라는데 대해 변론하는 내용은 다음과 같다. "마의도자의 희황씨정역심법을 최근 여산의 이인에게서 얻었다. 어떤 사람이 의심을 품고서 묻는 자가 있어 내가 대답하여 말하였다. 의심할 게 무엇이 있는가. 그 논의된 내용들을 살펴보면 알 수 있다. 옛날에 황제소문과 공자의 역대전을 두고서 세상에서 일찍이 의심을 하였는데, 일찍이 말하기를 세상에 소문을 지을 수 있는 사람이 있는가. 역대전을 지을 사람이 있는가. 비록 참된 것이 아니라고 하더라도 또한 황제와 공자의 무리일 것이다. 내가 정역심법을 두고서 또 말하기를 세상에 이것을 지을 자가 있는가. 비록 마의도자가 지은 것이 아니라고 하더라도 마의도자의 무리일 것이다. 어찌 그 글들의 내용을 살피지 않는가?(麻衣道者羲皇氏正易心法, 頃得之廬山一異人. 或有疑而問者, 余應之云; 何疑之有? 顧其議論可也. 昔黃帝素門, 孔子易大傳, 世尙有疑之, 嘗曰:世固有能作素問者乎? 固有能作易大傳者乎? 雖非本眞, 亦黃帝孔子之徒也. 余於正易心法, 亦曰:世固能有作之者乎? 雖非麻衣, 是乃麻衣之徒也. 胡不觀其文辭議論乎? 一滴眞金, 源流天造. 前無古人, 後無來者. 翩然於羲皇心地, 馳騁實物外, 眞仙之書也. 讀來十年方悟, 浸漬觸類, 以知易道之大如是也. 得其人, 當與共之)"

121. '수련역'이란 필자가 개념화한 것인데, 수련의 과정을 역의 괘상으로 설명해 낸 것으로 가령 "감리교구"와 같은 것이 이에 해당한다. 감괘와 리괘가 음양의 대표하는 水와 火의 괘상으로 이들이 중효를 자리바꿈하여 순건체를 회복하는 것을 의미한다.『정역심법』에서는 9장에서 "건곤이 뒤섞여 손, 리, 태, 진, 감, 간의 여

들을 찾을 수 있기 때문이다.[122]

　주진(朱震)이 『한상역전(漢上易集傳)』에서 밝힌 것처럼, 진단은 「선천도」, 「하도」, 「낙서」, 「태극도」의 창시자이자이거나 계승자로, 이를 북송대의 이학자들에게 전수한 중요한 인물이다.

　그런데 필자가 진단의 역학 중에서 「선천사도」에 한정하여 논의를 진행하고자 하는 것은 진단의 자료에 대한 접근의 한계 때문이다. 필자가 접한 자료는 『정역심법』과 『불조통기』[123]에 기록된 진단의 사유들인데, 이 자료들만으로는 진단의 사유를 완전히 해명할 수 없기 때문이다. 따라서 『정역심법』을 통해서 「선천사도」의 내용을 추출해낼 수 있는지를 규명하고, 진단의 사유가 소옹의 사상에 어떻게 흡수되

섯 괘가 생긴다. 여섯 괘가 바로 건괘와 곤괘의 체가 깨진 것이다.(乾坤錯雜, 乃生六子, 六子則是, 乾坤破體.)"라고 하고, 이어서 11장에서는 진단은 "여섯 괘는 성현에 견줄 것이 아니라 뭇사람들과 만물일 뿐이다. 그러나 깨어진 체를 단련하면 순수한 체가 이루어진다.(六子, 非聖賢比, 特衆人與萬物而已. 然由破體煉之, 純體乃成.11장에 대한 진단의 주석)"라고 주석하여, 건곤괘를 제외한 나머지 괘들은 단련하면 순수한 건곤괘를 회복할 수 있다고 설명한다. 여기서 건괘는 성인으로 곤괘는 현인으로 상정되고 있다. (因知能盡乾之道, 是爲聖人, 能盡坤之道, 是爲賢人. 10장에 대한 진단의 주석) 이러한 내용들 때문에 주희는 『정역심법』을 연단술의 말단 중에 하나라고 인식하고 있기도 하다.

122. 진단의 사유가 소옹에게 전수된 것은 구체적으로는 '심법'이라는 개념과 복희를 중심으로 한 '선천' 개념, '선천사도', 횡도를 그려내는 방법인 '배수법' 등이라고 필자는 판단한다.

123. 『佛祖統記』 권43, 『四庫全書存目叢書子部』, 齊魯書社, 1995.

어 있는지를 해명하는 것으로 논의의 범위를 한정하고자 한다. 아울러 주희의『정역심법』에 대한 이해를 곁들이고자 한다. 왜냐하면 주희는『정역심법』의 내용을 조목조목 정리하여 비판하면서도, 「선천사도」의 연원을 진단으로 인정하기 때문이다.

🌿 2.진단이라는 인물과 『정역심법』의 내용

우리가 진단이라는 인물을 가장 많이 접하는 것은 역학사(易學史)에서이다. 주진(朱震), 황종염(黃宗炎, 1616~1656), 모기령(毛奇齡, 1623~1716), 호위(胡渭, 1633~1714) 등이 서술하고 있는 역학사에서 우리는 진단을 한당의 상수학을 송대 이학에 전수한 인물로 파악할 수 있다.[124] 앞서 언급한 주진의 글에서 나타난 진단의 역학사적 위치를 살펴보고 구체적인 진단의 생애를 소개해보자.

> "진단은 「선천도」를 충방에게 전하였고, 충방은 목수에게 전하였으며, 목수는 이지재에게 전하였고, 이지재는 소옹에게 전하였습니다. 충방은 「하도」와 「낙서」를 이개에게 전하였고, 이개는 허견에게 전하였으며, 허견은 범악창에게 전하였고, 범악창은 유목에게 전하였습니다. 목

---

124. 이봉호, 「徐命膺의 先天易과 道敎思想」, 『도교문화연구』, 24집 참조.

수는 「태극도」를 주돈희에게 전하였고, 주돈희는 정호 · 정이에게 전했습니다. 이때에 장재는 이정과 소옹의 사이에서 학문을 연마하였습니다. 그리하여 소옹은 『황극경세서』를 저술하였고, 유목은 『천지오십유오수』를 펼쳤으며, 주돈희는 『통서』를 지었고, 정이는 『역전』을 저술하였으며, 장재는 「태화」와 「참량」의 편을 만들었습니다." [125]

이상의 내용에서 주진은 도서역(圖書易)의 계통이 모두 진단을 거쳐 송대 역학으로 전수되는 것으로 서술하고 있다. 송대 이학자들이 이학의 원리로 상정한 「선천도」, 「하도」와 「낙서」, 「태극도」의 연원이 진단이다. 이 도서들 모두 도상으로 역의 원리를 설명한 것으로, 송대 이학과 상수역의 연원을 진단에서 찾을 수 있는 것이다.

진단의 생애에 관한 기록은 「해제」 논문에 상세하므로, 간단한 기록들을 가져와 본다. 진단의 생애는 『송사(宋史)』「진단전(陳摶傳)」과 「은일전(隱逸傳)」, 『태화희이지(太華希夷志)』 등의 자료를 통해서 볼 수 있다. 이들 기록을 통해서 볼 수 있는 진단의 사상은 첫째, 역에 조예가 있다는 것이다. 둘째, 수련을 하는 방외인이라는 것이다. 셋째,

---

125. 朱震, 『漢上易傳集』(『사고전서』 11책) 5쪽, 「漢上易集傳表」, 濮上陳摶以先天圖傳种放, 放傳穆修, 穆修傳李之才, 之才傳邵雍. 放以河圖洛書傳李漑, 漑傳許堅, 許堅傳范諤昌, 諤昌傳劉牧. 穆修以太極圖傳周敦頤, 敦頤傳程顥程頤, 是時, 張載講學於二程, 邵雍之間, 邵雍著黃極經世書, 牧陳天地五十有五數, 敦頤作通書, 程頤著易傳, 載造太和參兩篇.

마의도자를 스승으로 모시고, 불교에 관한 저술을 하듯이 불교의 사상과 연관성을 가진다는 점이다.

"진단은 역을 읽기를 좋아하여 손에서 놓지를 않았다'거나, '선생은 역에 밝아 현묘한 이치에 깊은 조예가 있어 사람의 화복과 사물의 화복에 대해 알기를 점을 치는 것처럼 응함이 있었다."라는 기록을 보면 진단이 역을 좋아하였고, 역에 조예가 있었던 인물임을 알 수 있다.

또한 "나이 15세에 시, 서, 예, 수에 두루 통달하였다."거나, "후당 시기에 시로 이름을 드날렸다."는 기록 등을 보면, 진단의 사상은 역과 유가적 면모가 동시에 있는 것으로 파악할 수 있다.

그러나 도교적 수련을 진단의 사상에 중심에 두어야 하는데, 이를 보여주는 기록들은 "『지현편』81장을 저술하였는데, 도양과 환단의 일을 말한 것이다."라거나, "무당산에서 거주하면서 복기술과 벽곡술을 행하며 20여 년을 지냈다."거나, "진단은 홀로 자신을 수양할 뿐 세상의 권세나 이익에 관여치 않은 이른바 방외인입니다."라는 기록으로 확인할 수 있다.

마의도자를 비롯한 고승들과의 왕래 역시 진단의 사상을 구성하는 한 요소이다. 진단은 산림에 은거한 이후 고승들과 관계를 맺으면서 불교의 이론들을 자신이 사상으로 흡수한 것으로 파악된다.

『불조통기』권43에는 "처사 진단은 마의도자에게서 『역』을 전수 받아, 마의도자가 지은『정역심법』42장을 얻었다."라고 기록하고 있다. 이러한 점들을 통해서 진단의 사상이 유불도가 결합된 사상임을 확인할 수 있다.

진단의 저술과 도서(圖書)는 크게 네 종류로 구분되는데, 첫째는 『역용도』이다. 둘째는 『정역심법』의 주석이다. 셋째는 『관공편(觀空篇)』이다. 넷째는 「하락」과 「선천도」, 「무극도」 등의 도서이다.

이 중에서 『역용도』는 『송사』, 「예문지」의 역류에 수록되어 있다. 그러나 지금은 그 서문만이 남아 있으며, 『관공편』은 북송의 증조가 편찬한 『도추』에 수록되어 있는데, 그 내용은 불교의 공관(空觀)과 역리(易理), 연단의 내용을 결합한 것이라고 한다. 「하락」과 「선천도」, 「무극도」 등의 도서는 진단이 창조한 것과 전해 받은 것들이다.[126]

이중 「하도」와 「낙서」는 그 근거를 『상서』나 『예기』, 『주역』, 『논어』 등에서 찾을 수 있고,[127] 전한시대의 공안국이나 유흠이 이에 관한 언급을 하고 있는 것으로 보아,[128] 진단의 창조는 아니다. 「무극도」에 대해서도 황종염과 모기령의 논리에 따르면 진단이 창작한 것이 아니라, 하상공으로부터 위백양을 거쳐서 이루어진 도서라고 한다.

---

126. 이상의 내용이 이원국의 상게 논문과 저술을 요약 서술한 것이다.

127. 하도와 낙서가 나타난 선진시대의 문헌들은 다음과 같다. 『상서』「고명편」, 越玉五重, 陳寶, 赤刀大訓弘璧琬琰在西序. 大玉夷玉天球河圖在東序. 『예기』「예운편」, 故天降膏露, 地出醴泉, 山出器車, 河出馬圖, 鳳皇麒麟皆在郊棷, 龜龍在宮沼, 其餘鳥獸之卵胎, 皆可俯而闚也. 『주역』「계사상」 11장, 是故天生神物, 聖人則之, 天地變化, 聖人效之, 天垂象, 見吉凶, 聖人象之, 河出圖, 洛出書, 聖人則之. 易有四象, 所以示也, 繫辭焉, 所以告也, 定之以吉凶, 所以斷也. 『논어』「자한」, 子曰, "鳳鳥不至, 河不出圖, 吾已矣夫!"

128. 공안국과 유흠이 하도와 낙서에 대해 언급하고 있는 내용은 주희의 『역학계몽』을 참조.

그런데 「무극도」가 하상공을 거쳐 위백양으로 전수되었을 가능성은 전무하다. 다만 진단이 각기 다른 「수화광곽도」와 「삼오지정도」, 「무극」을 연결하여 하나의 체계로 만든 것이 아닌가 추측한다. 왜냐하면 『참동계』에 있는 「수화광곽도」와 「삼오지정도」는 각기 다른 도서로, 이들이 결합된 형태로 존재한 것이 아니기 때문이다. 진단은 이를 하나의 체계로 연결하고, 『참동계』의 "道之形象 眞一難圖"라는 구절의 '眞一'을 그림으로 그려낸 것이 「무극」이라고 판단한다. 그리고 이를 하나의 체계로 연결한 것이 「무극도」(무극도는 태극도이다)라고 판단한다.[129] 이렇게 보면 진단이 순수하게 창조한 도서는 선천사도에 한정된다.

『정역심법』[130]은 마의도자가 짓고, 진단이 주석한 책으로, 총 42장

---

129. 필자가 『참동계』의 "道之形象 眞一難圖"라는 구절의 '眞一'을 그림으로 그린 것이 '무극'이라고 판단하는 근거는 서명응의 『참동고』의 내용 때문이다. 서명응은 『참동계』의 위 구절에서 "진은 무극으로 말한 것이고 일은 태일로 말한 것이다. …… 주렴계가 저술한 『역통』의 문법과 동일하다. 희이가 진인에게 전수한 〈광곽도〉와 〈삼오도〉 두 그림을 살펴보면 그 학문이 진인으로부터 나온 것임을 전혀 의심할 것이 없다.(眞以無極言, 一以太一言. …… 同周子易通之文法. 觀希夷傳受眞人匡郭三五兩圖, 則其學之出自眞人, 斷無加疑.)"라고 하여, '眞'을 무극으로 이해하고 있다.

130. 『정역심법』은 현재 두 종의 판본이 전해지는데, 소옹과 주돈희와 동시대 인물인 李潛의 序本과 주희시대의 張栻(南軒)의 跋本이 있다. 두 판본은 대동소이하지만, 41장의 주석에서 다른 입장을 취하고 있다. 이잠의 서본은 진단의 주석을

으로 구성되어 있다. 『정역심법』의 내용에 대해서 주희가 이미 정리를 한 것이 있는데, 주희의 정리를 따라 그 내용을 확인하기로 하자. 주희는 『주희대전』 권 81, 「서마의심역후(序麻衣心易後)」라는 글에서 『정역심법』의 내용을 정리하고 있다.

주희의 『정역심법』에 대한 전반적인 이해는 비판적인데, 『정역심법』의 역리적인 측면에서 이치에 맞지 않는 황당한 설이며, 술수가들의 말들이며, 연단의 말단기술이며, 불교의 환어들로 이루어진,[131] 비루한 老, 佛, 醫, 卜의 여러 학설이 결합된 책[132]이라는 것이다

주희가 『정역심법』에 대해 부정적으로 이해하는 이유는 세 가지로 정리할 수 있다. 첫째는 유학의 도통관에 의한 것으로, 『정역심법』이 유학의 성인들을 부정적으로 서술하고 있기 때문이다. 둘째는 『정역심법』이 유가의 의리역을 부정하는 내용들을 기술하고 있는 점 때문이다. 셋째는 유학적 입장에서 이단사설의 내용으로 역을 설명한다는 점 때문이다. 여기서 첫째와 둘째에서 제기한 주희의 비판은 동일한 것으로 이해할 수 있다. 왜냐하면 유가의 성인들의 역에 대한 해석을 비판하는 내용은 유가의 성인을 부정적으로 서술하는 것이고, 유가적

"故曰學易者, 當於羲皇心地中馳騁, 無於周孔言語下拘攣."라고 기록하고 있고, 장남헌의 발본은 "學者, 當於羲皇心地上馳騁, 無於周孔脚跡下盤旋."라고 되어 있다.

131. 『朱子大典』권81, 「書麻衣心易後」, 如所謂雷自天下而發山自天上而墮之類, 皆無理之忘談. 所謂一陽生於子月而應在卯月之類, 乃術家之小數. 所謂由顙體之乃成全體, 則爐火之末技. 所謂人間萬事, 悉是假合, 又佛者之幻語耳.

132. 상동, 揳合老佛醫卜, 諸說之陋者, 以成其書.

의리역을 부정하는 논리이기 때문이다. 따라서 주희는『정역심법』이 도통관의 의한 의리역에 비판을 하고 있다는 점과 이단사설의 내용을 역과 연결했다는 점에서 비판적 입장을 취한 것이다.

『정역심법』에서는 유가적 도통관과 맞지 않게 유가 성인을 비판하는 내용뿐만 아니라 유가의 의리역을 부정하는 내용이 줄곧 제시된다. 이 내용을 거론하면 3, 4, 6, 41, 42장 등이다. 가령 6장의 "괘에 매단 말이나, 효에 매단 말은 다만 길흉에 관한 대략의 말을 연계한 것에 지나지 않을 뿐이니, 육획의 뜻이 매단 말에서 다 드러난 것이라고 말할 수 없다."[133]라고 하여 문왕과 주공이 행한 역의 해석하는 완전한 것이 아니라고 주장하거나, 4장의 "상고시대에는 괘획이 분명하여 역도가 행해졌지만 후세에는 괘획이 분명하지 못해 역도가 전해지지 못하였다. …… 주공과 공자의 말만이 마침내 (괘획과 무관하게) 홀로 행하게 되자, 학자들은 더욱 괘획의 은미한 뜻이 있음을 알지 못하게 되었다."[134]라고 하여, 공자와 주공을 동시에 비판하고 있기도 하다. 유가의 성인의 역 해석과 의리역에 대한 비판은 41장에서 극에 이른다.

133.『정역심법』6장, 주석, 繫辭, 特繫以吉凶大略之辭而已, 非謂六畫之義盡於是也.
134.『정역심법』4장, 주석, 上古卦畫明, 易道行, 後世卦畫不明, 易道不傳. 聖人於是不得已而有辭, 學者淺識, 一著其辭, 便謂易止於是, 而周孔遂自孤行, 更不知有卦畫微旨.

정말로 말에 얽매이면 이는 법을 범하는 것이니, 정말로 깨닫지 못했기 때문이다. 만약 깨달았다면 말 밖에 뜻을 알아 내가 하고 싶은 대로 종횡으로 오묘하게 쓸 것이니, 이것이 활법이다. 그러므로 역을 공부하는 자는 마땅히 복희의 심지 속에서 내달려야지 주공이나 공자의 말에 얽매여서는 안 된다고 한 것이다.[135]

특히 주희는 41장에 대해 비분강개하는 어투로 '그 허망한 실질을 가려내 공격할 것'을 힘주어 말하고 있다.[136] 주희의 비분강개는 『정역심법』이 유학의 의리역과 성인관을 비판하고 있다는 점에서 이해할 수 있다. 이는 '문왕과 주공, 공자의 역을 일가(一家)의 역이지, 역도의 오묘한 이치를 다 드러낼 수 없다'는 진단의 관점을 주희는 동의할 수 없었기 때문이다. 즉, 후대의 유학자들이 주공과 공자의 역전을 과신한 나머지 감히 더 발전시키려 하지 않아 오류가 더욱 심해졌고, 오히려 역도를 어둡게 만들었다는 진단의 관점[137]에 대해 주희가 비분

---

135. 『정역심법』41장, 주석, 苟惟束於辭訓, 則是犯法也, 良由未得悟耳! 果得悟焉, 則辭外見意, 而縱橫妙用, 唯吾所欲, 是爲活法也. 故曰學易者, 當於羲皇心地中馳騁, 無於周孔言語下拘攣.

136. 『朱子大典』권81, 「書麻衣心易後」, 予前所見, 本有張敬夫題字, 猶摘其所謂當於羲皇心地上馳騁, 無於周孔脚跡下盤旋者, 而與之辨, 是亦徒費於辭矣. 此直無理, 不足深議, 但當摘其謬妄之實而掊擊之耳.

137. 『정역심법』42장, 주석, 羲皇氏正易, 春秋比也. 周孔明易, 作傳比也. 左氏本爲春秋作傳, 而世乃玩其文辭, 致左氏孤行, 而春秋之微旨, 泯矣. 易之有辭, 本爲義

강개한 것이다.

또한 주희는 이단사설의 내용을 역과 결합했다는 점에서『정역심법』에 비판적인 입장을 취한다. 구체적으로는 진단은 노장 및 도교의 내용들로 9장, 10장, 11장, 19장을 해석한다. 그리고 불교의 사상을 근거로 21장을 주석하기도 하고, 의가의 내용으로 13장 등을 주석한다. 또한 괘기, 납갑, 점복술 등으로 25장, 29장, 30장 등을 주석한다. 주희는 이러한 주석들에 대해 이론적 체계를 전혀 갖추지 못한 범부들이 길에서 주고받는 말인 '도청도설'에 지나지 않는 비루한 것이라고 치부하는 것이다.[138]

그런데 도교의 성격이 원래 "잡이다단(雜而多端)"한 것이므로, 도사로 추앙받는 진단의 사유에서 이러한 잡다한 학설이 깃들어 있는 것은 당연한 일이라 할 수 있다. 다만 불교적 사유와 역의 결합 부분은 검토를 할 필요가 있다. 이는 주희가 정확하게 진단의 사유를 인식한 측면이기도 한데, 진단의 사상을 독특하게 하는 점이기도 하다. 이에 대해 이원국은 "진단이 의거한 전통 역학 속의 음양관념은 도가와 도교의 다양한 이론을 성과를 흡수한 것인데, 이것은 역학에 대한 일종의 발전이다. 그러나 이러한 창조적인 원동력을 탐구할 때, 오히려 선종禪宗의 심체(心體), 즉 오직 마음이 법(惟心是法)이라는 관념을

皇發揚, 學者不知, 借辭以明其畫象, 遂溺其辭, 加以古今訓注而襲謬承誤, 使義皇初意, 不行於世, 而易道於此淺狹矣. 嗚呼!

138.『朱子大典』권81,「書麻衣心易後」道聽塗說, 摭合老佛醫卜諸說之陋者, 以成其書.

살펴야 한다."고 한다.[139]

주희가 이 세상이 헛된 것이라는 불교의 사상으로 역을 해석했다고 비판하는 부분은 21장에 해당한다. 진단의 주석을 살펴보자.

(팔괘 중에서) 여섯 괘는 건곤괘를 빌려 체로 삼고, 중괘(대성괘)는 팔괘를 합한 것으로 체를 삼는다. 만약 나누거나 흩어버리면 여섯 괘와 중괘는 모두 정해진 체가 없게 된다. 만약 지금 천지가 맑고 밝으며 음양이 섞이지 않았다면 여섯 괘가 어디에 있겠는가. 이러한 이유로 인간 만사가 모두 음양일기의 일시적으로 빌려서 합한 것[假合]이어서 단지 텅빈 환영[虛幻]이 있을 뿐, 정해진 실체가 없는 것(無有定實)을 안다.[140]

여기에서 '가합(假合)'과 '허환(虛幻), 무유정실(無有定實)'이 바로 불교적 내용이라는 것이다. 이는 불교의 '공(空)' 사상과 연결될 수 있다. 유식불교에서 마음과 대상을 의미하는 식(識)과 경(境)의 관계에서 식외무경(識外無境)의 논리와 맥이 닿아 있다. 즉, 대상은 실체가 아니라 식(識) 자체가 전변해서 식의 소의(所依)와 소연(所然)의 형태로 나타난 경(境)이다. 대상은 우리의 의식의 소산물이므로, 그 대상

---

139. 이원국, 앞의 논문, 186.
140. 『정역심법』 21장, 주석, 六子假乾坤以爲體, 重卦合八卦以爲體, 若分而散之, 則六子重卦皆無有定體也. 若今天地淸明, 陰陽不雜, 則六子何在, 以是知人間萬事, 悉是假合陰陽一氣, 但有虛幻, 無有定實也.

은 의식에 의해 생성된 가합(假合)이거나 허영(虛幻)이 된다. 그러므로 이는 선종에서 "삼계는 다른 법이 없으니 오직 이 한마음의 작용이다. 마땅히 마음이 만법의 근본임을 알아야 한다."[141]라는 논리와 다르지 않다.

그런데 필자는 21장의 주석에 대해 불교와 도교의 사유가 결합된 것으로 파악한다. 왜냐하면 진단은 8괘에서 건곤괘를 제외한 6괘는 변화 속에 있으므로, '가합'과 '허유'로 설명하지만, 건곤괘는 가합할 것이 없는 진체(眞體)라고 인식하기 때문이다. 더 나아가 진단은 불교의 공(空)사상을 가져오지만, 진체로서 기(氣)를 인정하기에 도교의 관점에서 불교의 공사상을 넘어서고 있다고 판단한다. 이는 가합과 허유를 음양의 결합과 변화로 설명하는 점[142]과 진체인 건괘를 기(氣)의 시작으로 곤괘를 형(形)의 시작으로 설명하고 있는 점[143] 때문이다. 불교 공사상에서 말하는 가합과 허유를 음양의 결합과 변화로 설명한다는 것은 불교의 공사상을 도교의 기론(氣論)으로 해석한 것이고, 세계를 진체인 건괘의 기로, 곤괘의 형으로부터 시작된 것으로 설명하기 때문이다.

주희는『정역심법』에 대해 유가의 도통관과 의리역의 관점에서 비

---

141. 玄覺,『禪宗永嘉集·淨修三業』三界無別法, 惟是一心作, 當知心是萬法知根本也.

142.『정역심법』21장, 주석, 萬物皆出於机入於机.

143.『정역심법』20장, 주석, 太初者, 氣之始, 是爲乾. 太始者形之始, 是爲坤, 皆本之自然, 無所假合也. 故其卦畫純一不馭, 倒正不變, 是名眞體.

판하고, 노장과 도교, 잡가 및 불교의 논리를 역과 결합시켰다는 점에서 부정적 입장으로『정역심법』의 내용을 정리한다. 그러나 주희가 '도청도설'이라고 비판한 내용을 도교적 입장에서는 보자면 자연스러운 사상의 궤적으로 이해할 수 있다고 생각한다. 왜냐하면 진단이 "역이라는 책은 음양에 근본을 두었다. 만물이 음을 등지고 양을 안았으니, 어디로 간들 음양이 아니겠는가. 그러므로 오직 사람이 들어가는 바의 문로(門路)에 달려있다. 문왕과 주공은 여러 종류로 들어가고, 공자는 여덟 가지 물건으로 들어갔는데, 이것은 상고의 일이다. 그 이후에는 혹 율려와 도수로 들어가기도 하고 혹 역법의 수로 들어가기도 하고, 혹 선도로 들어가기도 하였는데, 이것을 통해 역도가 어디로 들어가든 불가함이 없음을 알 수 있다."[144]라고 하여,『역』을 해석하는 다양함을 인정하고 있기 때문이다.

🌿 3. 「선천사도」의 연원적 근거

주희는『정역심법』에 대한 비판적인 입장을 취한다. 그러나『주역본의』의 첫머리에서 「선천사도」의 연원을 진단으로 돌리고 있다. 주희의

144.『정역심법』41장, 주석, 易之爲書, 本於陰陽, 萬物負陰而抱陽, 何適而非陰陽也, 是以, 在人惟其所入耳. 文王周公以庶類入, 宣父以八物入, 斯其上也; 其後或以律度入, 或以歷數入, 或以仙道入, 以此知易道無往而不可也.

이 기록은 주진(朱震)의 『한상역전(漢上易傳集)』에서 "진단은 「선천도」를 충방에게 전하였고, 충방은 목수에게 전하였으며, 목수는 이지재에게 전하였고, 이지재는 소옹에게 전하였습니다."라고 기록과 같은 것으로 「선천도」는 진단에게서 소옹으로 전수된 것으로 파악할 수 있다.

또한 『불조통기』 권43에서는 "진단의 선천도는 모두 네 종류인데 대횡도(大橫圖)와 소횡도(小橫圖), 대원도(大圓圖)와 소원도(小圓圖)의 네 도상[圖]이 있다."고 하였다.[145] 여기서 횡도는 '대횡도'와 '소횡도'로 구분된다. 대횡도는 '복희육십사괘차서도'이고 '소횡도'는 '복희팔괘차서도'이다. 또 원도는 '대원도'와 '소원도'로 구분되는데, 대원도는 '복희육십사괘방위도'이고, 소원도는 '복희팔괘방위도'이다.

그렇다면 『정역심법』의 주석에서 이들 네 종류의 선천도를 그려낼 내용이 있는가를 추적해보자. 진단의 『정역심법』의 주석에는 선천도의 네 그림은 등장하지 않고 있지만, 그림을 설명하는 내용을 찾을 수 있다. 앞에서 언급하였듯이 진단의 그림은 '횡도'와 '원도'로 구분된다. '횡도'는 '소횡도'와 '대횡도'로 구분되는데, 소횡도는 '복희팔괘차서도'이고 대횡도는 '복희육십사괘차서도'이다. '원도' 역시 '소원도'와 '대원도'로 구분되는데, '소원도'는 '복희팔괘방위도'이고, '대원도'는 '복희육십사괘방위도'이다.

---

145. 『佛祖統記』권43, 『四庫全書存目叢書子部』, 齊魯書社, 1995.

그런데 여기서 확인해야 할 것은 선천사도의 내용적 연원이 복희의 선천역이므로 송대의 학자들에게도 의의가 없다는 것이다.[146] 다만 그림을 그려내는 방법과 설명을 찾을 수 있다면, 그리고 그 그림을 그려내는 방식과 설명이 진단의 것과 소옹의 것이 같다면, 본 논문의 목적인 소옹의 선천사도의 연원을 진단으로 확정할 수 있게 된다.

횡도를 먼저 살펴보자. 횡도는 복희가 팔괘를 만드는 과정과 이를 확대하여 64괘를 그림으로 설명하는 것이다. 이에 관해「계사」2장과 11장에서 언급하고 있다.「계사」의 내용은 2장의 "古者包犧氏之王天下也, 仰則觀象於天, 俯則觀法於地, 觀鳥獸之文與地之宜, 近取諸身, 遠取諸物, 於是始作八卦, 以通神明之德, 以類萬物之情."와 11장의 "是故易有太極, 是生兩儀, 兩儀生四象, 四象生八卦."이다. 전자는 복희가 천지와 사물들을 괘상과 결합하여 분류하였다는 것이고, 후자는 태극에서 양의로, 양의에서 사상으로, 사상에서 팔괘로 괘가 자연스럽게 전개되어가는 것으로 설명한 것이다.

우리의 논의 대상은 후자이다. 후자의 '태극 → 양의 → 사상 → 팔괘'로 전개되는 과정을 설명하는 방식이 바로 횡도를 그려내는 과정

---

146. 하도와 낙서 및 선천사도에 대한 의문을 제기한 학자들은 歐陽修(『易或問』)와 歸有光(『易圖論』), 黃宗羲(易學象數論)와 黃宗炎(『易學辯惑』), 胡渭(『易圖明辨』) 등을 거론할 수 있다. 그런데 구양수를 제외한 이들 학자들은 명청대시대의 학자들로 고증학이 발달하고 나서부터 이러한 의문을 제기한 것이고, 송대에서는 주희가 이들의 존재를 인정하고 역의 첫머리에 배치함으로써 이에 대한 신뢰를 확고히 하고 있었다.

이다. 그런데 이 과정을 그림으로 그려내는 방식은 학자마다 다르다. 주희는 이러한 전개과정을 '一分二法'이라고 설명하고, 정호는 '加一倍法'으로 설명하며, 소옹은 '사분법(四分法)'으로 설명한다.[147]

　주희의 '일분이법'은 태극에서 음양의 둘로, 양에서 태양과 소음의 둘로, 음에서 소양과 태음의 둘로, 태양에서 건괘와 태괘로 (……)로 전개되는 방식으로 설명한 것이다. 그리고 정호의 '가일배법'은 양에서 양을 더하여 태양이 되고, 양에서 음을 더하여 소음이 되고, 음에서 양을 더하여 소양이 되고, 음에서 음을 더하여 태음이 되는 전개 과정을 말한다. 소옹의 '사분법'은 태극×2(1×2＝2)하여 음양이 되고, 음양×2(2×2＝4)하여 사상(四象)이 되고, 사상×2(4×2＝8)하여 팔괘(八卦)가 되는 전개방식이다. 소옹의 '사분법'은 태극의 단계에서 2배수한 것이고, 음양의 단계에서 2배수한 것이며, 사상의 단계에서 2배수 한 것이다. 이는 태극의 단계, 음양의 단계, 사상의 단계, 팔괘의 단계를 4분하여 2배수한 것이다. 이를 수학적 모형으로 옮겨보면, 1×2, 2×2, 4×2의 형식을 갖추 배수법이 된다. 그리고 이는 2를 기준으로 하는 배수법이다. 이러한 전개 과정을 확대하면 64괘를 그려낼 수 있다.

　진단의『정역심법』주석에서도 배수의 방법으로 괘들의 그려내는 설명을 하고 있다. 이는 2배수의 방식으로 64괘를 그려내는 것으로

---

147. 주희 지음, 김상섭 해설, 『역학계몽』, 예문서원, 1994, 서울, 96쪽, 인용.

소옹의 설명과 다르지 않다. 진단은 태극을 수의 근본인 1로 인식하고, 1이 태극이 되어 움직이지 않는다는 점을 거론하고,[148] 이로부터 배수법을 통해 64괘를 연역해 낸다.

옛사람들이 무엇으로 역을 알았는가! 선천의 여러 괘들이 처음에는 하나의 음과 하나의 양이 서로 간여하고 다음에는 두 음과 두 양이 서로 간여하는데 이르고, 수를 거듭하여[倍數] 32음과 32양이 서로 간여하는데(64괘)에 이른 것이다.[149]

여기서 태극인 1은 움직이지 않은 수의 근본이고, 태극이 배수가 되어, 일음과 일양이 되고, 일음과 일양이 2배수하여 2음[태음/소음]과 2양[태양/소양]이 되고, 이러한 배수를 거듭하여 32음과 32양에 이른다라고 설명하고 있다. 이는 태극에서 음양으로, 음양에서 사상으로, 사상에서 8괘로, 팔괘에서 16괘로, 16에서 32괘로, 32괘에서 64괘로 이어지는 배수의 방식으로 그려낸 것을 의미한다. 소옹은 진단의 배수법을 계승하여 사분법으로 발전시킨 다음, 수학적 범주로 이 세계를 설명하는 상수학을 확립한 것으로 이해할 수 있다. 진단의

---

148. 『정역심법』 35장, 주석, 學者徒知一爲太極不動數, 而不知義實落處也. 何則. 一者, 數之宗本也.

149. 『정역심법』 37장, 주석, 古人何以見易乎! 以至先天諸卦, 初以一陰一陽相間, 次以二陰二陽相間, 倍數至三十二陰, 三十二陽相間.

배수법과 소옹의 사분법은 동일한 것으로 진단의 선천도가 소옹으로 전수된 것을 확인할 수 있는 내용이다.

　이제는 원도, 즉「복희팔괘방위도」와「복희64괘방위도」를 그려낼 수 있는 근거를 찾아보자. 이 그림들 역시「설괘전」에서 그 연원을 찾을 수 있다. 일반적으로「복희팔괘방위도」는「설괘전」에서 기원한다고 한다. 그 내용은 "天地定位, 山澤通氣, 雷風相薄, 水火不相射, 八卦相錯, 數往者順, 知來者逆, 是故易逆數也."이다. 이것의 의미를 확인해보자. '천지정위'는 '건곤괘가 남북으로 바른 자리를 잡는다'는 의미이고, '산택통기'는 '산을 상징하는 간괘와 연못을 상징하는 태괘가 서로 기를 통한다'는 의미이므로, 간괘와 태괘가 마주한다는 것이다. '뢰풍상박'은 '우레를 상징하는 진괘와 바람을 상징하는 손괘가 역시 마주한다'는 의미이다. '수화상사'는 '물으리 상징하는 감괘와 불을 상징하는 리괘가 마주한다는 것'이다. 이처럼 두 괘를 마주하게 그려내면 팔괘도가 그려진다. 그리고 '수왕자순(數往者順)'는 방위도의 건과 곤의 자리를 중심으로 팔괘의 순서 건1, 태2, 리3, 진4로 순수(順數)하는 것을 말하고, '지래자역(知來者逆)'은 그 역수(逆數)하는 것을 의미한다.
　『정역심법』의 진단의 주석에는 이를 괘와 사람의 기관과 연관시켜 설명하고 있다. 이는 도교 역학이 수련의 과정을 설명하면서, 인간의 장기와 괘상을 연관시켜 설명하는 것과 동일한 논리이다. '천지정위(天地定位)'를 건괘로 형상되는 머리와 곤괘로 형상되는 배로, '산택통기(山澤通氣)'는 간괘로 형상되는 코와 태괘로 형상되는 입으로,

'뢰풍상박(雷風相薄)'는 손괘로 형상되는 손과 진괘로 형상되는 다리로, '수화상체(水火相逮)'는 감괘로 형상되는 귀와 리괘로 형상되는 눈으로 설명하고 있다.

> 대개 건괘가 머리가 되고 곤괘가 배가 되는 것은 천의 정해진 자리이다. 감괘가 귀가 되고 리괘가 눈이 되는 것은 수화가 서로 갈마드는 것이다. 간괘가 코가 되고 태괘가 입이 되는 것은 산택이 기를 통하는 것이다. 손괘가 손이 되고 진괘가 발이 되는 것은 우레와 바람이 서로 붙드는 것이니, 이것이 복희 팔괘가 응하는 것이다. 그 이치가 밝고도 밝다.[150]

「복희팔괘도」는 건괘는 정남에 위치하고, 곤은 정북에 위치하며, 리괘는 정동에 위치하고 감괘는 정서에 위치한다. 그리고 진괘는 동북쪽에 위치하고, 태괘는 동남에 위치하고 손괘는 서남에 위치하고, 간괘는 서북에 위치하여 음양이 교착하고, 피차가 대대하는데, 이는 64괘방위도와 동일한 원칙이다. 그러므로 그림을 그릴 때, 종으로 횡으로 펼쳐지기도 하고, 기가 쇠하거나 젊어지기도 하고, 대대의 이치가 있기도 하고, 착종도 일어난다. 그래서 진단은 이를 원칙으로 그림을 그려내는 기준으로 삼는다.

---

150. 『정역심법』 23장, 주석, 蓋乾爲首, 坤爲腹, 天地定位也; 坎爲耳, 離爲目. 水火相逮也. 艮爲鼻, 兌爲口, 山澤通氣也. 巽爲手, 震爲足, 雷風相薄也, 此羲皇八卦之應矣. 其理昭昭, 但學者承誤效尤, 見不高遠, 其失至此, 眞人閔之, 故開其眼目.

'종으로 횡으로 펼쳐졌다는 것'은 아마도 여러 그림[圖]을 그릴 때, 혹 두 기가 점차로 노쇠하거나 젊어지는 경우도 있고, 혹 삼대의 조손의 구별이 있기도 하고, 혹 대대의 이치가 있기도 하며, 혹 진위의 뜻이 있기도 하고 혹 태갑의 상이 있기도 하며, 혹 착종의 점이 있기도 하여, 그것을 펼칠 때 모두 오묘한 이치를 간직하여 어디를 가도 옳지 않음이 없으니, 이것이 「계사전」에서 '만상을 포괄하였다'고 하는 것이며, '역도가 큰 까닭'이라고 한 것이다.[151]

여기서 '두 기가 점차로 노쇠하거나 젊어지는 경우'는 팔괘도의 괘 배열이 양이 자라는 경우와 음이 자라는 경우로 괘들이 배열되는 것을 의미하고, '조손의 구별'은 중심이 되는 괘와 그 괘로부터 생성된 괘를 의미하며, '대대의 이치가 있다'는 것은 건괘와 곤괘가 짝이 되어, 리괘와 감괘가 짝을 이루고 있다는 의미이다.

그리고 복희64괘방위도의 외도와 내도, 즉 원모양의 괘배열과 정방형의 괘배열 역시 설명하고 있는데, 이것의 근거는 「하도」이다. 「하도」의 가운데 자리[중궁]의 다섯 점이 나타내는 형상은 정방형의 도상이고, 생수와 성수로 중궁을 둘러싸고 있는 형상은 둥근 원형을 나타낸다. 가령 조선시대의 서명응은 하도의 중궁의 모양을 기준으로 선

---

151. 『정역심법』8장, 주석, 縱橫, 謂若爲諸圖, 或有二氣老少之漸, 或有三代祖孫之別, 或有對待之理, 或有眞假之義, 或有胎甲之象, 或有錯綜之占, 唯其施設, 皆具妙理, 無所往而不可, 此所謂包括萬象, 而易道所以大也.

천방원도의 방도를 정방형이 아닌 마름모꼴로 바꾸어야 한다고 주장하기도 한다.[152] 그 내용은 다음과 같다.

대체로 기에 붙어있는 모양은 반드시 둥글다. 둥근 것은 지름이 1이고 둘레가 3인데, 하늘에 세 가지 때가 있는 까닭도 기 때문이다. 대개 모양에 붙어있는 것은 반드시 모가 난다. 모난 것은 지름이 1이고 둘레가 4인데, 땅에 4방이 있는 까닭도 그 모양이 있기 때문이다.[153]

이상에서 진단의 『정역심법』의 주석에서 「선천사도」의 그림들을 그려낼 내용들과 방법에 관한 근거들을 찾아보았다. 필자의 판단으로는 이에 대한 보다 분명한 이해는 『하락진수』[154]와 『불조통기』를 아울러 검토해야 할 것이지만, 여기에서 분석 대상은 『정역심법』이므로 『하락진수』와 『불조통기』에 대한 분석은 차후를 기약하고자 한다.

이상의 논의를 통해 진단이라는 인물이 역학사에서 등장하는 모습 중에서 소옹에게 「선천도」가 전수되는 과정을 이해할 수 있다.

---

152. 이에 관한 자세한 내용은 이봉호, 「서명응의 선천역과 도교사상」(『도교문화연구』24집, 2006.4) 참조.

153. 『정역심법』 24장, 주석, 凡麗於氣者, 必圓, 圓者径一而圍三, 天所以有三時者, 以其氣也. 凡麗於形者, 必方, 方者径一而圍四, 地所以有四方者, 以其形也.

154. 『하락진수』는 진단과 소옹이 찬하고, 명나라 때 이학시가 교각한 것으로 하도와 낙서의 수를 중심으로 서술된 책이다. 『속수사고전서』(상해고적출판사간) 1061권에 수록되어 있다.

4. 선천과 심법 개념

필자는 진단의 사상이 도서역과 상수학뿐만 아니라 소옹의 중심 개념들인 '심법' 개념과 '선천' 개념 역시 진단의 사상으로부터 계승·발전되었다고 판단한다. 왜냐하면, 소옹의 심법과 선천개념 역시 그 단초를 진단의 사유에서 찾을 수 있기 때문이다. 「선천사도」를 그려내는 방법을 앞서 설명하였으므로, 여기서는 심법과 선천개념을 중심으로 논의를 진행하고자 한다.

주지하다시피 선천 개념은 소옹에 의해서 하나의 개념으로 정립된 것이다. 철학사적으로 '선천'과 '후천' 개념적 구분은 '건괘 문언전'에 근거한 것으로 언급된다.[155] 건괘 문언전에서 선천(先天)과 후천(後天)이라는 의미는 '하늘에 앞선다'와 '뒤진다'의 의미로 독립된 개념으로 이해할 수 없다. 선천과 후천이라는 용어는 개념적으로 존재해 온 것이 아니라는 것이다. 그런데 소옹이 이를 개념화하고, 주희에 의해서 『주역본의』에 수용되면서 선천과 후천의 개념이 확립되는 것이다.

이를 료명춘은 "선천역학(先天易學)이란 것이 본래 있지 않았다. 그런데 신선가가 선천과 후천을 연단술에 갖다 붙이고, 또 오행설을 섞어서 도식을 부연하면서, 『주역』을 빌려 연내단을 설명하자, 마침

---

155. 『周易』乾卦, 文言傳, 夫大人者, 與天地合其德, 與日月合其明, 與四時合其序, 與鬼神合其吉凶. 先天下而天弗違, 后天而奉天時. 天且弗違, 而況於人乎. 況於鬼神乎. 료명춘 등 저, 심경호 역, 『주역철학사』, 406쪽 참조.

내 선천역학이라는 명칭이 생기게 되었다. 소옹의 선천팔괘방위도는 곧 진단이 전한 「선천도(先天圖)」에 근원을 둔다."[156]라고 하여, 선천이라는 용어는 진단에 의해서 비롯되었고, 소강절에 의해 개념적으로 구분되었다고 지적한다.

진단은 『정역심법』 37장의 주석에서 선천이라는 개념을 직접적으로 사용하고 있는데, 구체적으로 선천의 내포는 밝히고 있지는 않다. 그러나 진단은 횡도의 배수법을 설명하는 논의에서 선천 개념을 사용하고 있는 것으로 보아, 소옹의 논리와 동일한 내포를 가진다고 볼 수 있다.

> 선천의 여러 괘들이 처음에는 1음과 1양이 서로 끼어있고 다음에는 2음과 2양이 서로 끼어 있다가 배수가 되면 32음과 32양이 서로 끼는 데 이른다. 『태현(太玄)』의 여러 첫머리는, 처음에는 1음과 양이 서로 끼어있고 다음에는 3음과 3양이 서로 끼어있다가 배수가 되면 27음과 27양이 서로 끼이는 데 이른다. 이 이치가 어디에 있는가? 시간과 사물로 미루어보면 할아버지 괘와 아버지 괘 및 자손의 괘로부터 여러 괘들이 점차로 있게 되었고, 정월 2월, 3월, 4월, 5월, 6월로부터 조금씩 왕성해지는 조짐이 있으니 이는 모두 수가 리(理)를 밝히는 것이다.[157]

---

156. 료명춘 등 저, 심경호 역, 『주역철학사』, 406쪽 참조.
157. 『정역심법』 37장 주석, 以至先天諸卦, 初以一陰一陽相間, 次以二陰二陽相間,

또한 소옹은 선천과 심법을 결합하여, 선천을 심법으로 후천을 형적으로 정의한다.[158] 필자는 소옹이 제시한 "선천학은 심법이고 후천학은 형적"이라는 명제 역시 진단의 사유를 계승한 것으로 판단한다. 왜냐하면, 소강절의 문인인 오납(吳納)이 '선천의 학문은 말로써 전할 수 없으므로 마땅히 심과 의로써 회통해야하고, 후천(後天)의 학문은 문자로 고찰할 수 있으므로 형적을 통해서 알 수 있다'[159]고 한 것이나, '상(象)은 있지만 문(文)이 없으므로 심(心)이라고 한 것이고, 문에 따라서 상을 얻는 것은 적迹'[160]이라는 의미로 풀이하고 있으므로, 결국 선천학이란 심법(心法)에 해당하는 영역이고, 후천학은 문자를 통해서 인식 가능한 영역이 되는데, 이는 진단의 논리와 같다. 즉, 진단이 "희황이 팔괘를 그리고 다시 이를 중첩하여 64괘를 만든 것은 문자로 설명하지 않고 묵묵히 그 상을 보게 한 것이다. 상과 같이 하면 길흉이 응하고 그 상과 어긋나면 길흉이 반대로 응한다. 이것이 희황이 말하지 않고 가르친 것이다."[161]라거나, "말에 얽매이지 말라[無於

倍數至三十二陰, 三十二陽相間. 太玄諸首, 初以一陰一陽相間, 次以三陰三陽相間, 倍數至二十七陰, 二十七陽相間. 此其理, 何在哉? 以時物推之, 自祖父子孫, 有衆卦之漸; 自正二三四五六月, 有微盛之滋, 皆數之明理也.

158. 『皇極經世書』, 「觀物外篇」, 先天之學, 心也, 後天之學, 迹也.

159. 『皇極經世書』, 「觀物外篇」, 先天之學, 非可言傳, 當以心意而領會, 後天之學, 文字可考, 故有形迹可見.

160. 『皇極經世書』, 「觀物外篇」, 有象无文, 故曰心, 因文得象, 故曰迹.

161. 『정역심법』3장 주석, 義皇畫八卦, 重爲六十四, 不立文字, 嘿觀其象而已. 能如

周孔言語下拘攣]."는 주장과 동일한 것이다.

그러나 "후대로 갈수록 괘획이 분명하지 못해 역도가 전해지지 않게 되었고, 이에 성인이 부득이하게 말을 붙이게 되었는데, 지식이 얕은 학자들이 그 말에만 집착하여 역이 그것뿐이라고 여기게 되었으며, 그 결과 주공과 공자의 말이 괘획과 무관하게 행하게 되자, 복희의 괘획의 은미한 뜻은 결국 잊혀지게 되었다"는 것이다.[162]

진단의 이 논리에서 복희의 무문자 괘획은 선천에 해당하고, 주공과 공자의 언설은 후천에 해당한다. 진단은 이를 다시 춘추의 경문과 그에 대한 전을 비유로 들어 설명하기도 한다. 이는 춘추의 본래 뜻을 밝히기 위해 전을 지었지만, 후세 사람들이 전에만 얽매여 춘추 본래의 뜻을 이해하지 못하는 것과 같은 경우로, 복희의 문자가 없는 역을 위해 문자로 풀이하였지만 역도를 더욱 어둡게 하는 결과를 초래했다고 본 것이다. 이러한 언급을 통해서도 선천과 후천의 구분을 이해해 볼 수 있다.

　　복희씨의 정역은 춘추에 비견되고 주공과 공자가 역을 밝힌 것은 전을 지은 것에 비견된다. 좌씨는 본래 춘추를 위하여 전을 지었는데, 세상

象焉, 則吉凶應, 違其象, 則吉凶反. 此義皇氏作不言之敎也. 鄭康成略知此說.
162.『정역심법』4장 주석, 上古卦畫明, 易道行, 後世卦畫不明, 易道不傳. 聖人於是
　　不得已而有辭, 學者淺識, 一著其辭, 便謂易止於是, 而周孔遂自孤行, 更不知有
　　卦畫微旨, 只作八字說, 此謂之買櫝還珠, 由漢以來皆然, 易道胡爲而不晦也!

사람들이 그 문사만 완미하였기 때문에 좌씨가 지은 전의 본뜻은 외면당하고 춘추의 은미한 뜻이 묻혀버렸다. 역에 사(辭)가 있는 것은 본래 복희를 위해서 천명한 것인데, 학자들이 알지 못하고 사(辭)를 빌려 그 획상을 밝힌 바람에 마침내 그 사에 빠져 고금의 훈고와 주석을 덧붙여 잘못에 잘못을 거듭함으로써 복희가 애초 획을 그은 뜻으로 하여금 세상에 행하지 못하게 하였으니, 역의 도가 여기에서 얕고 좁아진 것이다.[163]

소옹은 요(堯)임금을 기준으로 요 이전은 선천, 요 이후는 후천이라는 시간적 구분을 하기도 하는데, 이 역시 진단의 논리를 따른 것이다. 소옹이 선천과 후천을 시간적으로 복희는 선천역, 문왕은 후천역의 창시자라는 기준으로 요임금을 제시한 것이다. 이 역시 복희의 문자는 없고 상만 있는 무문자(無文字) 도식과 문왕의 문과 상이 동시에 갖추어진 후천의 논리라는 근거에 기초한 것이다. 이는 진단이『정역심법』주석에서 복희의 역을 상만 있고, 문자가 없는 것이라는 주장과 같다.

이제 심법과 관련해서 조금 더 언급해 보자. 앞서 언급하였듯이 주

163.『정역심법』42장 주석, 義皇氏正易, 春秋比也. 周孔明易, 作傳比也. 左氏本爲春秋作傳, 而世乃玩其文辭, 致左氏孤行, 而春秋之微旨, 泯矣. 易之有辭, 本爲義皇發揚, 學者不知, 借辭以明其畫象, 遂溺其辭, 加以古今訓注而襲謬承誤, 使義皇初意, 不行於世, 而易道於此淺狹矣.

희는 진단의 사유 속에서 불교적 색채를 강하게 비판했다. 주희의 비판은 불교의 공(空) 개념과 역(易)의 결합이었는데, 진단의 사상에서 불교적 색채를 가장 잘 보여주는 것은 '심법(心法)'이라는 개념이다. 진단이 사용하는 심법이라는 개념은 불교 선종의 논리인 의 "유심시법(惟心是法)"에 근거한 것이다. 「성유식론」의 논리에 따르면 세계의 모든 현상은 인연에 의해 생겨나며, 찰나에 생멸하므로 독립된 실체가 없다. 현실 세계의 모든 현상은 임시적이고 실체가 없는 것이기에 공이다. 진단은 이러한 유식론을 흡수하여, 우리 인간 만사가 모두 음양일기의 일시적인 화합이며, 환허만 있고, 고정된 실체가 없음을 안다고 한 것이다.[164] 따라서 인연에 의해 생겨난 현상(境)은 공한 것이고, 오직 경(境)을 산출해내는 식(識)만이 의미를 지니게 된다. 이를 통해 온갖 변화를 일으키는 마음자리를 추구하는 심법의 논리를 세우게 되는 것이다. 이러한 이유로 진단은 유가의 의리역이나 말에 얽매이지 말고, 자신의 심법으로 복희의 마음자리를 찾게 하는 것이었다.

🌿 5. 나오는 말

필자는 진단과 소옹의 사상적 연관성을 『정역심법』을 중심으로 살펴보았다. 한 사상가의 사유는 평지돌출하는 것이 아니라 유구한 사

---

164. 주131과 같다.

상사적 흐름에서 계승과 발전을 거쳐서 이룩된다. 소옹의 사상이 진단에서 연원한다는 것은 역학사로나 사상사로 잘 알려진 것이지만 그 구체적인 내용이 무엇인지에 대해서는 지금까지 설명이 되지 않았다. 이에 필자는 진단의 사유 중에서 어떠한 내용들이 소옹의 사상으로 전래되었는지를 선천사도와 선천개념 및 심법 개념을 통해 추적해 보았다.

진단은 도교 역학에서 중요한 의의를 지니는 인물로, 그의 역학적 사유는 송대 이학의 도서역과 상수역을 계발한 중요한 인물이다. 본 논문은 진단의 『정역심법』 주석 중에서 선천사도를 그려낼 수 있는 사상적 단초를 확인하고, 선천과 심법 개념을 추적하였는데, 이를 통해서 확인할 수 있는 것은 소옹의 선천사도는 진단의 선천도를 계승하여 그림으로 표현한 것이고, 선천과 심법 개념 역시 진단의 사유를 계승한 점이라는 것이다.

그러나 소옹은 진단의 사유 속에서 불교적 요소를 배제하고, 상수학으로 발전시켜낸다. 진단의 사상에 대한 소옹의 이러한 계승이 도교 역학이 송대 유학자들에게 수용되게 하고, 상수역이 송대 역학으로 자리 잡게 한 것임을 부인할 수 없다.

참고문헌

『도장정화道藏精華』(『정역심법(正易心法)』수록도서)

『장외도서藏外道書』(『정역심법(正易心法)』수록도서)

『총서집성신편叢書集成新編』(『정역심법(正易心法)』수록도서)

『사고전서존목총서四庫全書存目叢書』(『정역심법(正易心法)』수록도서)

『고금도서집성古今圖書集成』(『정역심법(正易心法)』수록도서)

『경씨역전京氏易傳』

『역위건착도易緯乾鑿度』

『관공편觀空篇』

『황극경세皇極經世』

『관물내외편觀物內外篇』

『이천격양집伊川擊壤集』

『주역정의周易正義』

『주역본의周易本義』

『주역집주周易集注』

『노자老子』

『장자莊子』

『열자列子』

『예기禮記』

『황제내경소문黃帝內經素問』

『주역참동계분장통진의周易參同契分章通眞義』

『세설신어世說新語』

『법언法言』

「용도서龍圖序」

『송인진사회편宋人軼事匯編』

『섬서통지陝西通志』

『남헌집南軒集』

『사기史記』

『남당서南唐書』

『송사宋史』

『통지通志』

『불조통기佛祖統紀』

『삽신비람搜神秘覽』

『여지기승輿地紀勝』

『서산통지山西通志』

『시화총구詩話總龜』

『약전집樂全集』

『단연집丹淵集』

『동헌필록東軒筆錄』

『태화희이지太華希夷誌』

『역세진선체도통감曆世眞仙體道通鑒』

『한상역전漢上易傳』

『문헌통고文獻通考』

『후제역학厚齋易學』

『문공역설文公易說』

『박암록碧巖錄』

『주역참동계해周易參同契解』

『주자대전朱子大全』

『회암집晦庵集』

『주자어류朱子語類』

李遠國, 「正易心法考辨」, 『社會科學研究』1984年 第6期.

李遠國, 「陳摶易學思想探微」, 『道家文化研究』第11輯, 陳鼓應 主編, 三聯書店, 1997.

章偉文, 『宋元道敎易學初探』, 巴蜀書社, 2005.

國 戚, 「麻衣道者考論」, 『五臺山研究』總第101期, 2009.

孔又專, 『陳摶道敎思想研究』, 巴蜀書社, 2009.

陳摶 撰, 太極生 輯, 『陳摶集』, 華夏出版社, 2019.

栗艶, 『陳摶及其後學研究』, 社會科學文獻出版社, 2019.

주백곤 지음, 김학권 외 옮김, 『역학철학사』1, 2, 3 소명출판, 2012.

주백곤 외 지음, 김학권 옮김, 『주역산책』, 예문서원, 2008.

료명춘 등 저, 심경호 역, 『주역철학사』, 상지사, 1994

주희 지음, 김상섭 해설, 『역학계몽』, 예문서원, 1994

양웅 찬, 사마광 집주, 류사오쥔 점교, 조민환 역주, 『태현집주』1·2, 학고방, 2017.

이봉호 저, 『주역의 탄생』, 파라아카데미, 2021.

이봉호 저, 『정조의 스승, 서명응의 철학』, 동과서, 2013.

이봉호, 「진단과 소옹의 역학의 관련성」, 『道敎文化硏究』第25輯, 한국도교문화학회, 2006.

이봉호, 「서명응의 선천역과 도교사상」, 도교문화연구 24집, 2006.

이대승, 「송대 도서학과 주자 역학」, 한국학중앙연구원 박사학위논문, 2019.

이대승, 「『太極圖』 연구의 새로운 탐색-'舊『太極圖』'의 존재와 의의를 중심으로-」, 『유학연구』제55집, 2021.

이대승, 「先天 개념의 형성·발전과 의미」, 『도교문화연구』제38집, 한국도교문화학회, 2013.

이대승, 「마의도자의 『정역심법』 진위 탐구」, 『유학연구』59, 2022.

이대승, 「북송 진단 역학의 본원론 고찰: 『정역심법』을 중심으로」, [철학·사상·문화] 40, 동국대학교 동서사상연구소, 2022

부록

원서자료

『정역심법正易心法』

「용도서龍圖序」

※ 원서자료는 세로쓰기로 되어 있으므로 뒤에서부터 보시기 바랍니다.

化之天三幹地二地四爲之用此更明九六之用也謂天三統地二地

四幾九爲乾元之用也九幹五行之數五十其用四十有九也三若在

十是謂大衍之數五十其用四十有九也

陽則避孤陰在陰則避寡陽成八卦者三位也謂一三五之三位二與

四只兩位兩位則不成卦拼是無中正不爲用也

二與四在陽則爲孤陰四二是也在陰則爲寡陽一三五之三位二與

七九是也三皆不大矣哉龍圖之變岐分萬塗今

與之若避之也

略述其梗槩焉

弈棋序

宋 白

投壺博弈皆古也禮經有丈仲尼所稱弈之事下無

益於學植上無裨於化源然觀其指歸可以喻大

者也故聖人存之觀夫散木一枰小則小矣于以

天三天五天九并十五之用後形一六無位〔上位 去一〕

〔下六 去位〕又顯二十四之爲用也兹所謂天垂象矣下

〔上位形五〕三十地數也亦分五位〔方中央言也 五位六五〕皆明五之用也

〔下位形六〕十分而爲六〔三十數也〕形坤之象焉〔謂中央六一分在〕

無外數添也六分而幾四象成〔六之四象地六不配也〕

〔在南邊六幾少陽七二分在東邊六幾少陰八三分〕

在西邊六幾老陽九〔惟在北邊六便成老陰數更〕

也六分而幾四象〔六七九八〕

六分而幾四象成在上則一不用形二十四在下則六不用

亦形二十四〔上位中心去其六亦見二十四以一歲三百〕

〔六旬周於二十四象爲二十四後旣合也天一居上爲〕

陰陽進退皆用二十四

道之宗地六居下爲氣之本〔一六上下覆載之中運四十九之數爲造〕

且夫龍馬始負圖出於羲皇之代在太古之先也

今存已合之位或疑之況更陳其未合之數耶然

則何以知之咎曰於仲尼三陳九卦之義探其旨

所以知之也（九卦謂履謙復恆損益困井巽之九卦也）況夫天之垂象

的如貫珠少有差則不成次序矣故自一至於盈

萬皆累累然如係之於縷也且若龍圖本合則聖

人不得見其象所以天意先未合其形其象聖人

觀象而明其用是龍圖者天散而示之伏羲裁合而

用之仲尼默而形之始龍圖之未合也惟五十五

數上二十五天數也中貫三五九外包之十五盡

龍圖序　陳摶

行錢文僖公若水陳希夷每見以其神觀
清粹謂可學僊有昇舉之分見之未精使
麻衣尖之麻衣云無僊骨但可作貴公卿
耳夫以神僊與帝王之相豈易識哉麻衣
一見決之則其識爲何如也即其識神僊
識帝王眼目以論易則其出於尋常萬一
也固不容於其言矣乾道元年冬十有一
月初七日玉溪戴師愈孔文撰

源流天造前無古人後無來者翻然於羲
皇心地馳騁實物外真僊之書也讀來十
年方悟浸漬觸類以知易道之大如是也
得其人當與共之崇寧三年三月九日廬
峰隱者李潛幾道書

跋

五代李守正叛河中周太祖親征麻衣語
趙韓王曰李侍中安得久其城中有三天
子氣未幾城陷時周世宗與宋朝太祖侍

麻衣道者正易心法序

麻衣道者羲皇氏正易心法頃得之廬山一異人或云或有疑而問者余應之云何疑之有顧其議論可也昔黃帝素問孔子易大傳世尚有疑之嘗曰世固有能作素問者乎固有能作易大傳者乎雖非本真亦黃帝孔子之徒也余於正易心法亦曰世固有作之者乎雖非麻衣是乃麻衣之徒也胡不觀其文辭議論乎一滴真金

330

世俗學解浸清舊聞失其本始易道淺狹_{四十}二章

義皇氏正易春秋比也周孔明易作傳比也

左氏本爲春秋作傳而世乃玩其文辭致左

氏孤行而春秋之微旨泯矣易之有辭本爲

義皇發揚學者不知借辭以明其畫象遂溺

其辭加以古今訓註而襲謬承誤使義皇初

意不行於世而易道於此淺狹矣嗚乎

麻衣道者正易心法終

易之爲書本於陰陽萬物負陰而抱陽何適

而非陰陽也是以在人惟其所入耳文王周

公以庶類入宜父以八物入斯其上也其後

或以律度入或以曆數入或以僞道入以此

知易道無徃而不可也苟惟束於辭訓則是

犯法也良由未得悟耳果得悟焉則辭外見

意而縱橫妙用唯吾所欲是爲活法也故曰

學易者當於羲皇心地中馳騁無於周孔言

語下拘變

之稱也及易變而爲一一變而爲七七變而

爲九九復變而爲一也一者形變之始也清

輕者上爲天重濁者下爲地冲和氣者中爲

人謂之易者知陰陽之根本有在於是也此

說本於冲虛真經是爲定論學者盲然不悟

乃作變易之易是即字言之非宗旨之學也

唯楊雄爲書擬之曰大玄頗得之道家亦以

日月爲古之易字蓋其本陰陽而言也

易道彌滿九流可入當知活法要須自悟　四十
章

冲虛經曰易無形埒易變而爲一變而爲

七七變而爲九九者窮也復變而爲一蓋卦

爻自一變二變三變四變五變六變至七變

謂之歸魂而本宮之氣革矣更二變而極於

九遂復變爲一而返本也學者不悟經意徒

滿空泛說失之甚矣

名易之義非訓變易陰陽根本有在於是章四十

易者大易也大易未見氣也視之不見聽之

不聞循之不得故曰易易者希微玄虛凝寂

襃寡之漸自正二三四五六月有微盛之滋

皆數之所以明理也（應數見前說）

卦位生數運以成數生成之數感應之道（三十八章）

生數謂一二三四五陰陽之位也天道也成

數謂六七八九十剛柔之德也地道也以剛

柔成數而運於陰陽生數之上然後天地交

感吉凶叶應而天下之事無能逃於其間矣

陰陽之迭有所無形在天也 剛柔則形而次其在地也

一變爲七七變爲九即是卦安宜窕其實（三十九章）

分節也天五與地十合而成土離寄於巳而

土成於火也凡此皆言其成形矣夫以五言

相成數雖兒重亦能誦要其義實縱老壯亦

不知落處也是之謂隨古人何以見易十

以至先天諸卦初以一陰一陽相間次以二

陰二陽相間倍數至三十二陰三十二陽相

間太玄諸首初以一陰一陽相間次以三陰

三陽相間倍數至二十七陰二十七陽相間

此其理何在哉以時物推之自祖父子孫有

生火離之氣孕於巽木立夏節也天三生木

震之氣孕於艮水山高地厚水泉出焉立春節也地四

生金兌之氣孕於坤土立秋節也天五生土

離寄戊而土氣孕於離火長夏節也凡此皆

言其成象矣天一與地六合而成水乾坎合

而水成於金冬至節也地二與天七合而成

火巽離合而火於木夏至節也天三與地八

合而成木艮震合而木成於水春分節也地

四與天九合而成金坤兌合而金成於土秋

之策二十四及次正得四與八也而陰陽之
策數如前則是五九固無損益於多少之數
而於陰陽之策正數亦自無傷也因知四十
八數而惧用其九斷然而明矣或者又謂揲
法得奇偶數殊不知二揲則五與九已盡所
以觀其餘數而不觀其正數特以從其簡便
也

五行之數湏窊落處應數倍數亦明特時三十
　七章
天一生水坎之氣孕於乾金立冬節也地二

以記數也大傳曰大衍之數五十其用四十

有九謂大衍數本五十而止用四十九則其

一已先除矣更無五十全數分而為二以象

兩謂止於四十九數中分而為二也掛一象

三掛謂懸繫謂於四十九數中懸掛其一而不

用也筮法一揲得五與四四謂之三少得九

與八八謂之三多二揲則五與九已矣但得

三箇四亦謂之三少得三箇八亦謂之三多

方初得五與九也而老陽之策三十六老陰

於前乃揲之以四十有九或先去其一却於四
十九數中除一而終合之是二者皆全用四
十九數曾不知本卦之本數也以致惑實一
於八卦數中遂有五與九之失也且以揲之
寄數但論其多少而五與九則無損益於多
少之數而於陰陽正數亦自無礙揲法不取
其正數而取其餘數盖從其簡便也簡便謂
一見多少即知正數陰陽多少若待視正數
則煩難矣又多少之說無所經見知古人但

340

策數六八八卦定數卜卦之理自然

八卦經畫二十四重之則四十八又每卦八

變六八四十八則四十八者八卦數也大衍

之數五十者半百一進數也其用四十九者

體用之全數也五十除一者無一也易無形

坮是也四十九有掛一也者有一也易變爲

一是也一不用者數之宗本也可動也用四

十八者取八數變以占諸卦也一變爲七七

變爲九此之謂也今筮者於五十數先實一

不知義實落虛也何則一者數之宗本也凡
物之理無所宗本則亂有宗本焉則不當用
用則復亂矣且如輪之運而中則止如輅之
行而大者後如網之有綱而綱則提之如器
之有柄而柄則執之如元首在上手足爲之
舉如大將居中而七卒爲之役如君無爲而
臣有爲如賢者尊而能者使是知凡得一者
宗也本也主也皆有不動之理一苟動焉則
其餘錯亂而不能有所施設者矣

有三時者以其氣也凡麗於形者必方方者
徑一而圍四地所以有四方者以其形也天
數三重之則六地數五重之則十何謂十蓋
有四方則有中央爲五有中央四方則有四
維復之中央是爲十也非特地爲然凡麗於
形便具十數皆若此也
大衍七七其一不用凡得一數理自不動 三十五章
大衍之數五十其用四十有九掛一而不用
不用之義學者徒知一爲大極不動之數而

此數及其衰也亦以此數若一歲十二月春

夏為進數秋冬為退數晝夜十二時自子為

進數自午為退數人壽百歲前五十為進數

後五十為退數以至甲為進數乙為退數子

為進數丑為退數細推物理無不然世儒論

教但衍為一律殊不明陰陽進退之理惟真

人獨得其說

凡具於形便具五數五數既其十數乃成三十
四章

凡麗於氣者必圓圓者徑一而圍三天所以

數成於三重之則六其退亦六是爲乾坤二章十

夫氣之數起於一偶於二成於三無以加矣

重之則爲六也然三少陽也六太陽也三春

也六夏也此乾之數也是爲進數其退亦六

三少陰也六太陰也三秋也六冬也此坤之

數也是爲退數三畫爲經卦六畫爲重卦者

凡以此而已

凡物之數有進有退進以此數退以此數三章十

大抵物理其盛衰之數相半方其盛也既以

震則雷之氣盡艮貫大畜損睽履中孚漸八
變而復艮則山之氣盡坎節屯既濟革豐明
夷師八變而復坎則水之氣盡離旅睽未濟
蒙謙訟同人八變而復離則火之氣盡巽小
畜家人益无妄噬嗑頤蠱八變而復巽則風
之氣盡兌困萃咸蹇謙小過歸妹八變而復
兌則澤之氣盡凡此八卦各八變八八六十
四數則天地雷風水火山澤之氣無餘蘊矣
是為一義

諸卦則諸卦者八卦在其中矣而別又有八
純卦則其合體八卦爲重復而二十四數爲
聲也是以三百六十爲正爻與每歲之數合
而三百八十四與閏歲之數合矣則是閏數
也豈惟見於數亦見於象人知之者盡鮮矣
一歲之數三百六十八卦八變其數已盡三十
乾姤遯否觀剝晉大有八變而復乾則天之
氣盡坤復臨泰大壯夬需比八變而復坤則
地之氣盡震豫解恒升井大過隨八變而復

數而不可得或謂一卦六日七分或謂除震

離坎兌之數皆附會也倘以閏求之則三百

八十四數自然脗合無餘欠矣蓋天度或贏

或縮至三年乾坤之氣數始足於此也由漢

以來不悟惟真人得其說

二十四爻求之卦八畫純爲疊是爲閏數章三十

一歲三百六十而爻數三百八十四則是二

十四爻爲餘也以卦畫求之是爲疊數何以

言之夫既有八卦矣及八卦互相合體以立

348

乾坤六子其象與數乾坤之位皆包六子_{二十八章}

象謂坤卦上中下加三乾畫便生三男以乾

卦上中下加三坤畫便生三女乾坤之體皆

在外六子皆包於其中也數謂若畫乾數三

巽離兌四震坎艮五坤六坤數六震坎艮七

巽離兌八乾九乾坤之策皆在外六子皆包

於其中也此象之自然有不可得而容心者

爻數三百八十有四以閏求之其數脗合_{二十九章}

爻數三百六十又四眞天文也諸儒求合其

理耳學者不悟謂聖人固以此次之是未知

反對關鍵之鍵也失之遠矣

每卦之體六畫便具天地四方是爲六虛二十

初爻爲地上爻爲天二爻爲北五爻爲南四

爻爲西三爻爲東天地四方每卦之體皆具

此義是爲六虛大傳變動不拘周流六虛正

謂此耳學者不悟謂六虛天地四方乃六畫

也殊不知六畫乃天地四方之象此之謂紙

上工夫不知落處也

350

反對正如甲子乙丑有本有餘氣序自然六十一章

大凡一物其象氣必有本有餘餘氣者所以

爲陰也本其陽也如十千甲乙者甲之餘

氣也丙丁者丙之餘氣也如十二支子丑

丑者子之餘氣也寅卯卯者寅之餘氣也卦

亦由是坤者乾之餘氣也蒙者屯之餘氣也

訟者需之餘氣也比者師之餘氣也且乾而

後坤屯而後蒙需而後訟師而後比雖故有

其義然其所以相次者皆其餘氣也自然之

中爻之義足爲造化納音切脚其理則一五二十章

納音甲爲木子爲水甲子交合則生金切脚

如德爲父紅爲母德紅反切即東字卦體亦

然上體爲乾下體爲坤交錯乃生六子即中

爻二三四五也二三四五造化之氣參互成

卦如屯中有剝蒙中有復凡此一卦每具於

四卦中皆得禍福倚伏之象如屯比觀益中

皆有剝蒙師臨損中皆有復是也

畫卦取象本爲特物見於日用無所不合

義皇畫卦非謂出私意撰成一易道於方冊

上以誨人也特以順時應物則以見於日用

之間耳以麗迹言之如以錢購六純字乾也

六純背坤也差互六子也若反則未勝至純

則乾坤成矣人如優人呈伎壯者任其難六

子也老者歛其利乾坤也此皆理之自然即

此理以察其餘則是行止坐臥纖悉舉天下

皆易無可揀擇者但百姓昏昏日用之而罔

則知小畜反履而居下無疑矣今序卦非宣

尼貞失其本真也八體乃艮爲鼻巽爲手耳

傳曰鼻者而之山也又曰風能鼓舞萬物而

手之所以舞也盖乾爲首坤爲腹天地定位

也坎爲耳離爲目水火相逮也艮爲鼻兌爲

口山澤通氣也巽爲手震爲足雷風相薄也

此羲皇八卦之應矣其理昭昭但學者承誤

效尤見不高遠其失至此真人閔之故開其

也若股可言則又遺其肱且與義皇八卦不

相應也兹盖傳者舛誤耳能不害義乎試辯

之一柔自姤變同人同人變履履變小畜小

畜變大有猶之一剛自復變師又變謙又變

豫又變比皆自然之序不易也今謙旣在豫

上則知履不當在小畜下嘗密探宣尼述九

卦以履爲用九謙用十五復用廿四皆龍圖

大衍定數則履在小畜上爲第九卦也明矣

又履與无妄對義旣以大畜及无妄而居下

為比初六則云有孚比之无咎此一爻之辭

合也如大有上體復需有飲食之燕下體復

晉有昭明之德升上體復姤一陰升下體

復復後一陽升此一體之義合也苟卦義未

審能以此求之自然明矣

古今傳易舛訛為多履畜八體寂為害義三十

按卦序當先履而後小畜今小畜在先則二

卦畫象反對文義繆亂而不可考又以八卦

本對八體獨闕其鼻乃以巽言股股即係是

分而散之則六子重卦皆無有定體也若今
天地清明陰陽不雜則六子何在六子不交
則品物何在以是知人間萬事悉是假合陰
陽一氣但有虛幻無有定實也
卦義未審須求變復不唯辭合旦義實通明二十章
變爲一爻之變復爲一體之復即復變之辭
而觀之自然之義無不與本卦胸合以見陰
陽之氣如蒙上九曰擊蒙變爲師上六則云
小人勿用屯初九曰以貴下賤大得民也變

不逼也莊子論父竹生青寧青寧生程程生

馬烏生人人死反入機於萬物皆出於機入

於機其一節論變化之理無所不逼如此

六十四卦唯乾與坤本之自然是名真體章二十

太初者氣之始是爲乾太始者形之始是爲

坤皆本之自然無所假合也故其卦畫純一

不駁倒正不變是名真體

六子重卦乾坤雜氣悉是假合無有定實二十一章

六子假乾坤以爲體重卦合八卦以爲體若

名義不當則一卦無所歸宿也故曰易道懸

絶也

一卦之中凡具八卦有正有伏有互有參章十九

正謂上下二體也伏謂二體從變也互謂一

卦有二互體也參謂二互體參合也與本卦

凡八是謂一卦具八卦也然一卦何以具八

卦蓋一卦自有八變如乾一變姤二變遯三

變否四變觀五變剝六變晉七變大有八變

後乾是也　其所然因以見天地萬物理無

踐災眚以致大畜之喜慶人君之事也臨以

陽來宜出而有爲觀以陰生宜入而無爲謙

則止在象後而存義豫則動在象前而知幾

中孚則始生小過則夭折頤則成人而養生

大過則壽終而喪死漸以正而進歸妹以說

而合噬嗑以貪而致罪賁以義而致飾豐則

得所歸而富盛旅則失所基而困窮凡此二

十餘卦其名義顯然見於畫象反對有不可

掩者如此當諦觀之也大傳曰開而當名苟

諸卦名義須究端的名義不正易道懸絶章十八

易卦名義古今失其正者二十餘卦師比小
畜履同人大有謙豫臨觀噬嗑賁无妄大畜
順大過漸歸妹豐旅中孚小過是也盖師以
正衆比以興王三卦以武功創業湯武之卦
也同人窮而在下大有達而在上二卦以文
德嗣位舜禹之卦也履以陰德而蹈艱危以
致小畜之安富人臣之事也无妄以陰德而

噬嗑之類是殊不知易者象也依物象以為
訓故六十四卦皆有取象如屯象草木蒙象
童稚需象燕賓訟象　食師象軍陣比象翼
戴家人象家正睽象覆家餘卦盡然一人諸
卦名義無不反對如噬嗑以貪饕賁以節飾
履以蹈艱危小畜以享尊富臨以出而治人
觀以入而處已豐以富盛旅以困窮自餘推
之其名義反對無不然者但未知思索以精
之則云有不取象有不反對者此學易之大

也盖二卦反而爲二對而爲四旣列序之又
以雜卦推明其義者以爲天下之吉凶禍福
貧富貴賤其實一體也別而言之其代謝循
環特倒正之間耳未始有常也然反體則
卦皆是對體則乾坤坎離顚大過中孚小過
而巳此八卦與諸卦不同在易道乃死生壽
天造化之樞機也其體不變故曰對體尤妙
六十四卦皆有取象其爲名義無不反對章十七
易之取象世所知者數卦而巳如顚如噐如

象以見八卦不止天地風雷水火山澤無所

不統也是故凡天下之所謂健者皆乾也順

者皆坤也動者皆震也入者皆巽也陷者皆

坎也麗者皆離也止者皆艮也說者皆兌也

一身一物便具此八卦之理然宣父止以八

物云者特舉其大者為宗本姑以入易以便

學者耳

卦有反對寂為關鍵反體既深對體尤妙章十六

世雖知有反對之說不能知聖人密意在是

墜也傳曰自有宇宙便有此山又曰星隕爲
石推此意則山自天墜無疑而世曰山者地
之物以所見者言之耳至月風雷雨皆自地
出也而世曰月風雷雨天之物亦以所見者
言之耳世以所見如此苟狗其所見則是天
地萬物皆所不曉審知易者所以窮理盡性
也學者不可不留意邪

八卦不止天地雷風一身一物便具八卦 十五章

八卦文王縣辭周公爻辭皆未嘗指名其物

擾擾萬緒起矣是為三百六十爻而諸卦生
焉坎離日月天地之中氣也仲尼特言水火
而不言日月者日月其體也水火其用也言
其用而不言其體蓋欲其設施之廣而無礙
也學者不悟但求之於鑽木鑿井之間所失
益甚矣

又論月上於天日入於地男女構精之象一
往一來卦畫有中通之象此所謂觀於卦脉
理則昭然也又謂理既昭然若山者自天之

井即生其爲乾陽皆可明驗若曰天降時雨
山川出雲又曰地氣上爲雲天氣下爲雨此
兌之所以爲坤水也
鑽木鑿井人之坎離天地坎離識取自然十四章
乾天也一陰升於乾之中爲離離爲日則日
本天之氣也坤地也一陽下降於坤之中爲
坎坎爲月則月本地之氣也日爲天氣自西
而下以交於地月爲地氣自東而上以交於
天日月交錯一晝一夜循環三百六十度而

之利澤故曰說萬物者莫說乎澤盖說散也
形之散也坎兊二水其理昭昭如此學者依
文解義不知落處其能得實用乎自漢諸儒
不得其說故真人發其端又論且以井卦觀
之本是泰卦初爻易五是爲井則知一陽升
而爲坎水也故月令云仲冬水泉動仲冬一
陽生至仲秋乃云煞氣浸盛陽氣日衰水始
涸信乎坎之爲乾水也道家有煉丹井海外
女國無男窺井即生醫經無子女男服　循

二陽上是凡有所訓多見於畫象如闔戶謂
之坤則姤之初爻是闢戶謂之乾則復之初
爻是

坎兊二水明須識破坎潤兊說理自不同　章十三
坎乾水也氣也若井是也兊坤水也形也今
雨是也一陽中陷於二陰爲坎坎以氣潛行
於萬物之中爲受命之根本故曰潤萬物者
莫潤乎水盖潤液也氣之液也　一陰上徹於
二陽爲兊兊以形普施於萬物之上爲發生

錯行夫地大駭有雷有霆水中有火乃焚乃

照止謂此千由是六子非聖賢比特殺人與

萬物而巳然由破體鍊之純體乃成

徤順動入陷麗止說非特乾坤六子訓釋章十二

非特訓釋盖謂不可專於八字上取也當求

之於畫象徤謂三畫純奇是順謂三畫純偶

是動謂一陽在二陰下是入謂一陰在二陽

下是陷謂一陽在二陰中是麗謂一陰在二

陽中是止則一陽在二陰上是說則一陰在

爲三艮震坎艮皆破坤之純體也若更以人

身求之理自昭然

粵乾與坤即是陽陰圓融和粹平氣之名十章

凡陰陽之氣純而不駁是爲乾坤老子曰天

得一以淸地得一以寧正謂此也因知能盡

乾之道是爲聖人能盡坤之道是爲賢人

至於六子即是陰陽偏陂反側不平之名十一

乾健坤順陰陽之純氣也一失健順則不平

之氣作而六子生觀畫象可知莊子曰陰陽

三代祖孫之別或有對待之理或有真假之
義或有胎甲之象或有錯綜之占唯其施設
皆其妙理無所往而不可此所謂包括萬象
而易道所以大也

乾坤錯雜乃生六子六子則是乾坤破體 九章
三乾三畫奇純陽也一陰雜於下是為三巽
雜於中是為三離雜於上是為三兌巽離兌
皆破乾之純體也坤三畫偶純陰也一陽雜
於下是為三震雜於中是為三坎雜於上是

卦脉爲運動流行自然之理也卦脉審則天

地萬物之理得矣如觀坎畫則知月爲地之

氣觀離畫則知日爲天之氣觀艮畫則知山

自天來觀兌畫則知雨從地出觀疊交則知

閏餘之數觀交體則知造化之原凡此卦畫

皆所以寫天地萬物之理於目前亦若渾儀

之器也

經卦重卦或離或合縱橫施設理無不在 八章

縱橫謂若爲諸圖或有二氣老少之漸或有

消息卦畫無止於辭辭外見意方審易道

繫辭特繫以吉凶大略之辭而巳非謂六畫

之義盡於是也如大有係以元亨大壯係以

利貞此數字果足以盡二卦之義乎要須辭

外見意可也辭外之意如乾九二見龍在田

上九六龍有悔辟師之外不動如地內趨綫

如水無窮好意如此類不可縷舉皆是辭之

所不能該也

天地萬物理有未明觀於卦脉理則昭然

傳聖人於是不得已而有辭學者淺一著其

辭便謂易止於是而周孔遂自孤行更不知

有卦畫微旨只作八字說此謂之買櫝還珠

由漢以來皆然易道胡爲而不晦也

六十四卦無窮妙義盡在畫中合爲自然五章

無窮妙義若蒙必取次於艮師必取次於坤

是大有吉意也不止於貞丈人吉童蒙求我

之義合爲自然謂坎艮次坤非是私意乃陰

陽運動血氣流行其所施爲皆自然之理也

為蒙養蒙為需之類是也卦畫凡以順此理

而已

卦象示人本無文字使人消息吉凶嘿會 三章

羲皇始畫八卦重為六十四不立文字使天

下之人嘿觀其象而已能如象焉則吉凶應

違其象則吉凶反此義皇氏作不言之教也

鄭康成略知此說

易道不傳乃有周孔周孔孤行易道後晦 四章

上古卦畫明易道行後世卦畫不明易道不

之上而墜也巽離兌得坤三爻亦然又六爻

相應如一陽生於子月應在邜月二陽丑應

在三月三陽寅應在四月是也人事亦然易

道見於天地萬物日用之間能以此消息皆

得實用方知羲皇畫卦不作紙上工夫也

六畫之設非是曲意陰陽運動血氣流行二章

陰陽運動若一陽為復至六陽為乾一陰為

姤至六陰為坤是也血氣流行若一六為腎

二為肺三為脾四為肝五為心始生屯屯而

麻衣道者正易心法

希夷先生受幵消息　東明山人訂

正易者正謂卦畫若今經書正文也據周孔

辭傳亦是註腳每章四句者心法也訓於其

下消息也

羲皇易道包括萬象須知洛處方有實用　一章

落處謂知卦畫實義所在不盲誦古人語也

如震得乾初爻故雷自天之下而發坎得中

爻故月自天之中而運艮得上爻故山自天

咸　　遯　　晉

家人　蹇　　損

夬　　萃　　困

革　　震　　漸

豐　　巽　　歸妹

中孚　小過　既濟
未濟

上經三十卦共得十八

乾	需	泰	隨	剝	大過
坤	師	同人	臨	无妄	坎
屯	小畜	謙	噬嗑	頤	離

淳熙巳亥三月丙寅廸功郎新婺州浦江
縣主簿程準謹書于左

麻衣道者正易心法序

易學病失其傳久矣姑溪太守李公出麻
衣說關子明傳曰吾得二書不敢私諸巳
今用廣於人或字畫之訛子其為我正之
準竊幸管窺不敢辭昕夕瞻對若祥光爛
然燊乎部屋之下信夫神物也公得其傳
行其道又以傳於世蓋將拯易學之病而
還易之本旨誦說云乎哉公用心也仁
矣

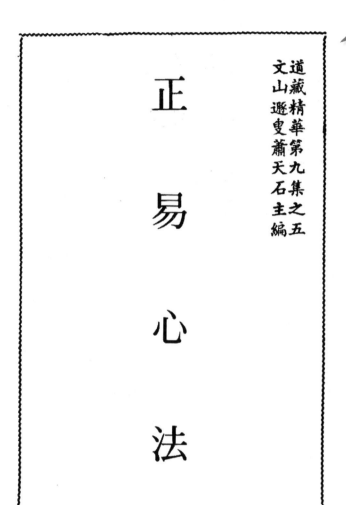

道藏精華第九集之五

文山遯叟蕭天石主編

正 易 心 法

부록

원서자료

『정역심법正易心法』

「용도서龍圖序」

※ 원서자료는 세로쓰기로 되어 있으므로
여기에서 앞으로 넘기며 보시기 바랍니다.